CW01619956

LE MYTHE DU SAUVAGE

Olive Patricia Dickason

LE MYTHE DU SAUVAGE

Traduit de l'anglais par Jude Des Chênes

PHILIPPE
LEBAUD

© 1984, University of Alberta Press pour la version anglaise.

© 1993, Éditions du Septentrion pour l'édition française réservée aux Amériques.

© 1995, Éditions du Félin pour tout autre pays.

Distribution pour les Amériques :
Distribution de Livres Univers, 845 Marie-Victorin, Saint-Nicolas (P.Q., Canada)
GOS 3L0.

Droits et diffusion pour tout autre pays :
Éditions du Félin, 10, rue La Vacquerie, 75011 Paris.

ISBN : 2-86645-192-9.

REMERCIEMENTS

Tous reconnaissent, sans hésitation, que quiconque entreprend une recherche et écrit un livre reçoit une aide considérable d'un grand nombre de personnes. Cet ouvrage est fondé sur la thèse de doctorat que j'ai soutenue à l'université d'Ottawa en 1977, sous la direction de M. Cornelius J. Jaenen. Parmi ceux dont l'aide me fut la plus précieuse, se trouvent Margaret Carter, des Lieux historiques nationaux ; Gordon M. Day, du musée de l'Homme ; Joseph Gatner, de la bibliothèque du Parlement ; Corrie Klugkist, de La Haye ; Hugh Honour, dont le champ de recherche coïncida avec le mien, alors qu'il préparait l'exposition « Vision européenne de l'Amérique », à l'occasion du bicentenaire de la Déclaration d'indépendance américaine ; Robert Mandrou, de l'université de Paris ; Jacqueline Labaste, de la bibliothèque Mazarine, à Paris ; Peter L. Macnair, du British Columbia Provincial Museum, à Victoria (C.-B.) ; et Nicholas Wickenden, de l'université de l'Alberta, dont les critiques à l'égard du manuscrit furent particulièrement précieuses et qui partagea toujours avec générosité ses connaissances sur l'Europe du Moyen Âge et de la Renaissance (c'est lui qui me fit connaître le court poème présenté ici en épigraphe) ; Alison White, dont la connaissance de l'anglais se révéla inestimable ; et Ronald Whistance-Smith, conservateur des cartes, dont je loue la compétence en localisation de noms de lieux géographiques anciens.

Je remercie aussi les nombreux archivistes, bibliothécaires et professionnels d'institutions telles que la Bibliothèque nationale, à Paris ; les bibliothèques municipales de Rouen, La Rochelle et Dieppe ; les archives départementales de Charente-Maritime, de Seine-Maritime et de Seine-et-Oise ; la bibliothèque de Versailles ; les Archives des jésuites, à Chantilly ; la Reading Room du British Museum ; la John Carter Brown Library, de la Brown University ; la Huntingdon Library, de Californie ; et, par-dessus tout, les Archives nationales du Canada et la National Library. Les directeurs du musée des Antiquités et du musée des Beaux-Arts, à Rouen, furent aussi d'un grand secours. L'édition anglaise de ce livre a été rendue possible grâce à une subvention de la Fédération canadienne des sciences sociales.

Je tiens encore à rendre un chaleureux hommage au personnel du Département des services informatiques de l'université de l'Alberta dont le travail soutenu et soigné permit de transformer mon manuscrit surchargé de notes et de corrections en copie présentable ; et à l'analyste-programmeur John L. Honsaker. Merci, enfin, à Jacques Monet, aujourd'hui recteur de l'université de Sudbury, mais à l'université d'Ottawa au moment de la rédaction de ma thèse. Cet ouvrage doit beaucoup à son encouragement et à son appui.

Enfin, le Conseil des arts du Canada, qui m'avait déjà accordé une subvention pour une recherche de thèse, a financé la traduction française de ce livre. Jude Des Chênes en a assuré la réalisation avec une application dont je lui sais gré.

Au père Athol Murray,
du Collège Notre Dame, en Saskatchewan

Dieu a façonné l'homme & divers & semblable,
Par semblance il reduit l'espece à l'unité :
Par difference il peind en nous l'infinité,
Faisant d'un & plusieurs un sujet admirable.

Pierre Dampmartin, *De la Connoisance et merveilles du monde et de l'homme*, Paris, Thomas Perrier, 1585, 55v.

LISTE DES ABBRÉVIATIONS UTILISÉES DANS LES NOTES

AC : Archives des Colonies
BN : Bibliothèque nationale
JR : *Jesuit Relations*, R. G. Thwaites, édit.
NYCD : *Documents Relative to the Colonial History of the State of New York*, E. B. O'Callaghan and J. R. Brodhead; édit., 1853-1887. 15 vol.
ANC : Archives nationales du Canada

AVANT-PROPOS

Pour des motifs différents, la rencontre des Européens et des Amérindiens, au XVe siècle, est décisive pour les deux groupes. Chez les Amérindiens, cela signifie des bouleversements dans leur situation culturelle et politique ; les villes-États comme celles des Incas et des Mexica disparaissent, en même temps que nombre de souverainetés hiérarchiques ; seules quelques rares sociétés survivent, incorporées plus ou moins difficilement dans de nouvelles organisations politiques. Chez les Européens, la rencontre annonce une impulsion énorme pour des forces déjà en action : la centralisation de leurs États-nations et la montée du capitalisme ; et finalement l'ouverture de nouvelles perspectives intellectuelles.

La rencontre fut ordinairement dépeinte comme une rencontre entre la civilisation (d'Europe) et la sauvagerie (d'Amérique). Mais, lorsqu'on tente de définir ces termes par rapport aux cultures en jeu, leur signification devient évasive. Le terme « civilisé » s'applique habituellement à des sociétés dotées d'une structure étatique et de connaissances techniques d'avant-garde ; on présume généralement que leurs membres doivent donc avoir atteint un niveau de raffinement relativement élevé dans leur façon de vivre. Le terme « sauvage » s'applique pour sa part à des sociétés qui en sont aux premiers stades de la technique, une étape où on les croit dominées par les lois de la nature. Son emploi sous-entend que les sociétés amérindiennes ne peuvent rivaliser de raffinement avec celles d'Europe et qu'elles sont aussi plus cruelles.

Aucune de ces prémisses ne résiste à l'examen : l'élégance, la délicatesse d'un Péruvien ou d'un Mexica cultivé du XVe siècle sont issues de systèmes de valeurs si différents de ceux d'un Français, d'un Anglais ou d'un Espagnol qu'ils échappent à toute comparaison ; malgré tout, nous savons que les premiers sont des gens très évolués. Des deux côtés de l'Atlantique, des victimes choisies font l'objet d'exécutions publiques rituelles. La torture publique est elle-même une forme de rite. Les Européens la voient comme une pratique nécessaire à l'administration de la justice ; se servant de la peur pour inspirer le respect de l'autorité publique, ils sont persuadés qu'il s'agit du plus efficace moyen de répression d'éléments particuliers à l'intérieur de leurs propres sociétés. La plupart des Amérindiens pratiquant la torture appartiennent à des sociétés préétatiques et l'emploient, non pas contre leurs compatriotes, mais contre des ennemis de l'extérieur. Ils cherchent à consolider leurs collectivités par la domination de forces étrangères hostiles. Les efforts destinés à établir qu'une forme est civilisée tandis que l'autre est sauvage peuvent mener à des explications un peu forcées, comme lorsque, au XVIIe siècle, le jésuite Jean-Paul Mercier tente d'expliquer à un Huron l'emploi que font les Français de la torture.

Nous n'étudierons pas ici le choc des civilisations ; comme l'a déjà fait observer l'anthropologue A. L. Hallowell, ce sont les gens qui entrent en conflit, pas les cultures. Toutefois, les orientations culturelles des individus en cause influencent profondément les réactions suscitées par ces rencontres. C'est en ayant ces considérations à l'esprit que nous examinerons quelques-unes des réponses de l'Europe face à la gamme extrêmement diversifiée des sociétés amérindiennes du XVIe siècle et du début du XVIIe.

Il est de circonstance, dès à présent, de jeter un rapide coup d'œil aux civilisations que découvrent les Européens dans le Nouveau Monde. En comparaison, l'Amérique du XVe siècle possède une plus grande diversité de sociétés que l'Europe à la même époque. Dans l'Ancien Monde, la formation des États a atteint ce stade où seules quelques rares sociétés non étatisées ont survécu dans des régions éloignées. En Amérique, la situation est inversée ; la majorité des sociétés ne sont pas organisées en États et conservent encore une structure tribale. Il s'agit là de traits distinctifs que les Européens attribuent au Nouveau Monde.

Le fait que la majorité des gens portent peu ou pas de vêtements et qu'ils ne disposent pas d'institutions extériorisées, par exemple des codes juridiques écrits, constitue la plus frappante de ces caractéristiques. Le pouvoir n'y est pas l'apanage d'une classe ou d'un individu ; il existe dans la société elle-même, et chaque homme est son propre maître. Non seulement ces sociétés n'investissent pas leurs chefs du pouvoir de contrainte, mais leur organisation est telle qu'elle empêche cette possibilité de survenir. L'influence d'un chef repose sur son éloquence et sa générosité, ce qui a souvent pour conséquence d'en faire le plus pauvre homme de la collectivité. Il peut persuader, mais n'a pas le pouvoir d'ordonner, auquel cas personne ne le suivrait. Et si un rival parvient à attirer des partisans et qu'une scission se produise dans le groupe, alors une séparation est toujours possible. Cette tendance à la fragmentation chez les sociétés préétatiques sera largement responsable de leur inefficacité lorsqu'elles seront mises en présence d'États nationaux centralisés et agressifs. Au Pérou et au Mexique, la centralisation qui s'y est produite n'a pas évolué suffisamment pour que la population fasse front commun devant l'envahisseur espagnol. On sait fort bien, par exemple, que Hernán Cortés doit une importante part de ses succès, lors de la conquête du Mexique, à l'aide reçue de tribus que les Mexica n'étaient pas parvenus à incorporer totalement dans leur organisation impériale ; et les Espagnols, lorsqu'ils affrontent les Péruviens, reçoivent une aide considérable du fait de la déloyauté des *Yanaconas*, qui constituent la classe des commis, domestiques et artisans. Dans les régions septentrionales d'Amérique du Nord, l'absence d'unité, plus que tout autre facteur particulier, encourage la destruction de l'autonomie des indigènes. Même le grand leader chaouanon de l'Ohio, Tecumseh (v. 1768-1813), qui comprend le problème, se montre incapable de venir à bout de l'aversion amérindienne devant l'idée de séparer le pouvoir du corps de la société. Tecumseh, malgré tout le prestige dont il dispose, n'arrive jamais à convaincre ses alliés ou ses propres gens de prendre les mesures nécessaires à la formation d'un front commun. Pourtant, ironiquement, cette même répugnance rendra possible la survie de certains aspects de leur culture.

Les sociétés préétatiques amérindiennes, qui peuvent être, et sont souvent, perpétuellement en guerre contre leurs voisins, un peu à l'image des pays européens de l'époque, combattent toutefois pour le prestige et le butin, plutôt que pour un agrandissement territorial. Elles ne mènent pas une guerre en faisant les mêmes distinctions que les Européens de la Renaissance (du moins en principe) entre combattants et non-combattants ; mais d'un autre côté, elles sont moins susceptibles de rechercher la destruction complète de leurs ennemis. L'expédition de 1615, à laquelle le fondateur de la Nouvelle-France, Samuel de Champlain, prend part à titre d'allié des Hurons contre les Cinq-Nations, illustre bien ce comportement. Après avoir fait quelques prisonniers, les Hurons sont heureux de lever le siège, malgré tous les efforts que font les Français pour encourager leurs nouveaux alliés à détruire le village. Du point de vue des Hurons, la capture de prisonniers représentait la victoire. Ce qui n'impressionne guère Champlain.

En matière de subsistance, les objectifs amérindiens diffèrent aussi de ceux des Européens. Les Amérindiens ne cherchent qu'à produire assez pour leurs besoins, compte tenu d'une répartition mutuelle. Les surplus sont accumulés pour répondre à des besoins précis de la vie commune, comme les festins prévus au calendrier rituel ou les besoins de fonction du chef. Dans le domaine de l'économie (si on peut se servir du terme) et dans celui de la guerre, Amérindiens et Européens agissent selon des principes différents. Le jésuite Joseph Jouvency écrit que les Canadiens (nom souvent donné aux Amérindiens de la rive nord du Saint-Laurent et, par extension, de la Nouvelle-France) ont « six cents sujets [...] sur lesquels leurs mœurs diffèrent grandement de celles des Européens[1] ». Il se passera beaucoup de temps avant qu'on se rende pleinement compte que ces différences cachaient des ressemblances fondamentales.

Quand des individus des deux mondes entrent en contact, leurs impressions initiales fixent les façons qu'ils ont ensuite de se voir et de s'évaluer. Désireux d'obtenir des réponses plus adéquates, les Amérindiens ne tardent pas à modifier leurs premières réactions ; ce qui ne s'avère pas tout de suite un succès. Les Européens, pour leur part, parviennent à établir leur hégémonie sur le Nouveau Monde, ce qui rend inutile toute modification de leurs suppositions initiales ; ce n'est que récemment que sont apparus des signes de changement. Même les rapports de première main qui suivent, comme ceux qui surviennent quand des Amérindiens visitent l'Europe ou quand des Européens en font autant en Amérique, n'entraînent pas de modifications substantielles à ces suppositions. Le fait que ces points de vue n'ont que peu de lien avec la réalité n'atténue en rien leur importance fondamentale dans la colonisation. Les Européens, en classant les Amérindiens parmi les sauvages, parviennent à créer l'idéologie qui aidera à rendre possible le déclenchement d'un des grands mouvements de l'histoire de la civilisation occidentale : la colonisation des empires d'outre-mer.

---

1. *JR*, Thwaites, édit. 1 : 285. Jouvency ne visita jamais le Canada ; sa *Canadicæ Missionis Relatio* fut compilée à Rome à partir de relations de missionnaires, dans le cadre d'une histoire des jésuites.

Le cours de ces événements, dans la mesure où la France est concernée, sert d'idée directrice à l'agencement de cet ouvrage. Les quatre premiers chapitres traitent du développement des croyances et des attitudes de l'Europe à l'égard des Amérindiens. Par contraste, le cinquième chapitre offre une série d'esquisses ethnographiques de plusieurs sociétés du Nouveau Monde telles qu'on pouvait les imaginer à l'époque des premiers contacts avec les Européens, ainsi que des observations sur les conséquences immédiates de ces contacts. Les sept derniers chapitres abordent les conséquences des croyances et attitudes des Européens dans la mesure où elles déterminèrent les rapports avec les Amérindiens et la colonisation du Nouveau Monde.

Parce que les idées et les attitudes, au contraire des événements, s'intègrent difficilement dans un calendrier, nous n'avons pu suivre un ordre chronologique strict. Il est souvent ardu de retracer l'origine des concepts, vu que la plupart d'entre eux sont plus anciens qu'on ne le reconnaît habituellement. En ce sens, le proverbe « Plus ça change, plus c'est pareil » reste profondément vrai ; même au milieu d'une société aux convictions en changement, les concepts peuvent être remarquablement persistants. Une idée est parfois identifiée à un pays précis pour une époque donnée, alors qu'elle peut avoir eu des origines très différentes, dans le temps et dans l'espace. Le *bon sauvage* est habituellement perçu dans le contexte de la France du XVIIIe siècle ; pourtant, il est manifestement déjà présent dans les écrits de Pierre Martyr d'Anghiera (1457-1526), érudit italien qui vécut à la cour d'Espagne à l'époque des traversées de Colomb. On le retrouve aussi chez Tacite, cet historien romain qui écrivit au tournant du Ier siècle. L'expression « le bon sauvage » attire l'attention du public au XVIIIe siècle, et, stimulée par les écrits de Jean-Jacques Rousseau (1712-1778), elle donne au concept une importance nouvelle.

En d'autres termes, ce n'était pas l'idée qui était neuve, mais sa formulation. Plus encore, la formulation écrite d'idées n'a parfois qu'un rapport ténu avec leur période d'influence principale dans le domaine de la politique pratique. Le concept de l'*homme sauvage*, par exemple, acquiert un maximum d'importance durant le XVIe siècle, surtout dans sa première moitié, alors qu'on s'en sert pour aider à justifier la destruction de populations entières d'Amérindiens. Pourtant, ce n'est pas avant le milieu du siècle que les Amérindiens sont pleinement identifiés à des hommes sauvages — un verdict confirmé par la conquête toute récente des Mexica, puis des Incas. Et ce n'est pas avant le

XIXe siècle que le concept atteint sa forme la plus accomplie, avec le concours de la « survivance des plus aptes », de Darwin et de Spencer, et la publication en série de manuels destinés au développement des réseaux d'écoles.

Comme nous traiterons de concepts plus que d'événements, nous avons choisi les sources qui semblaient les plus susceptibles de refléter l'humeur de l'opinion publique à l'époque où nous l'examinons. Cela présupposait de se fier aux imprimés, sources qui devraient avoir reçu une très vaste distribution. L'influence réelle d'un ouvrage donné peut être difficile, sinon impossible à mesurer si tard ; le nombre d'éditions et la variété de langues dans lesquelles elles furent traduites, tout comme la réputation de la maison d'édition, peuvent nous guider. Toutefois, nous n'avons pas rejeté, tout au contraire, les ouvrages dont le nombre d'éditions est moins impressionnant, mais avons plutôt tenté d'inclure, dans les limites permises par le temps et les ressources, l'échantillonnage le plus complet possible, partant du principe que tout ouvrage pertinent à avoir fait l'objet d'une publication reflétait, de par ce simple fait, un élément de l'opinion de l'époque. Si la littérature de la Renaissance constitue véritablement une fenêtre sur les opinions de cette période, la gamme qu'elle laisse voir est fort vaste. En théorie, l'homme du temps peut bien s'être consacré à des absolus religieux (un seul Dieu, une seule foi) ou politiques (un seul roi), pour ne mentionner que ces domaines ; mais, dans les faits, il n'a en aucune façon atteint ces idéaux. Pourtant, un avis au moins fait à toutes fins pratiques l'unanimité : la personnification des Amérindiens en sauvages.

Bien que cette étude s'intéresse en premier lieu à ce qui arriva aux Français, nous avons consulté des sources en d'autres langues lorsqu'elles parurent pertinentes. Quoique l'évaluation du passage des concepts d'une langue à l'autre puisse être difficile, il faut se rappeler qu'à l'âge des découvertes, les communications internationales se font en latin. De plus, la navigation et les découvertes sont le point de mire de l'attention internationale, tout comme les voyages dans l'espace aujourd'hui. Les documents traitant de ces sujets reçoivent un peu partout une considération attentive : les récits de voyages sont rapidement publiés en latin ainsi que dans un ensemble impressionnant de langues vernaculaires. L'exemple de la lettre de Colomb, au début du premier chapitre, pourrait s'étendre à la plupart des écrits publiés sur les explorations.

À cet égard, les ordres religieux jouent un rôle fondamental, en raison de l'importance du travail missionnaire. Il s'agit souvent d'ordres internationaux qui, sans exception, sont dotés de voies de communication bien développées, autant dans leurs propres rangs qu'avec les autres ordres et avec Rome. Les missionnaires écrivent la majeure partie des récits sur le Nouveau Monde ; ces écrits, expression des efforts qu'ils firent pour réaliser l'Église universelle, transcendent souvent les frontières nationales. Cela signifie que, pour la période débutant avec la traversée de Colomb en 1492 et finissant avec la création d'un établissement permanent en Nouvelle-France au début du XVIIe siècle, nous avons puisé assez largement dans les sources espagnoles, surtout celles traduites en français.

Tout au long de cette période, l'Espagne constitue la puissance dominante tant en Europe que dans le Nouveau Monde. Les Espagnols sont les premiers à rencontrer des Amérindiens et à les « coloniser » ; ce qu'ils font donne le ton et, dans une certaine mesure, établit le modèle de colonialisme du Nouveau Monde. Principale rivale de l'Espagne, la France suit ses brisées dans les Amériques ; ce n'est que plus tard, aux XVIIIe et XIXe siècles, que la situation changera et même se renversera, particulièrement sur le plan littéraire. Cela ne veut pas dire que l'expérience coloniale française ne diffère pas de celles de l'Espagne et de l'Angleterre. Non, les Français ajoutent leur dimension personnelle au bagage fondamental intellectuel et social de l'Europe. En retour, cette *petite différence* accorde une qualité distinctive à l'histoire de l'expansion française outre-mer. Néanmoins, examiner l'expérience française sans prendre connaissance de la situation internationale permettrait de brosser, au mieux, un tableau incomplet pouvant se révéler trompeur, sinon réellement faux. Cela est particulièrement vérifié lorsqu'on traite de croyances et d'attitudes. Nous avons utilisé les versions françaises des sources lorsque les circonstances le permettaient. De plus, sauf indication contraire, les traductions de textes en anglais sont celles de l'auteur, et les retraductions ont été faites par le traducteur français.

En raison de l'ampleur de la période couverte, nous avons fourni, lors de leur première mention, les dates de naissance et de décès des personnages les plus importants.

Enfin, les noms amérindiens sont écrits, dans la mesure du possible, sous la forme donnée par le *Dictionnaire biographique du Canada*. Parfois aussi, il nous a fallu faire des choix : par exemple, les gens connus des Espagnols sous le nom d'« Aztèques » se donnaient eux-mêmes le nom de « Mexica », appellation dont nous nous sommes servis. Les noms des missionnaires capucins présentaient une difficulté particulière ; Claude (d'Abbeville) avait pour nom de baptême Clément Foulon. Claude était son nom religieux ; « d'Abbeville » identifiait l'institution à laquelle il était affilié et ne faisait pas partie de son nom. Yves (d'Évreux), Candide (de Nant) et Arsène (de Paris) sont des cas semblables. Lorsqu'ils seront cités, nous les nommerons simplement Claude, Yves, Candide et Arsène. L'identification des populations du Nouveau Monde causait plus de difficultés, les terminologies européennes étant rarement normalisées. Là encore, nous avons employé les appellations en usage dans le *Dictionnaire biographique du Canada* ou celles qui sont le plus répandues aujourd'hui. Il faut se rappeler que, au XVIe siècle, « Brésiliens » a d'abord désigné les Amérindiens du Brésil, « Canadiens » les indigènes de la rive nord du Saint-Laurent, et « Américains » a pu s'appliquer aux indigènes des deux Amériques. Ces appellations génériques n'étaient cependant pas d'usage courant ; on employait d'habitude des noms plus spécifiques et particulièrement des versions européennes des noms de tribus.

Première partie

EXPLORATION DE L'AMÉRIQUE ET MÉTAPHORES EUROPÉENNES

CHAPITRE PREMIER

QUELQUES RÉACTIONS PRÉLIMINAIRES

Au début de 1493, des nouvelles inattendues arrivent à la cour d'Espagne : Christophe Colomb, le capitaine génois mandaté, l'été précédent, par les monarques espagnols Ferdinand et Isabelle, à la recherche d'une route maritime vers l'Orient, a découvert une terre où vivent d'« immenses multitudes » d'êtres étranges et non chrétiens. Ces gens n'ont pas des têtes de chien, comme on aurait pu s'y attendre si Colomb avait atteint l'Extrême-Orient, là où une telle race était censée vivre dans les montagnes. Au contraire, ces inconnus sont plutôt beaux et bien constitués, observation d'autant plus facile à vérifier qu'ils sont pour la plupart dépourvus de vêtements. Colomb croit d'abord qu'il s'agit d'habitants du sous-continent asiatique et il les appelle « Indiens » ; toutefois, dans ses dernières volontés, il fait allusion à des « cannibales », appellation sous laquelle ils sont habituellement connus au moment de sa mort en 1506. Dans la lettre annonçant sa découverte, Colomb écrit :

> Les gens [...] vont tous nus, hommes et femmes, juste comme leurs mères les ont mis au monde [...] Ils n'ont ni fer, ni acier, ni armes ; ils ne sont pas non plus faits pour cela ; pas parce qu'ils ne sont pas gens bien constitués et assez grands, mais plutôt parce qu'ils sont merveilleusement craintifs [...] Ils sont naïfs et généreux de ce qu'ils possèdent, à un tel point que nul ne le croirait sauf celui qui l'a vu [...] Et que ce fût pour une chose de valeur ou de peu d'importance, ils sont immédiatement contents de n'importe quelle bagatelle de quelque nature qu'on leur donne en retour pour elle [...] Ils prirent même des bouts de cercles de tonneaux cassés et donnèrent [en échange] tout ce qu'ils avaient, comme d'insensibles brutes ; à

> tel point que cela me parut malintentionné. J'empêchai cela, et je donnai gratuitement un millier de choses utiles que je transportais, de manière à ce qu'ils puissent en concevoir de l'affection, et en outre puissent être faits chrétiens ; parce qu'ils sont enclins à l'amour et au service de leurs Altesses et de toute la nation castillane, et ils s'efforcent de s'allier à nous en nous donnant des choses qu'ils ont en abondance, et qui nous font défaut [...] ce sont des hommes à l'intelligence très subtile, qui naviguent sur toutes ces mers, et qui font merveilleusement bien le récit de tout[1].

La nouvelle annoncée par Colomb retient l'attention immédiate de l'Espagne, non pas tant à cause de la révélation d'un nouveau monde, habité par des êtres inconnus précédemment des Européens, mais parce qu'elle mentionne l'existence probable d'un monde recelant d'immenses richesses pour la majeure partie inexploitées. Cela est rapidement saisi, bien que tous les espoirs créés par les débarquements de Colomb à Guanahani et dans d'autres îles antillaises attendront encore longtemps avant de se matérialiser entièrement. À l'époque, les nouvelles du Nouveau Monde doivent faire concurrence à l'intérêt beaucoup plus grand que suscitent à la fois l'ouverture vers l'Orient et la redécouverte par l'Europe de sa propre antiquité classique. Le laborieux travail du tri et de l'évaluation des renseignements sur le Nouveau Monde, à la lumière de l'orthodoxie chrétienne et d'une idéologie politique pratique, s'avérera long et ardu. Des rapports contradictoires n'aident en rien les choses : les impressions initiales de peuples timorés, non violents et très désireux d'accueillir de nouveaux arrivants, sont vite embrouillées par des récits d'hommes monstrueux et de coutumes bestiales. Si, dans l'intervalle, la lettre de Colomb se propage à une vitesse inouïe grâce à la nouvelle technologie de la presse typographique, c'est dans une large mesure parmi une élite dont l'intérêt est aiguisé par la perspective d'occasions d'affaires.

La lettre de Colomb, datée du 15 février au 14 mars 1493, est publiée dans sa version originale espagnole à Barcelone, en avril. Dans la même année, des traductions latines paraissent à Rome, Anvers, Bâle et Paris. En raison du statut international du latin à cette époque, on peut présumer que ce sont ces versions qui sont les plus lues. La lettre est aussi traduite en d'autres langues. Une version italienne paraît à Rome en 1493, sous la forme d'un poème de Giuliano Dati qui sera réédité deux fois la même année à Florence, puis deux autres fois en

---

1. Colomb, *Spanish Letter*.

1495. Une édition en allemand est publiée à Strasbourg, en 1497, l'année même de la parution d'une deuxième édition espagnole à Valladolid. On connaît au total vingt-deux éditions de la lettre de Colomb, et seize d'entre elles paraissent au XVe siècle. On en sait peu sur l'étendue de leur diffusion ; cependant, l'annonce des découvertes atteint apparemment la Pologne entre 1495 et 1501, et des relations écrites commencent à paraître dans ce pays en 1512. L'unique compte rendu en anglais contemporain des voyages de Colomb, *Of the newe lãdes*, est publié à Anvers par Jan Van Doesborch, probablement entre 1510 et 1515 et peut-être aussi tôt qu'en 1508. On ne connaît que trois autres récits des voyages de Colomb qui auraient été publiés avant 1522.

La publicité, même fragmentaire, annonce l'apparition d'une nouvelle mode en littérature : le récit de voyages, qui connaîtra son apogée pendant les XVIIe et XVIIIe siècles. Comme le note un chancelier français, Chapelain, même les romans y perdent dans ce changement des goûts de lecture[2]. En France, les traces de la nouvelle mode remontent à la parution, à Paris, en 1497, de *La Nef des folz du monde*, de Sébastien Brant, vingt ans seulement après la publication dans cette ville du premier livre en français. Fait intéressant, Brant n'est pas un fervent des voyages de découvertes et il reproche même au désir de découvrir et de décrire de nouvelles régions d'être une des folies du genre humain. L'ouvrage de Brant, qui paraît à l'origine en allemand en 1494, est le seul écrit à être publié pendant le deuxième voyage de Colomb. En France, il semble avoir contenu la première allusion imprimée relative au Nouveau Monde et à ses habitants depuis la parution de la lettre de Colomb. Il s'agit probablement aussi de la première mention en français.

Les critiques de Brant n'empêchent pas le goût pour les récits de voyages de croître. Quand Amerigo Vespucci (1451 ?-1512), marchand florentin devenu en 1505 navigateur en chef de la Casa de Contratación de las Indias, à Séville, rédige des lettres décrivant ses voyages, on leur accorde beaucoup plus d'attention que les récits de Colomb n'en ont reçu[3]. De 1502 à 1529, on compte soixante éditions des lettres de

2. Chapelain, *Lettres*.

3. La poussée initiale de publicité donnée aux traversées de Colomb fut suivie par ce qu'on a qualifié de « conspiration du silence ». La lettre de Colomb disparaît de la scène au cours du XVIe siècle ; on a laissé entrevoir que ses dires à propos de l'or et des richesses qui abondaient dans le Nouveau Monde avaient incité les

Vespucci, dans diverses villes de ce que sont aujourd'hui la Suisse, l'Allemagne, la France, l'Italie, les Pays-Bas et la Tchécoslovaquie, mais aucune en Espagne. Il semble qu'il y ait eu censure. Trente-sept éditions sont en langue vernaculaire, dont près de la moitié en allemand, reflétant un intérêt financier aussi bien que savant pour les découvertes. Une des éditions les plus connues paraît dans *Cosmographiæ Introductio*, de Martin Waldseemüller (1470-1521 ?) et ses collaborateurs, publié en 1507 à Saint-Dié, en Lorraine. Outre les « Quatre Voyages » de Vespucci, l'édition de Waldseemüller comprend une carte où le Nouveau Monde est appelé *Amérique*. Le nom avait été accepté d'emblée par les géographes, peut-être parce qu'il était déjà très répandu. Ses origines restent incertaines ; il peut s'agir d'une adaptation, par les premiers explorateurs, de noms de lieux indigènes rencontrés sur les côtes du Brésil, de la Guyane et du Venezuela. Les variantes comprennent *Amaracao*, *Maracaïbo*, *Emeria* et *Amaricocapana*. Il peut aussi provenir des Amérindiens qui, lorsqu'ils ont vu des Européens pour la première fois, ont eu tendance à les considérer comme des êtres supérieurs. Pour exprimer cela, ils ont employé, entre autres, les mots *Tamaraca*, *Tamerka* et *Maraca*, ce dernier étant utilisé également comme nom de lieu. De toute façon, la ressemblance avec le prénom de Vespucci facilite encore sa diffusion et son emploi.

En 1515, vingt-deux ans après la publication en latin, à Paris, de la lettre de Colomb et quelque dix ans après la parution des lettres de Vespucci dans cette même langue, un recueil de récits de voyages est publié en français ; l'avocat Mathurin Du Redouer a traduit et abrégé la compilation originale du professeur Fracanzano da Montalboddo, *Pæsi novamente retrovati*, publiée d'abord en italien, à Vicence, en 1507. Outre les récits de Colomb et Vespucci, le recueil comprend ceux de Pigafetta, Cadamosto, Cortés et de quelques autres. Après la première parution à Paris, paraissent cinq éditions de l'adaptation de Du Redouer, *Sensuyt le nouveau monde & navigations faictes par Emeric Vespuce Florentin : Des pays & isles nouvellement trouvez auparavant a nous inconnuz tant en l'Ethiope que Arrabie, Calichut et aultres plusieurs regions etranges*.

La vitesse relative avec laquelle les nouvelles du Nouveau Monde

---

autorités espagnoles à imposer une censure quelque peu tardive. En outre, puisqu'on ne fit que peu ou pas d'efforts pour conserver ces premiers écrits à l'époque de leur publication, une grande proportion d'entre eux furent détruits.

se répandent en Europe est plus compréhensible lorsqu'on sait qu'une information, à la fin du XVIe siècle, prend environ dix jours pour se rendre de Paris à Londres. Avant l'imprimerie, alors que la communication reposait principalement sur la parole, non seulement les nouvelles prenaient plus de temps pour se diffuser, mais leur acceptation était très lente. Le Groenland, par exemple, n'apparaît pour la première fois sur les cartes qu'au XVe siècle, bien que sa découverte remonte au Xe siècle. Ni les voyages en Orient de Marco Polo (1254-1323 ?) ni ceux des Frères mineurs à la fin du XIIIe et au début du XIVe siècle n'ont exercé la moindre influence sur la cartographie médiévale ; jusqu'au commencement du XIVe siècle, les cartes restent une continuation de la géographie gréco-romaine. Il faut attendre le XVe siècle pour que l'influence de Marco Polo devienne observable. L'assimilation beaucoup plus rapide des renseignements géographiques issus des voyages de Colomb découle de la présomption de la découverte d'une fabuleuse terre aux grandes richesses, étant donné que les cartographes se raccrochent à la croyance classique de l'existence, en quelque lieu d'Orient, de Cryse et d'Argyre, les îles d'or et d'argent[4]. La conviction qu'a Colomb d'avoir atteint l'Orient serait renforcée par la vue d'Amérindiens portant des ornements en or. L'excitation est aussi rendue plus intense par la recherche en Afrique, à la même époque, du légendaire Rio Doro, la rivière d'or.

La vision quelque peu naïve qu'a Colomb d'indigènes du Nouveau Monde dans un état d'innocence originelle et dans l'attente d'une exploitation par les « hommes du ciel », comme ils appellent les Espagnols, ne survit pas à son deuxième voyage. Il découvre avec surprise que la garnison laissée derrière lui à La Navidad a été anéantie dans un conflit avec ces mêmes Amérindiens qui ont été si utiles l'année précédente, lors du naufrage de la *Santa Maria*. Dans l'intervalle, les Amérindiens ont apparemment compris que les Espagnols sont par trop humains. Les démonstrations que Colomb a prises pour une générosité ingénue et une coopération sans réserve n'ont été en réalité que des manœuvres inquiètes destinées à établir de bonnes relations avec ces

4. Ces « îles » sont en fait la Birmanie. « Cryse » correspondait à la partie méridionale de ce pays, à l'inclusion du delta de l'Irawady et, peut-être, d'une portion de la péninsule malaise ; « Argyre », à la partie nord, soit à la côte birmane qui donne sur le golfe du Bengale.

étranges nouveaux êtres d'une nature encore incertaine. Les Espagnols exploiteront plus tard cette réaction initiale des Amérindiens ; ils prétendront descendre du soleil lors de leurs rencontres avec de nouveaux peuples. Cela simplifiera et accélérera le processus de conquête, du moins au début.

Une autre constatation déplaisante attendait l'amiral lors de son deuxième voyage : les cannibales caraïbes se montrent moins commodes qu'il ne l'anticipait. Il écrit en effet :

> Ces insulaires nous apparurent plus civilisés que ceux que nous vîmes jusqu'ici ; car bien que tous les Indiens possédassent des maisons de paille, les maisons de ces gens sont construites d'une manière bien supérieure, sont mieux pourvues de provisions, et font plus preuve d'industrie, à la fois de la part des hommes et des femmes[5].

Cannibal provient d'un mot caraïbe signifiant « homme hardi », appellation qui se révèle vite appropriée du point de vue des Européens. Même après leur capture lors d'une escarmouche avec les Espagnols, les Caraïbes conservent un « atrocite et dyabolic regard » qui inspire la terreur à ceux qui les voient. « ...iay congneu ung homme auqel iay parle lequel se divulguoit avoir menge plus de troys cens corps humains », mentionne plus tard Vespucci, ajoutant que des pères mangent leurs enfants, et des maris leurs femmes. Il avait vu des conserves de chair humaine accrochées aux poutres des maisons « comme a nous est usance de pendre le lard ». Il insiste sur la véracité de ses observations : « De ceste chose soyez asseurez par ce que a este vue [...] Et ie vous dies que eulx ils se esmerveilloyent pourquoy nous ne mengions noz ennemys et dient que la chair humaine est une chose tressavoureuse[6]. » Si Colomb est d'abord horrifié devant ces pratiques, il fait néanmoins preuve de pragmatisme : il envoie des prisonniers caraïbes comme esclaves en Espagne, dans le but, dit-il, de leur faire perdre leurs mauvaises habitudes.

Vespucci est d'accord avec Colomb sur le fait que les Américains vivent en « grandes multitudes » et qu'ils sont généralement beaux et remarquablement exempts de difformités. Mais il déplore aussi qu'ils endommagent leurs « honnêtes » visages en se perçant les joues, les lèvres, les narines et les oreilles. « J'ai vu jusqu'à sept trous dans le visage d'un homme, lesquels trous étaient remplis de pierres de cou-

5. Colomb, *Four Voyages*.
6. Du Redouer, *Sensuyt le nouveau monde*.

leur ainsi qu'avec d'autres objets. Cela les fait ressembler à des monstres. » Il calcule même que les pierres du visage d'un seul homme pèsent « seize onces », ajoutant, apparemment avec quelque soulagement, que les femmes ne s'abandonnent pas à cette coutume[7].

La couleur de ces nouveaux êtres humains, que Vespucci décrit comme « tirant sur le rouge », reste incertaine. Toujours nus, ils sont tannés par le soleil. Cependant, selon Colomb, ils sont de « la couleur des habitants des Canaries, ni noirs ni blancs ». Antonio Pigafetta (1480/1491-v. 1534), gentilhomme de Vicence qui participe au voyage de trois ans autour du monde dirigé par Fernand de Magellan, rapporte à son retour en 1522 que les indigènes sont olivâtres. L'historien officiel espagnol Gonzalo Fernández de Oviedo y Valdés (1478-1557) convient que les gens sont tous à peu près de la même couleur : brun pâle. Les hommes comme les femmes n'ont pas de poils sur le corps, sauf sur la tête, et leurs cheveux sont toujours noirs.

On observe que les naissances sont faciles et traitées avec désinvolture ; Vespucci note que les femmes conservent leur silhouette de jeune fille même si elles allaitent leurs bébés. Les gens pratiquent la polygamie, et Vespucci ne peut déceler aucune cohérence dans leurs comportements sexuels : il a l'impression que les garçons dorment avec leurs mères, les frères avec leurs sœurs, et les étrangers avec les étrangers, au hasard des rencontres et quand cela leur plaît. Lorsque la filiation matrilinéaire est reconnue, c'est suivant un point de vue qui reflète les préoccupations européennes : « Ilz instituent pour heretiers les enfans de leurs sœurs, dautant qu'ilz savent pour certain sont asseurez que ceux la sont de leur sang, & de leur parentage[8]. »

Sur d'autres aspects également, à l'exception de la sexualité, les Européens ne peuvent de prime abord déceler une organisation dans le mode de vie des Amérindiens, même si leur comportement est doux et agréable, « très similaire à l'attitude des anciens ». C'est « merveille que nous ne vîmes jamais de querelle entre eux[9] ». Colomb avait rapporté qu'ils n'avaient aucun gouvernement. Vespucci note aussi qu'ils ne possèdent ni églises, ni foi, ni marchés, et qu'ils vivent en accord avec la nature. Ils combattent sans stratagème ni ordre et, après les combats, ils mangent leurs prisonniers de guerre.

---

7. Du Redouer, *Sensuyt le nouveau monde*.
8. [Bembo], *L'Histoire du Nouveau Monde*.
9. Vespucci, *Letters*.

Plus positivement, on peut dire que les Amérindiens vivent principalement de poisson, ce qui, par rapport à la façon de penser des Européens de l'époque, apparaît comme une vertu contrastant avec le mal du cannibalisme. Toutefois, certains éléments de leur alimentation font vite soupçonner une association des Amérindiens avec des démons, conséquence naturelle de la croyance qui veut qu'on acquière les caractéristiques de ce qu'on mange. Pour les Européens, cela semble se traduire par leur consommation de serpents, dont certaines espèces sont venimeuses, de lézards, de crapauds, de larves, d'insectes et d'autres « ordures ». Avec une fascination horrifiée, on dit fréquemment au sujet des Amérindiens que « leur manger sont serpens, crocodiles, crappaux, & gros lysars, lesquels estiment autant que nous faisons les chappons[10] [...] » ; de fait, ils mangent des serpents au lieu du pain. Le docteur Diego Alvarez Chanca, qui accompagne Colomb à son deuxième voyage, exprime un point de vue plus modéré : une telle alimentation signifie « que leur dégradation est plus grande que celle de n'importe quelle bête dans le monde[11] ». Un examen de thèse à l'université de Montpellier, en 1574, soulève la question suivante : « La chair des animaux venimeux empoisonne-t-elle celui qui la mange ? » Quoi qu'il en soit, Jean de Léry (1534-1611), ministre huguenot qui a en aversion les stéréotypes, goûte du lézard et le trouve si bon qu'il ne parle plus de rien d'autre. Le géographe du roi, Jean Moquet (1575-1618 ?) répète l'expérience et trouve la viande de crocodile assez bonne, mais de peu de goût, ayant fort besoin d'être épicée. Toute la question du lien entre les démons et l'alimentation s'éteint lentement plutôt que d'être réglée d'une façon nette ; un doute subsiste quand même, et certains aliments des Amérindiens ne seront jamais considérés comme « civilisés ». Des missionnaires jésuites rapporteront plus tard avec admiration que les Amérindiens de la Nouvelle-France mangent des fraises et des framboises avec de l'huile et « mordent par fois dans un morceau de graisse blanche figée comme nous mordions dans une pomme : voila leur bonne chère[12] ».

Certains aliments du Nouveau Monde sont immédiatement acceptés parce qu'ils sont « merveilleusement bon[s] » — l'ananas, par exemple, qu'on connaît en France sous le nom amérindien qu'on lui a

---

10. Barré, *Copie de quelques lettres*.
11. Colomb, *Select Documents*.
12. *JR*, Thwaites, édit., 5 :97.

donné lors de son introduction au XVIe siècle. Vespucci goûte un « pain » de pâte de poisson et le trouve bon. Le chocolat se révélera à la longue éminemment acceptable, bien qu'on le sucre, au lieu de l'épicer et de le faire mousser, comme l'aiment les Mexica. L'essayiste Michel de Montaigne (1533-1592) goûte de la cassave qu'il trouve sucrée et douce. Suivant un récit, l'explorateur français Jacques Cartier (1491-1557) trouve que le rat musqué qu'on lui a offert est délicieux.

Malgré certains avis contradictoires, on a généralement l'impression que les Amérindiens mangent très bien. Cartier explique que c'est parce qu'« ils ne s'occupent de rien d'autre ». Le cosmographe André Thevet (1501-1590), parlant aussi des gens visités par Cartier, mentionne qu'ils mangent beaucoup, en accord avec les dires de Colomb qui rapporte que les habitants des Antilles s'alimentent « luxueusement[13] ». De plus, la modération dont font preuve les Amérindiens dans leur alimentation impressionne aussi les Européens, à une époque où ceux-ci considèrent les excès alimentaires comme un signe extérieur de richesse : « Les sauvages sont très modérés dans leur alimentation, de peur d'être malades. Plaise à Dieu que les chrétiens puissent exercer pareille discrétion et nous libèrent de nos grands et excessifs banquets[14]. » « Un Amérindien pourrait marcher tout le jour avec six biscuits », rapporte l'érudit voyageur Melchisédech Thévenot (v. 1620-1692). Un Anglais en convient : « Cela peut défier la croyance que de concevoir comment des corps si vigoureux peuvent tirer leur croissance et leur subsistance quotidienne d'une aussi maigre ration[15]. » Il y a accord général sur le fait que leurs maisons sont misérables, que leur consommation d'aliments reste modérée en pleine abondance, et que leur boisson se résume à de l'eau, mais qu'ils sont tout de même en santé et robustes. Dans les rares occasions où ils sont malades, ils se soignent eux-mêmes avec des herbes dont ils connaissent très bien les usages. Les rapports selon lesquels ils vivent jusqu'à cent cinquante ans sont généralement considérés comme vrais :

Qui croiroit que sans Medecins
Il fût possible de tant vivre[16] ?

---

13. Cartier, *Voyages* ; Thevet, *Cosmographie* (L'Huillier).
14. Hariot, *Merveilleux et estrange rapport.*
15. Wood, *New England Prospect.*
16. Diéreville, *Voyage to Port-Royal.*

Les « grandes provisions » d'aliments conservés par les Amérindiens suscitent un intérêt considérable chez les Européens du XVIe et du XVIIe siècle, dans les patries desquels le spectre de la famine plane constamment sur la tête des paysans. Ils ne perdent pas de temps à mettre au point des techniques pour tirer avantage de l'hospitalité amérindienne, passant de village en village et repartant avant de ne plus être les bienvenus. Antonio de Herrera y Tordesillas (1557-1625) rapporte que les Espagnols se sont eux-mêmes rendus importuns en faisant loger leurs hommes dans des familles amérindiennes, parce qu'ils « mangent autant en un jour que les Indiens en un mois[17] ». Par conséquent, les Amérindiens préfèrent payer un tribut plutôt que d'avoir des Castillans dans leurs maisons, et cela en dépit de leurs maigres richesses et possessions personnelles.

Qui plus est, les Européens notent avec grand intérêt que cette suffisance d'aliments est obtenue sans trop d'efforts. Les femmes, comme on s'accorde généralement à le dire, travaillent plus dur que les hommes, elles qui peinent aux champs et doivent tenir maison ; chez les chasseurs nomades, elles transportent les charges lors des déplacements. Ce n'est que plus tard qu'on s'aperçoit que le lot des femmes va de pair avec un pouvoir et une influence considérables. Les Européens, toutefois, mentionnent rarement que les hommes d'Amérique défrichent la terre en vue de la semer. Le travail pénible, au sens européen du mot, est visiblement absent, et les individus ne sont pas minés par un labeur excessif. Pour les Européens, le type d'effort soutenu requis pour être un bon chasseur ne peut être considéré comme un travail, étant donné que, dans leur société, la chasse est un privilège de l'aristocratie ; c'est dans ce contexte, ainsi que dans celui des arts martiaux, qu'ils manifestent une grande admiration pour les talents en archerie des Amérindiens.

On apprécie également l'art du Nouveau Monde ; l'explorateur Giovanni da Verrazzano, pour sa part, note que les flèches amérindiennes sont ornées avec beaucoup de goût. Bien que ces hommes ne connaissent pas le fer, ils construisent, sur le modèle des galères, des canots dans lesquels peuvent monter jusqu'à quatre-vingts hommes. La vitesse de ces embarcations est « une chose incroyable ». Colomb, bien qu'il regarde les Amérindiens comme des êtres « sauvages », estime qu'ils sont « faits pour n'importe quel travail [...] très intelligents, et

17. Herrera, *Histoire générale des voyages*.

que, lorsqu'ils se seront débarrassés des habitudes cruelles auxquelles ils se sont accoutumés, ils seront meilleurs que n'importe quelle autre sorte d'esclave[18] ».

Très tôt au cours de la période de contact, les Européens tentent de montrer de quoi ont l'air les Amérindiens. Les premières illustrations paraissent avec des éditions originales de la lettre de Colomb. Une édition bâloise de 1493, en latin, *Insula hyspana*, présente une scène de troc, tandis que des versions italiennes, qui paraissent à Rome et à Florence la même année, représentent Ferdinand assis sur un trône et tendant la main par-delà une étendue d'eau vers quelques indigènes qui s'enfuient sur la rive. Les deux versions illustrent des aspects soulignés par Colomb dans sa lettre : les habitants du Nouveau Monde, en « nombre incalculable », sont nus, ont de longs cheveux flottants et tendent à s'enfuir timidement dès qu'ils voient des Espagnols. Dans la scène de troc, on voit d'ailleurs un groupe s'enfuir pendant qu'un autre échange craintivement des offrandes avec des Européens.

La représentation ancienne la plus connue est la soi-disant gravure sur bois d'Augsbourg, de Johann Froschauer, qui daterait de 1505. Elle illustre une scène de cannibalisme du genre que Léry a à l'esprit lorsqu'il critique la tendance à représenter des Amérindiens en train de suspendre des morceaux d'humains, comme chez le boucher, soulignant que les artistes n'ont jamais vu ce qu'ils tentent de décrire. Les hommes ressemblent à des centurions romains couronnés de plumes. Les femmes aussi ont des coiffures de plumes, et tous portent de petits collets de plumes sur les épaules. Ces scènes fixent le modèle d'une représentation européenne et deviennent l'image type des Amérindiens tels qu'ils apparaissent dans les illustrations cartographiques. Une collection de gravures du Nouveau Monde, publiée en 1638 sous le titre *L'Amérique historique*, débute par l'image d'un couple habillé de plumes symbolisant l'Amérique, agrémentée d'une scène de cannibalisme en arrière-plan. Une ancienne méthode, moins prisée, de représentation des Amérindiens, montre les hommes avec des cheveux bouclés et une barbe entière, comme dans la septième édition latine de la lettre de Vespucci, *De novo mondo* (v. 1505). Un autre exemple bien connu : le groupe familial du « bas-relief du Trésor » de l'église Saint-Jacques, à Dieppe, qui, croit-on, aurait été sculpté vers 1530. Une peinture portugaise, datant de la même époque et intitulée *L'Adoration des Mages*,

---

18. Colomb, *Four Voyages*.

donne à l'un des mages l'apparence d'un Topinambou du Brésil couronné de plumes. Il porte une chemise et des culottes européennes.

Les premiers vrais portraits d'Amérindiens par un Européen sont faits en 1529 par Christoph Weiditz, artiste allemand qui put voir les Mexica amenés à la cour de Charles Quint par Hernán Cortés (1485-1547). Pour sa part, Alejo Fernández a moins de succès lorsqu'il peint sur panneau, vers 1535, un tableau intitulé *La Vierge des navigateurs*, pour la chapelle de la Casa de Contratación, à Séville. Il y ajoute en arrière-plan un groupe de convertis amérindiens d'aspect négroïde. François Deserpz, dans son ouvrage sur les coutumes dans le monde, publié à Paris en 1567, représente un couple de Brésiliens nus, une femme avec une grande fleur coquettement placée sur une cuisse et un sauvage en pompe portant un manteau de plumes, ainsi qu'un homme et une femme hirsutes appelés *L'Homme sauvage et la Femme sauvage*. Ces deux derniers ne personnifient pas du tout des Amérindiens, bien qu'on les confonde fréquemment avec eux.

Des Brésiliens ramassant du bois à teinture pour des navires en attente constituent un autre sujet populaire d'illustration. À cet égard, l'une des œuvres les plus saisissantes est un bas-relief en bois datant du milieu du XVIe siècle. Les personnages se rapprochent plus de ceux de l'Antiquité classique que des Amérindiens et font preuve d'une vigueur et d'une vitalité remarquables[19]. On estime que les représentations d'époque les plus précises de la vie dans le Nouveau Monde — elles sont par malheur assez incomplètes — restent celles qui accompagnent le récit de la captivité de Hans Staden parmi les Topinambous. Une peinture portugaise du milieu du XVIe siècle, intitulée *Enfer*, montre le diable arborant une coiffure de plumes amérindienne[20].

Certaines œuvres de deux artistes qui ont réellement visité le Nouveau Monde nous sont parvenues. Jacques Le Moyne de Morgues se rend en Floride avec les expéditions de Ribault et de Laudonnière (1562-1565) ; pour sa part, John White se trouve dans l'Arctique avec Martin Frobisher en 1577 et séjourne par intervalles en Virginie, entre 1585 et 1590. Les dessins de ces deux artistes sont gravés par Théodore de Bry et ses fils dans leur collection en treize fascicules publiée à Francfort-sur-le-Main, entre 1590 et 1634, sous le titre général de

19. Le bas-relief provient de la façade d'une maison autrefois située au 17 de la rue Malpalu, à Rouen. Il est aujourd'hui au musée des Antiquités de Rouen.
20. Le tableau se trouve dans le Museu Nacional de Arte Antiga, à Lisbonne.

Grands voyages. On reconnaît généralement que les dessins de White sont les seuls à avoir saisi quelque chose des attitudes caractéristiques des Amérindiens; Le Moyne, tout en fournissant une profusion de détails, ne différencie pas les Amérindiens des Européens, sinon qu'il les fait plus gros et d'apparence plus athlétique, un peu comme s'ils étaient sortis du Colisée. Les gravures de de Bry accentuent cette tendance qui est aussi très visible dans les illustrations de la *Cosmographie* de Thevet. Dans ce dernier ouvrage, les personnages sont traités à la manière de l'école de Fontainebleau. À l'époque, on n'ignore pas ces difficultés d'illustration des Amérindiens. Selon les mots de Léry, « à cause de leurs gestes & contenances dissemblables des nostres, ie confesse qu'il est malaisé de les beien representer, ni par escrit, ni mesme par peinture. Parquoy pour en avoir le plaisir, il les faut voire & visiter en leur pays[21] ».

On trouve les meilleures illustrations des hommes du Nouveau Monde dans les tableaux de genre de l'Angleterre et de l'Europe du Nord. En France, ce type d'art est au bas de l'échelle hiérarchique, position appuyée par l'Académie royale de peinture et de sculpture fondée en 1648. En conséquence, malgré la réputation d'entente avec les Amérindiens qu'a la France, il est relativement rare qu'ils apparaissent dans son art au cours des XVIe et XVIIe siècles.

Réciproquement, l'art amérindien n'influence pas non plus l'art européen. Albrecht Dürer peut bien s'exclamer de plaisir devant les merveilles du trésor de Moctezuma, ni lui ni aucun autre artiste européen ne semble avoir été influencé par ces créations. On trouve une exception à cet égard dans certains chapiteaux du palais des Princes-Évêques (v. 1526), à Liège, qui révèlent une influence mexica. (Chose intéressante, la carte de Tenochtitlan, apportée par Cortés à la cour d'Espagne, montre aussi une influence mexica dans son exécution.) D'un autre côté, la faune du Nouveau Monde est immédiatement intégrée et rendue dans les styles européens en vogue.

De nouvelles idées dans de vieux cadres

Parallèlement à l'augmentation des voyages européens, on assiste à la croissance de la « rage de connaître » d'étranges peuplades et d'étranges coutumes, une forte envie habituellement satisfaite en col-

21. Léry, *Histoire d'un voyage* (1580).

lectionnant des curiosités. Ferdinand de Habsbourg posséda des sculptures et des œuvres d'art ornées de plumes mexicaines rapportées en Europe par Cortés ; une mosaïque de plumes, propriété du roi de Pologne Sigismond III Vasa, peut avoir eu la même provenance. Montaigne eut des articles topinambous tels qu'un hamac, un casse-tête, un protège-poignet ainsi qu'un tube à estampiller. Bien qu'il se révèle beaucoup plus facile d'accumuler des objets et des renseignements que de les situer dans leur contexte, au moins un des collectionneurs de la première heure commence à créer des séries d'objets : Michele Mercati (1541-1593), de San Miniato, directeur du jardin botanique de Pie V et organisateur de musée pour le Vatican. Il est parmi les premiers à établir que les pointes de flèches en silex sont faites à la main. Ayant noté que les Juifs anciens ainsi que les Amérindiens de l'époque avaient employé ces pointes, il émet l'hypothèse que les premiers habitants de l'Italie en ont aussi fait usage.

L'effort de Mercati est inhabituel. En général, durant le XVIe et le XVIIe siècle, les renseignements et les objets sont recueillis avec ferveur, mais relativement peu analysés. Dans les documents publiés au cours du XVIe siècle, la seule culture du Nouveau Monde à recevoir beaucoup d'attention est celle des Topinambous du Brésil, parce que c'est principalement de leur territoire que provient le bois à teinture ; au XVIIe, ce sont les Hurons du Canada, étant donné leur rôle central dans la traite des fourrures. Bien que, économiquement, cela leur profite de connaître ces peuples, les Européens ne systématisent pas avant le XXe siècle les renseignements qu'ils amassent sur les Topinambous ou les Hurons.

Le modèle reconnu pour la description des habitants d'autres terres — modèle largement constitué de rapides généralisations — est fourni par d'anciennes autorités telles que Pline l'Ancien (v. 23-79) et Hérodote (Ve s. av. J.-C.). Malgré cela, une grande quantité d'informations ethnographiques de premier ordre sont recueillies pendant les XVIe et XVIIe siècles. Et si beaucoup le sont par les Espagnols, il reste que ceux-ci s'intéressent davantage aux conquêtes et à l'administration plutôt qu'à connaître, à proprement parler, les peuples du Nouveau Monde. Les considérations impériales de l'Espagne renforcent un penchant pour le secret qui, combiné à de forts doutes sur la pertinence de rendre public des coutumes et des croyances païennes, entrave la publication de la documentation ethnographique. D'ailleurs, certains éléments d'information ne connaîtront qu'une publication relativement récente. Cela est particulièrement vrai des renseignements ayant trait aux populations du Mexique, de l'Amérique centrale et du Pérou.

Ainsi, l'autorité des anciens continue de maintenir son emprise longtemps après qu'on eut prouvé que leurs informations sur la nature du monde sont incomplètes, sinon parfaitement fausses, situation renforcée par le fait que certaines idées classiques sur la géographie sont défendues avec succès. Néanmoins, le bon sens, pour triompher, doit s'appuyer sur des conclusions tirées de l'expérience : un éventail de nouveaux faits étranges ne concorde pas avec certaines croyances bien entretenues. Les auteurs des XVIe et XVIIe siècles ne se lassèrent apparemment jamais d'attirer l'attention sur le fait qu'Aristote se trompa lourdement dans son argumentation contre l'habitabilité de la Zone torride, et que Lactance (v. 260-v. 340) et saint Augustin d'Hippone (354-430) errèrent en maintenant qu'il était absurde de penser à un homme vivant la tête en bas aux antipodes. La raison a ses illogismes — en témoigne la logique des arguments de Lactance contre la pluie tombant vers le ciel —, donc nul ne devrait méconnaître l'expérience. Cartier, lorsqu'il écrit, dans la relation de son deuxième voyage (1535-1536), que les anciens élaborèrent des théories sur l'habitabilité du monde sans vérifier leurs déclarations dans la pratique, ne fait que réitérer un argument sans cesse répété depuis l'époque de Colomb. Mais il est plus facile de révéler l'erreur des autorités que de changer les façons de penser habituelles, et on continua longtemps de se fier aux anciens même après que leurs erreurs eurent été soulignées avec une satisfaction non déguisée.

Bien que les Européens ne croient qu'avec réticence à l'existence de races humaines inconnues, ils admettent spontanément, sinon avec empressement, l'existence de monstres. Pendant son premier voyage aux Antilles, Colomb, tout en admettant ne pas avoir réellement vu de monstres, accepte sans le moindre doute un rapport selon lequel, dans une autre île qu'il ne visita pas, « les gens sont nés avec des queues[22] ». Un assentiment si facile de sa part peut bien avoir eu pour origine l'existence légendaire d'êtres humains avec des queues, descendants d'une époque où hommes et singes s'accouplaient. Colomb note aussi que, dans une autre île, les humains n'ont pas de cheveux. À partir de ses propres observations, il relate que les sirènes ne sont pas belles, comme on le croit communément, mais qu'elles ont des visages sem-

---

22. Colomb, *Spanish Letter*.

blables à ceux des hommes ; il ne les considère toutefois pas comme des monstres. Pour leur part, les cannibales sont traditionnellement classés comme tels, eux qui peuplent les livres de géographie européens depuis l'époque classique. Colomb ne parviendra jamais à découvrir la variété favorite de monstres censée habiter en Orient : le cynocéphale. Cependant, plus de cinquante ans après, un marin anglais naufragé, errant sur la côte atlantique nord-américaine, rapporte que les cannibales « habitent entre Norumbega & Bariniah, ils ont des dents comme des dents de chiens, et de cette façon vous pouvez les reconnaître[23] ». Il n'est pas facile d'ébranler la croyance en de telles créatures quand on sait que saint Augustin discuta de la présence, parmi les descendants d'Adam, de races d'hommes monstrueux. Quoi qu'il en soit, le Père de l'Église prit soin de ne pas mettre sur le même pied l'apparence extérieure et l'inhumanité : « Ne laissons aucun vrai croyant penser qu'un tel individu pût descendre du premier homme qui fut créé[24]. » À l'inverse, Vadianus (1484-1551) ne se laisse pas convaincre par des rapports, en provenance d'Afrique, sur des hommes n'ayant rien d'humain, sauf leur aspect physique et la capacité de parler. Il va jusqu'à nier l'existence d'hommes monstrueux : « *Homines monstrosos non esse*[25]. » Mais la tradition populaire voit les choses autrement : dans un conte à la mode vers la fin du Moyen Âge, Adam met en garde ses filles contre la consommation de certaines plantes susceptibles de leur faire concevoir des monstres *semihomo* avec des âmes de plantes.

De savants médecins du Moyen Âge et de la Renaissance pensent que les monstres sont engendrés en raison de l'influence des étoiles qui, suivant certaines conjonctions, empêchent le fœtus de prendre une forme humaine. D'autres croient qu'une quantité anormale de sperme, ou peut-être des rapports sexuels illicites, en sont la cause. Cornelius Gemma (1535-1579), professeur de médecine de Louvain, accuse le péché en général, indiquant tout de même qu'un cataclysme universel et la confusion de Babel sont aussi des facteurs.

---

23. « The Relation of David Ingram [...] », dans Hakluyt, *Principal Navigations*. On donne aux hommes à tête de chien le même nom qu'aux babouins, soit *cynocéphales*.

24. Augustin, *La Cité de Dieu*, livre XVI, chap. 8.

25. Vadianus, *Epitometrium*.

Le processus d'élimination des idées sur les hommes à un seul pied, au visage dans la poitrine, sans bouche ou anus, ou avec des oreilles si grandes qu'ils peuvent les employer comme couvertures, va s'étendre sur près de trois siècles. De fait, les découvertes du Nouveau Monde ont pour conséquence immédiate une floraison de monstres ; on rapporte de nouvelles variétés plus vite que ne disparaissent celles qui sont évidemment invérifiables. Par exemple, des années de séjour à Cuba n'empêchent pas le gouverneur Diego Velasquez d'ordonner à Cortés de chercher des hommes avec de grandes oreilles plates et des faces de chien à l'occasion de l'expédition qu'il projette au Mexique en 1519. Un historien du XVIIe siècle louange la bravoure de ceux qui traversent les mers et combattent les monstres. Plus tard, toujours au XVIIe siècle, on rapporte que les pygmées de Pline vivent retirés du monde dans les régions montagneuses des côtes de Nouvelle-Espagne ; on dit même qu'il existe dans l'Arctique une tribu d'Inuit constituée de personnes à une jambe et un pied qu'on pourrait vraiment appeler demi-hommes. En 1724 encore, Joseph-François Lafitau (1681-1746) inclut un dessin d'*anencéphale* (homme à la tête dans la poitrine) parmi des illustrations d'Amérindiens, en dépit de certaines réserves à ce sujet. Auparavant, un autre auteur avait écrit qu'il ne croyait pas en l'existence d'Amérindiens se nourrissant d'odeurs ; mais un tel mépris de la croyance générale est rare. Tout de même, la crédulité a ses limites : d'énormes os trouvés en 1613 dans le Dauphiné et exposés à Paris comme étant ceux du géant Theutobochus sont finalement déclarés faux, malgré que la croyance aux géants fût très répandue à l'époque.

Les hommes monstrueux s'évanouissent dans l'imagination populaire à mesure qu'une lente pénétration de nouveaux mondes dans la conscience des Européens révèle des peuples aux cultures suffisamment diverses pour satisfaire les goûts les plus manifestes pour le bizarre. Colomb, que ce soit lors de sa rencontre avec les Arawaks ou, plus tard, avec les Caraïbes mangeurs d'hommes, trouve des différences physiques moindres qu'il ne les avait imaginées ; par contre, les différences de culture lui semblent très grandes. Par exemple, c'est une chose de détecter dans la nudité du Nouveau Monde des ressemblances avec celle du classicisme, mais c'est une tout autre affaire que d'accepter l'absence de vêtements comme une condition normale de la vie quotidienne. Les Espagnols avaient assujetti les insulaires nus des Canaries pendant le XVe siècle, et divers degrés de nudité avaient été observés en Afrique. Même en Europe, la nudité reste acceptable dans certaines circonstances. En effet, une tolérance extrême coexiste avec un formalisme démesuré, à une époque où l'ostentation vestimentaire approche de son apogée. La cérémonie, saluée par tous, qui marque l'entrée d'Henri II dans Rouen en 1550 comprend un tableau vivant où apparaissent cinquante Brésiliens nus et cent cinquante marins normands jouant les Brésiliens, tous présumés nus (du moins, ils étaient représentés de cette façon dans des illustrations de l'événement). Le tableau reçoit de nombreux éloges, sans allusion à la nudité. Ce qui surprend plus particulièrement les Européens à propos de la nudité des Amérindiens, c'est de voir que tous, y compris ceux qui commandent, sont nus tout le temps. Colomb, à qui s'adresse un cacique de quatre-vingts ans, « qui sembl[e] assez respectable bien qu'il ne port[e] aucun vêtement », est surpris d'observer « un jugement sain chez un homme qui se promen[e] tout nu[26] ». Très souvent, leur nudité est la seule chose qu'on apprend sur les Amérindiens, étant donné que c'est la caractéristique la plus évidente qui les distingue des Européens.

Le cannibalisme produit un impact encore plus profond que la nudité. Le mot *cannibale* (parmi les variantes orthographiques, on trouve aussi *cambialle* et *canibali*) devient presque immédiatement l'appellation sous laquelle sont connus les Amérindiens en Europe. Une histoire, devenue un classique vers la fin du XVIe siècle, raconte que des Caraïbes sont morts parce qu'ils mangèrent un frère ; par la suite, les hommes de robe se sentirent en sécurité, du moins dans cette île ! Certains rapports, provenant de la côte brésilienne, près du cap Frio, font état d'hommes qui « mangent toutes sortes de gens, Français, Portugais et Nègres[27] ». On ne perçoit pas tout de suite les aspects rituels du cannibalisme, et il est donc admis que les habitants du Nouveau Monde se mangent les uns les autres pour s'alimenter, se chassant mutuellement « comme si s'estoient bestes sauvages, pour les manger[28] ». Il fallait peut-être s'attendre à une telle conclusion ; il n'était pas peu rare que le cannibalisme, en Europe, soit le résultat de la famine, ce qui était aussi parfois le cas dans les Amériques.

---

26. Martyr d'Anghiera, *De Orbe Novo* (MacNutt).
27. Purchas, *Hakluytus Posthumus*.
28. Fontaine, *Description des terres trouvées*.

Malgré une répugnance générale face au cannibalisme et une tendance à chercher des monstres, les premières descriptions des habitants du Nouveau Monde se font sur un ton modéré, bien qu'on y détecte habituellement une note de condescendance. Même Isabelle, qui compte parmi les défenseurs des Amérindiens, ne peut s'empêcher d'observer, après que Colomb l'eut informée que les arbres du Nouveau Monde n'ont pas de racines profondes, que « cette terre où les arbres ne sont pas fermement enracinés doit produire des hommes de faible sincérité et de constance encore moindre[29] ». Plusieurs observateurs, toutefois, semblent partager l'avis de Pigafetta : « Ils sont hommes et femmes disposez comme nous. Ils mangent chair humaine de leurs ennemis non point pource que leur semble bonne, mais par certaine coustume[30]. »

Des visiteurs d'un autre monde

Les Amérindiens se posent eux aussi des questions, se demandant quelle est la place de ces étrangers dans l'univers. S'agit-il de dieux ? Et, dans ce cas, quelles sont leurs intentions ? La première fois qu'ils voient des Espagnols à cheval, les Amérindiens croient que l'homme et la monture ne font qu'un ; plus tard, distinguant l'homme et la bête, ils continuent à prendre le cheval pour un dieu, ou du moins à le croire immortel. Pour remettre cette réaction dans son contexte, il faut souligner que les peuples en question n'ont encore jamais vu un animal aussi gros que le cheval ; la faune originaire des régions dominées par les Espagnols ne comprend aucun animal de cette taille. Finalement, réalisant leur erreur, quelques audacieux Mexicains écorchent un cheval, l'empaillent pour lui redonner un air de vie et l'exhibent dans un temple.

Deux siècles après cet événement, Fontenelle tente d'imaginer l'effet qu'a pu avoir sur les Amérindiens l'arrivée des tout premiers Européens :

> De grands Corps énormes qui paroissent avoir des aîles blanches, qui volent sur la Mer, qui vomissent du feu de toutes parts, & qui viennent jetter sur le rivage des Gens inconnus tout écaillez de fer, disposant

29. Gerbi, *Dispute of the New World.*
30. Pigafetta, *Voyage et Navigation.*

> comme ils veulent des Monstres qui courent sous eux, & tenant en leur main des Foudres dont ils terrassent tout ce qui leur résiste [...] Sont-ce des Dieus ? Sont-ce les Enfans du Soleil[31] ?

Les Amérindiens font cependant vite preuve d'un esprit de recherche bien développé lorsqu'ils tentent de déterminer si les Espagnols sont ou ne sont pas des enfants du Soleil[32]. Lors d'un incident qui se produit à Porto Rico en 1508 et qui a un grand retentissement, ils tiennent un Espagnol sous l'eau pour voir s'il se noiera, puis s'assoient sur son corps pendant trois jours pour observer ce qui se produira. Plus tard, au Mexique, des Amérindiens qui viennent de tuer un Maure qui accompagne les Espagnols le découpent en petits morceaux pour s'assurer de sa mort. Dès qu'ils ont perdu leur crainte des chevaux et des arquebuses et appris que les Espagnols, frappés par une pierre ou une flèche, peuvent tomber comme n'importe qui, ils deviennent plus intrépides lors des affrontements armés ; le jésuite Acosta (v. 1539-1600) conseille d'ailleurs de ne pas les sous-estimer en tant que guerriers. Dans un esprit plus pacifique, on raconte qu'un vieux cacique jamaïcain (le même qui, malgré sa nudité, impressionna Colomb par son autorité), qui allait présenter à Colomb un panier de fruits, termine ainsi son discours solennel : « Si vous êtes mortel et croyez que chacun aura le sort qu'il mérite, vous ne ferez de mal à personne[33]. »

Ces réactions à la confrontation révèlent l'universalité de la nature humaine aussi bien que les caractéristiques particulières aux deux civilisations en présence. Alors que chacun cherche à composer avec des renseignements nouveaux, mais souvent fâcheux, Amérindiens et Européens agissent en posant comme prémisse le fait qu'ils sont les seuls « vrais hommes ». Sur toute la terre et à toutes les époques, des peuples ont exprimé leur sentiment de supériorité sur d'autres par des appellations peu flatteuses. Par exemple, *esquimau* vient d'un terme

---

31. Fontenelle, *Œuvres diverses*. Ce thème est repris par Shakespeare, dans *La Tempête*.
32. Lévi-Strauss décrivit ces efforts comme scientifiques (*Tristes Tropiques*). Voltaire crut avec peine que les Amérindiens avaient réellement pu prendre les Européens pour des dieux : il conjectura qu'ils les avaient peut-être pris pour des monstres (*Essai sur les mœurs*, dans *Œuvres complètes*).
33. Martyr d'Anghiera, *Extraict ou Recueil*. Retraduction.

algique qui signifie « mangeurs de viande crue », ce qui explique pourquoi les peuples de l'Arctique d'aujourd'hui insistent pour que le terme soit remplacé par le nom qu'ils emploient pour se désigner, c'est-à-dire *Inuit*, qui signifie « les hommes ». *Iroquois* semble être la version française d'un terme algique signifiant « vipère » ou « serpent ». Les Iroquois à leur tour donnent aux Sioux ce nom qui veut dire la même chose. *Naskapi* se traduit par « hommes rudes, incultes » ; le nom par lequel les Naskapis se désignent est *Ne-e-no-il-no*, « hommes parfaits ». En Afrique, les Zoulous appellent les autres tribus « animaux » ; les Blancs ne sont pas des êtres humains, mais « ceux dont les oreilles reflètent le soleil ». Les Grecs rejetaient ceux qui n'étaient pas de leur culture à l'aide d'un mot, *barbares*, qui se rapportait au parler des étrangers qu'ils trouvaient semblable au gazouillis des oiseaux. Saint Augustin est encore plus catégorique en disant qu'un homme est mieux en compagnie d'un chien qu'il connaît qu'avec des hommes dont il ignore la langue ; il cite Pline, selon qui un étranger ne ressemble pas à un homme. « Chacun appelle barbare ce qui ne fait pas partie de ses propres mœurs », écrit Montaigne avec sa perspicacité habituelle, mais avec une bonne dose d'ironie. Il est lui-même bien au fait des connotations péjoratives du mot *barbare* qui, dans son acception la plus aimable, signifie « étranger », mais avec une idée de vulgarité, de mœurs répréhensibles, sinon carrément scandaleuses, et un manque de manières.

Des facteurs culturels modifient ce type de réaction lors de la rencontre des Européens et des Amérindiens dans le Nouveau Monde. Des moyens techniques supérieurs, associés à la croyance que l'homme est fait pour dominer la nature, et les chrétiens le monde, ne font rien pour atténuer la conviction que les Européens sont véritablement les « vrais hommes », et que les hommes du Nouveau Monde sont d'un ordre inférieur. Les Amérindiens, qui se trouvent eux-mêmes surclassés techniquement et qui voient l'homme jouer par rapport à la nature un rôle de coopération et non de domination, se demandent d'abord si les Européens ne sont pas plus que des humains. La domination n'est-elle pas l'apanage des dieux ? S'il faut juger les mérites de telles positions en tenant compte de la survivance de leurs cultures respectives, il faut donner raison à l'analyse des Européens. Que la réaction des Amérindiens puisse avoir été de l'ordre d'une prophétie qui se réalisait nous est suggéré par l'histoire du dieu barbu, au visage pâle, dont la venue par la mer était attendue.

Pendant ce temps, en Europe, les renseignements sur les habitants du Nouveau Monde s'accumulent au petit bonheur, ajoutant de nombreux détails aux premières impressions de Colomb, mais sans jamais leur apporter de modifications sérieuses.

CHAPITRE II

DE LA NATURE DES HOMMES DU NOUVEAU MONDE

La découverte d'un nouveau monde habité soulève instantanément chez les théoriciens de l'Ancien Monde des questions sur le triple écoumène du cosmos chrétien. Ce concept, qui a conditionné la pensée européenne du début de la Renaissance, divise le monde en trois parties : l'Europe, l'Afrique et l'Asie. Symbolisé par le trirègne (tiare papale à trois couronnes), il a empêché Ferdinand d'Aragon de croire à la découverte par Colomb d'un nouveau monde. D'ailleurs, une telle certitude semble contredire les Saintes Écritures : saint Paul a en effet écrit que l'Évangile a été entendu « jusqu'aux extrémités du monde » (Romains, X, 18). De ce fait, les Européens ont donc facilement ignoré les signes de l'existence d'hommes « étranges » par- delà l'océan. L'historien officiel Herrera raconte l'histoire de Colomb qui a entendu parler aux Açores d'une espèce de bois inconnu rejeté sur le rivage après les tempêtes et qui, parfois, est travaillé artificiellement, mais apparemment pas par un outil en fer. Une autre fois, on découvre les corps de deux hommes aux visages larges « et à la physionomie différente des Chrétiens » ; on trouve également deux canots ou « almidies » qui ne coulent pas et possèdent un capot amovible[1]. Mais, on ignore de tels indices aussi longtemps qu'il est possible de le faire. Brant ne fait que refléter la prudence observée par tous lorsqu'il classe la forte envie de connaître d'autres régions étrangères parmi les folies du genre humain.

---

1. Herrera, *Histoire générale des voyages*.

Le pape Alexandre VI réagit rapidement quand il doit faire face aux preuves irréfutables de l'existence de peuples inconnus jusque-là des Européens. En 1493, il déclare que ces gens, « étant pacifiques, et, comme on le dit, allant nus et ne mangeant pas de chair », sont humains et aptes à la christianisation. En déclarant les Amérindiens « suffisamment enclins à embrasser la foi chrétienne et à se faire enseigner les bonnes mœurs », Alexandre VI formule la doctrine de l'Église. Saint Augustin s'était montré ferme : si étranges que pussent sembler l'apparence extérieure ou les coutumes d'un homme, et quelles que fussent ses origines, on ne peut aucunement douter qu'il descende d'Adam. On rappelle aussi la grande assurance de Cicéron à l'appui de cette position, lui qui a écrit que « tous les habitants de la terre sont des hommes ; et il n'y a qu'une seule définition pour chaque homme sans exception, c'est qu'il est doué de raison[2] ». Le pape peut avoir été encouragé par les premiers rapports de Colomb qui considérait que ces peuples « feraient peut-être mieux d'être libérés et convertis à notre Sainte Foi par l'amour plutôt que par la force[3] ». Plus de quarante ans après, Cartier fera une observation semblable à propos des Iroquois « laurentiens ». Toutefois, reconnaître l'appartenance des Amérindiens à la grande famille humaine est une chose ; c'en est une autre que de déterminer leur position par rapport aux Européens.

Qu'a donc voulu dire exactement le Christ lorsqu'il a déclaré : « J'ai d'autres brebis encore, qui ne sont pas de cet enclos » (Jean, X, 16) ? En 1513, dans une présentation faite au pape Léon X, on dit des Amérindiens qu'« ils sont nos frères ». Mais d'autres Européens en sont moins certains, et le sujet entraîne rapidement une profonde division dans l'opinion publique. Puisque la conformité spirituelle est considérée comme capitale, on se demande aussitôt pourquoi les Amérindiens n'ont pas été informés de l'existence du Dieu des chrétiens. Malgré les bulles du pape Alexandre, certains, même à l'intérieur de l'Église, soutiennent que la réponse réside dans la brutalité animale des Amérindiens et dans leur incapacité d'apprendre les mystères de la foi. Le dominicain Domingo de Betanzos est l'un de ceux qui réussissent le mieux à propager ce point de vue, au cours des années 1530. Même si, en 1549, sur son lit de mort, de Betanzos désavoue cette opinion, celle-ci s'est déjà grandement répandue dans l'intervalle. Elle a reçu l'assenti-

2. Cité par Elliott, *Old World*.
3. Crone, *The Discovery of America*.

ment de tous à une époque où les gens soutiennent avec ferveur le conformisme religieux. C'est ce que traduit ce passage d'André Thevet, le cordelier français devenu cosmographe, d'après qui les Amérindiens sont des « gens merveilleusement estranges et sauvages, sans foy, sans loy, sans religion, sans civilité aucune, mais vivans comme bestes irraisonnables, ainsi que la nature les a produits, mangeans racines, demeurãs tousiours nuds tant hommes que femmes[4] ». Colomb en a dit autant, mais pas aussi catégoriquement : « Ils n'ont aucune croyance ni ne sont idolâtres ; mais ils croient tous que la puissance et le bien sont dans les cieux. » À l'occasion de son deuxième voyage, Colomb, qui est accompagné de treize prêtres, note que chaque village possède une maison où se trouvent « des images en bois sculpté en relief », et où les Amérindiens prient et accomplissent des cérémonies. Mais dans la mesure où les prêtres peuvent le percevoir, aucun concept d'un dieu au sens où l'entendent les chrétiens n'existe chez les Amérindiens.

Les rapports selon lesquels les Amérindiens n'ont aucune religion sont déjà assez mauvais, mais ceux qui soutiennent qu'ils sont des adorateurs du diable sont encore pires. « Le principal Dieu qu'ont ceux de l'Isle Hispaniola est le Diable », écrit Francisco López de Gómara (1510-1560 ?), qui ne visita jamais le Mexique, mais fut l'aumônier particulier et le secrétaire de Cortés après le retour en Espagne du conquistador, en 1540. Les Péruviens, constructeurs de grandes villes reliées par un réseau routier, sacrifient chaque mois leurs plus précieuses possessions, y compris leurs enfants, à leur idole ; ils baignent ensuite son visage, en même temps que les portes du temple, dans le sang. Les Amérindiens des Caraïbes se concilient le diable parce qu'ils le croient capable de déclencher des ouragans, et leur croyance est partagée par les Européens. Dans la relation du voyage qu'il fait autour du monde de 1577 à 1580, Sir Francis Drake (1541 ?-1596) dit que les Brésiliens peuvent causer des difficultés aux marins en créant des ouragans. Pour leur part, les Amérindiens sont convaincus que l'arrivée des Espagnols a fait augmenter l'intensité des tempêtes. Apparemment, on ne connut, de mémoire d'homme, aucun ouragan plus violent que celui qui s'abat sur Hispaniola en juin 1494 et qui est suivi par de terribles tempêtes en 1508 et 1509. Quelle qu'ait pu être l'association du diable avec les ouragans, les Espagnols sont si convaincus de l'associa-

4. Thevet, *Singularitez*.

tion des Amérindiens avec Satan qu'ils envoient des commissions pour enquêter.

Personne ne semble s'être aperçu de la contradiction que supposaient l'accusation d'adoration du diable et l'assertion correspondante selon laquelle les Amérindiens n'avaient ni dieu ni religion. On concéda même qu'ils croyaient en l'immortalité de l'âme et que ce n'étaient pas tous les êtres surnaturels auxquels ils croyaient qui pouvaient être élevés au rang de démons. Cicéron n'écrivit-il pas qu'il ne pouvait exister un seul peuple assez sauvage pour n'avoir aucune idée de Dieu[5] ? Loys Le Roy (v. 1510-1577), professeur de grec à l'université de Paris, se servit de cet argument pour soutenir que les Amérindiens devaient avoir une religion.

Lorsque les Amérindiens font montre d'une tendance à vouloir assimiler leurs êtres surnaturels et leurs pratiques religieuses à ceux du christianisme, ils se heurtent à la résistance des missionnaires. Parmi ceux-ci, certains notent d'ailleurs d'inexplicables ressemblances, dont l'une des favorites est l'histoire d'un déluge. Plus troublante encore est la présence du symbolisme de la croix, tant chez les Mayas que chez les Mexica ; en effet, la croix est le signe de Quetzalcoatl. Les Péruviens semblent même croire en une trinité et ils ont une cérémonie semblable à celle de la communion. Chez les Mexica, certains rituels ressemblent tellement à des formes chrétiennes de baptême et de confession que les Espagnols les considèrent comme des parodies sataniques, comme une nouvelle preuve de la détermination que met Satan à empêcher ces peuples d'embrasser la vraie religion. Les réactions des protestants ne sont pas différentes ; la majorité est d'avis que les Amérindiens sont ligués avec le Démon. Dès lors, il n'y a qu'un pas à faire avant l'apparition d'opinions comme celles de l'historien officiel d'Espagne, Oviedo, qui présente des Amérindiens « naturellement paresseux et vicieux, mélancoliques, lâches, et en général un peuple menteur et fainéant. Leurs mariages ne sont pas des sacrements mais des sacrilèges. Ils sont idolâtres, libidineux, et pratiquent la sodomie. Leur principal désir est de manger, boire et vénérer des idoles païennes et commettre des obscénités bestiales[6] ». En 1525, le frère dominicain Tomas Ortiz n'est guère plus flatteur lorsqu'il déclare devant le Conseil des Indes que les Amérindiens n'ont aucun honneur, ni aucun respect pour

5. Cicéron, *De natura deorum*.
6. Hanke, « Cultural Contribution ».

la justice et la vérité, n'exercent aucun des arts ou des métiers des hommes et sont incapables d'apprentissage. Qui plus est, ils n'ont pas de barbe et enlèvent avec soin tout poil apparent.

Pendant que de tels points de vue s'imposent dans les cercles officiels espagnols et sont encouragés par les besoins économiques de la colonisation, la papauté se manifeste à nouveau, comme l'avait fait Alexandre VI en 1493. Dans la bulle *Sublimis Deus Sic Dilexit*, publiée en 1537, Paul III déclare que les Amérindiens ne doivent pas être traités comme des « brutes stupides créées pour notre service », mais « comme de vrais hommes [...] capables de comprendre la foi catholique ». Et il ajoute :

> Lesdits Indiens et tous les autres peuples qui pourront être découverts plus tard par les Chrétiens ne doivent d'aucune façon être privés de leur liberté ou de la possession de leur propriété, même s'ils sont en dehors de la foi de Jésus-Christ [...] non plus qu'ils ne devront d'aucune façon être réduits en esclavage[7].

En 1639, le pape Urbain VIII réitère cette prise de position, en décrétant l'excommunication de ceux qui privent les Amérindiens de leur liberté ou de leur propriété.

Pourtant, malgré les exhortations papales, le débat se poursuit : les Amérindiens descendent-ils des enfants de Noé ou représentent-ils une forme plus ancienne d'humanité ? L'homme s'est-il élevé au-dessus d'un état de bestialité, ou est-il issu d'un état d'innocence ?

Dans l'ouvrage fondamental sur les coutumes et les mœurs du monde entier en circulation au XVIe siècle, *Omnium gentium mores*, de Johann Boem (c. 1520), dont la première édition en latin remonte à 1520, les cultures d'Europe, d'Asie et d'Afrique sont examinées en détail sans la moindre allusion au Nouveau Monde. En fait, les sources de Boem ne comprennent que peu de données récentes, et l'ouvrage repose plutôt principalement sur des compilations existantes, surtout les *Enneades* de Marcus Antonius Sabellicus. L'édition parisienne de 1542 de l'ouvrage de Boem est toutefois augmentée afin d'inclure des informations sur les explorations contemporaines, et on ajoute une section de 190 pages sur l'Amérique à la version espagnole de 1556. Cet ouvrage a une influence considérable sur les auteurs qui cherchent

---

7. Hanke, « Pope Paul III ».

à décrire le monde au cours des années 1540 à 1575, période connue comme la grande époque des cosmographes.

Pour Boem, l'histoire des hommes est fonction d'une hiérarchie universelle qui laisse supposer une lente élévation de l'individu à partir d'un état de bestialité. Cependant, parce que sa théorie comporte des implications théologiques embarrassantes, il élude la difficile question de la Chute d'Adam à partir d'un état de grâce originelle et commence plutôt son récit avec le Déluge : la catastrophe a dispersé les enfants de Noé qui vivent depuis en groupes,

> [...] sans faire aucune traffique de marchandise les ungs avecques les autres [...] estoient tous esgallement tenuz les ung aux autres, et jusques a avoir toutes choses communes entre eux [...] se contentoit chacun d'eulx de ce peu de biendont il pouvoit passer la vie en plein champ [...] avec une ou plusieurs femmes et toute sa lignee [...] estoit errant & vagabond, ne plus ne moins que les aultres animaulx [...] et ce en grande tranquilité & sans aucune craincte de larrons ou brigantz[8].

Les hommes primitifs mangent de la chair humaine et s'accouplent avec n'importe quelle femme qu'ils rencontrent, sans aucune préoccupation d'inceste, parmi d'autres vices et imperfections. Les descendants de deux des fils de Noé, Sem et Japhet, qui se sont satisfaits de petites propriétés, n'ont pas été dispersés aussi loin que ceux de leur frère rejeté Cham.

Boem, entrant dans les détails, fait une description des descendants de Japhet, les Tartares : cheveux clairsemés, aimant la pêche et la chasse et vivant de peu. Malgré leur prédilection occasionnelle pour faire rôtir et manger leurs ennemis, ils vivent en paix à l'intérieur de leur communauté et ne se disputent jamais entre eux. La ressemblance de cette description avec les premières représentations des hommes du Nouveau Monde est évidente. Il reste une différence principale : les Tartares sont décrits comme difformes, caractéristique rarement attribuée aux Amérindiens. Les termes utilisés pour décrire les « sauvages » de l'Ancien Monde ne tarderont plus à devenir indistincts de ceux qui désignent les peuples du Nouveau Monde.

C'est une chose de trouver des ressemblances entre les hommes du Nouveau Monde et ceux de l'Ancien, particulièrement si ces derniers appartiennent à l'Antiquité classique, mais ce n'est pas une mince

8. Boem, *Recueil de diverses histoires* (1542).

affaire que d'établir l'origine des hommes du Nouveau Monde. Aussi délicate à débattre que puisse être la question, il semble que le Nouveau Monde fut laissé à l'écart lors du partage des terres entre les trois fils de Noé, Sem allant peupler l'Asie, Japhet l'Europe, et Cham l'Afrique. Le débat qui s'élève autour des origines des Amérindiens n'est pas tant inspiré par la curiosité scientifique, bien qu'il s'agisse d'un facteur, que par le souci de défendre le dogme et les traditions chrétiennes. Le grand nombre d'écrits sur ce sujet donne une indication du sérieux accordé aux problèmes théologiques posés par la simple existence des peuples du Nouveau Monde.

Si les Amérindiens sont des descendants d'Adam, ils devraient aussi être des descendants de Noé ; mais duquel de ses trois fils sont-ils issus ? Les deux candidats favoris sont Japhet et Cham, le premier recevant la préférence puisqu'il est censé avoir engendré les Tartares et les Occidentaux en général. Cette position est renforcée par la découverte de similitudes entre les coutumes des Tartares, ou même mieux des Scythes, avec celles des Amérindiens. Aristote lui-même écrivit sur « certaines tribus sauvages [Scythes] des bords de la mer Noire dont on prétend qu'elles se délectent de viande crue ou de chair humaine, et d'autres qui fournissent chacune un enfant pour un banquet commun[9] ». Toutes ces pratiques, ou d'autres semblables, ont été attribuées aux Amérindiens à diverses occasions. L'hypothèse d'une descendance scythe est exprimée une première fois par écrit par Martyr d'Anghiera ; dans sa première décade, il rapporte le voyage de Vicente Yáñez Pinzón, qui accompagna Colomb : « Nous considérons qu'ils sont comme des Scythes, vagabonds sans habitations fixes vivant des fruits de la terre[10]. » On note que les Amérindiens partagent avec les Scythes la pratique du scalp et, chose plus intrigante, une grande habileté dans le travail de l'or. Ces preuves à l'appui d'un lien se trouvent renforcées par une thèse bien étayée d'Acosta, selon qui les peuples des Amériques doivent avoir émigré d'Asie septentrionale en raison de sa proximité avec l'Amérique du Nord, théorie qu'a partiellement anticipée le pasteur huguenot Urbain Chauveton (v. 1540-1614). Plus tard, des rapports selon lesquels les Amérindiens eux-mêmes se considèrent traditionnellement comme originaires du nord-ouest viennent étayer cette croyance. De telles idées ont probablement déjà influencé les

9. Aristote, *Éthique à Nicomaque*.
10. Martyr d'Anghiera, *De Orbe Novo*.

jésuites de Nouvelle-France quand ils notent que les Iroquois font la guerre à la manière des Scythes et des Parthes.

On choisit Cham en raison de son destin maudit qui a inextricablement fait chuter la majeure partie de ses descendants dans l'erreur. Pour sa part, Chauveton désapprouve cette position qu'il trouve calomnieuse pour les Amérindiens, et il se montre aussi particulièrement sévère envers Gómara, un des plus bruyants défenseurs de Cham. Ceux qui préfèrent Sem comme ancêtre basent leurs arguments sur l'existence de cannibales dans le Nouveau Monde. Ils en déduisent la preuve d'un lien avec l'Orient, considéré comme la patrie traditionnelle des peuples de mangeurs d'hommes. Puisqu'il paraît impossible de s'entendre sur l'un des fils de Noé, on s'interroge donc inévitablement sur l'existence possible de survivants du Déluge autres que Noé et sa famille ; mais l'hypothèse est rapidement condamnée. Au milieu du XVIIe siècle, Isaac de La Peyrère tente de résoudre la question en ravivant la théorie des deux Adam, émise par Paracelse ; ce point de vue, naturellement, va à l'encontre du dogme chrétien, et La Peyrère est contraint de se rétracter.

Toutes ces spéculations soulèvent une question secondaire : qui étaient les premiers hommes sur la terre ? Boem avait fait observer avec précaution que plusieurs accordaient cet honneur aux Éthiopiens, étant donné que leur pays, placé le plus près de tous du soleil, était réchauffé en premier. L'historien de la Renaissance Polydoro Virgilio (1470 ?-1555) reprend les arguments de Boem, mais attribue la croyance aux Éthiopiens eux-mêmes. Le Roy dresse la liste des peuples les plus vieux, à commencer par les Éthiopiens, suivis des Indiens (Asiatiques), puis des Arméniens.

Malgré tout, cette question de la primauté ne captive jamais autant que celle des origines. On accepte en général la version de Boem, selon qui certains aspects de l'existence quasi animale d'un homme postdiluvien se mêlent avec ceux d'un âge d'or classique ; les contradictions implicites, jamais conciliées, iront plutôt en s'intensifiant avec le temps.

Boem, escamotant la litigieuse question de la primauté, élabore une théorie d'après laquelle l'homme, dont les origines restent nébuleuses, finit par entreprendre la mise en valeur de la terre. Il spécule que les incitations à un tel développement proviennent d'une rareté des denrées alimentaires causée par la croissance des populations, ce qui fait que la chasse, la pêche et la cueillette ne sont plus viables. De petits villages se forment et deviennent lentement de grandes villes. Selon les mots du cosmographe Sébastien Münster (1489-1552), qui emprunte massivement à Boem : « Ainsi, petit à petit, les peuples se défirent de leur barbarisme et de leur férocité et commencèrent à vivre dans l'ordre et l'"honnesteté"[11]. » Au cours du processus d'acquisition de la civilité, l'homme changea tant le monde que celui qui l'avait vu dans son état originel l'eût pris pour un univers tout autre, un jardin intact à l'image du paradis.

Les contradictions de ces constructions théoriques, sans parler de celles contenues dans des rapports en provenance du Nouveau Monde, ne reflètent pas seulement l'irrésolution des Européens à l'égard de ces nouvelles révélations, mais aussi différents aspects de la personnalité des Amérindiens. Le cosmographe François de Belleforest (1530-1583) exprime cela dans une strophe sur « ces sauvages inhumains » :

Desquels quand la façon viens lire
Avec tant d'inhumanitez,
D'horreur, de pitié, et puis d'ire,
Je poursuis ces grands cruautez.
Quelquefois de leur politique
Je loue la saincte pratique,
Avecque leurs simplicitez[12].

Pour Étienne Jodelle, le contraste ne se situe pas entre les degrés de sauvagerie, mais entre la sauvagerie et la civilité :

Ces barbares marchent tous nuds,
Et nous nous marchons incognus,
Fardez, masquez. Ce peuple estrange
A la pitié ne se range.
Nous la nostre nous mesprisons,
Pipons, vendons et deguisons.
Ces barbares pour se conduire
N'ont pas tant que nous de raison,
Mais qui ne voit que la foison
N'en sert que pour nous entrenuire[13] ?

11. Münster, *La Cosmographie universelle* (1556).
12. Thevet, *Singularitez*, L.
13. *Ibid.*, XLV.

Si les Européens restent irrésolus dans leurs attitudes envers les Amérindiens, ces derniers ne font pas montre d'autant d'ambivalence à l'égard de leur propre manière d'être. Au cours du XVIIIe siècle, un fonctionnaire français rapporte que « nos Barbares Indiens, quoique les plus Sauvages du monde, se croyant les plus nobles des hommes, n'ont point de plus fort inclination après celle de la guerre que de se rendre parfaits dans le noble exercice de la chasse[14]... » Un autre observateur fait allusion au bon sauvage en écrivant qu'« ils se croient avec justice plus philosophes & plus hommes que les uns & les autres[15]... ».

Les cultures amérindiennes qui se rapprochent le plus de l'idéal européen sont celles des villes-États du Mexique, de l'Amérique centrale et du Pérou. Cortés écrit que Tenochtitlan possède plusieurs marchés, dont l'un est plus grand que celui de Salamanque. Selon lui, le temple central est aussi vaste qu'une ville de cinq cents habitants, et sa tour s'élance aussi haut que celle de la cathédrale de Séville. Ses citoyens diffèrent peu des Espagnols :

> Les mœurs en général y ont un très grand rapport avec les mœurs d'Espagne : & comme on y remarque à peu près le même ordre & le même ensemble, on est frappé continuellement de la polic *[sic]* étonnante d'une nation barbare, separée de toutes les nations policées, si éloignées de la connaissance du vrai Dieu[16].

En d'autres mots, le raffinement de Tenochtitlan n'ébranlera jamais les convictions de Cortés pour qui, de toute façon, il n'y avait là aucune vraie « civilité[17] ». Ce qui, de fait, est le cas si on la mesure strictement à l'aune de l'Europe de la Renaissance dont les critères sont la religion, l'organisation politique et le progrès technique. Un chrétien est supérieur à un païen, l'État à l'absence d'État, et l'âge du fer à celui de la pierre. Un chrétien naviguant sur un bateau équipé de pièces d'artillerie est non seulement supérieur techniquement, mais l'est encore

14. Louis Nicolas, « Histoire naturelle ; ou la fidelle recherche de tout ce qu'il y a de rare dans les Indes Occidentales », manuscrit du XVIIIe siècle, inédit (BN, Fonds français, 24225, fol. 126).

15. Bruzen de la Martinière, *Le Grand Dictionnaire géographique*.

16. Cortés, *La Conquête du Mexique*.

17. Le mot « civilisation » reste inhabituel avant la fin du XVIIe siècle. Au XVIe, « civilité » signifie aussi civisme, sous-entendant une connaissance de la morale et de la théorie politique des philosophes grecs et romains.

moralement à un païen armé d'arcs et de flèches dans un canot. Selon les mots mêmes d'un auteur anonyme du XVIe siècle :

> Lesquelz toutesfois n'on les esperiz stilez & façonnez en tant d'exercices & usages divers que les nostres : ains tiennent quasi une moyenne nature entre les hommes & les bestes, n'estans duitz [?, drietz ?] ny apriz es artz de paix & de guerre, comme sont les peuples des trois autres parties du monde habitable[18].

Le Moyen-Orient, en dépit de différences profondes et évidentes, a du moins un élément en commun avec l'Europe : plusieurs de ses sociétés possèdent une organisation étatique suffisamment bien articulée pour faire face à l'Europe sur ses propres positions. En d'autres mots, les Européens peuvent s'identifier jusqu'à un certain point aux Orientaux. Dans l'épreuve de force qui semble suivre inévitablement les contacts entre des cultures profondément distinctes, aucune des parties ne peut imposer complètement sa manière de vivre à l'autre ; par nécessité, un *modus vivendi* s'établit. Les ouvrages de géographie européens du XVIe siècle traduisent une véritable fascination pour l'Orient : entre 1580 et 1609, il paraît en France deux fois plus d'ouvrages sur la Turquie que sur l'Amérique, et, dans le cas des opuscules, la proportion est d'un contre dix en faveur de la Turquie. S'il fallait y ajouter les autres régions d'Orient, la disproportion augmenterait encore. On en fit grand cas, mais en ce qui concerne l'ethnologie, ces statistiques sont trompeuses : dans l'ensemble de la documentation, étonnamment peu d'écrits s'appliquent aux peuples orientaux, tandis que, parmi les ouvrages sur le Nouveau Monde, un espace comparativement important est consacré à ses populations. Dans le cas de l'Orient, les Européens savent très tôt qu'ils ne pourront l'exploiter et l'évangéliser autrement qu'en tenant compte des sociétés indigènes. Dans les Amériques, les cultures apparaissent si étranges que les Européens parviennent mal à découvrir leur organisation sous-jacente : de prime abord, l'esprit de la majorité des Amérindiens apparaît comme une *tabula rasa* prête à recevoir toute inscription que les Européens eussent souhaitée.

Si l'or, l'argent et les perles du Nouveau Monde, sans oublier son bois à teinture et son poisson, assurent initialement la progression des contacts, c'est le désir ardent de sauver des âmes, d'« humaniser » des

---

18. *L'Histoire de la Terre Neuve du Pérou*, préface.

idolâtres et des adorateurs du diable, qui insuffle une vie idéologique à l'entreprise. Cette aspiration reçoit une formidable impulsion du fait de l'existence, chez les peuples du Nouveau Monde, d'attitudes, de coutumes et d'usages qui soulèvent des questions fondamentales sur les récits bibliques. Par exemple, comment les accouchements, qui ne semblent pas pénibles chez les femmes du Nouveau Monde, peuvent-ils se comparer aux naissances difficiles imposées à Ève et à ses descendantes ? De même, qu'en est-il du manque de pudeur corporelle des Amérindiens ? De leurs structures sociales, qui autorisent l'absence de travail et souvent même celle d'une hiérarchie ? Tous ces aspects vont à l'encontre de ce qui est perçu comme la tradition biblique, le concept même d'Église universelle exigeant que ces peuples étranges soient ramenés dans son sein. Selon les dires d'Émeric de Lacroix (v. 1590-1648), éminent théoricien en politique et en économie, « il faut [...] monstrer au peuple le chemin d'humanité & vray honneur, afin qu'on ne vive plus d'une façon brutale. Il faut faire regner la raison et la justice, et non pas la violence qui convient seulement aux bêtes[19] ». Ce besoin de détruire les cultures amérindiennes, puis de les reconstruire suivant les principes chrétiens, se manifeste immédiatement. Selon Oviedo, c'est parce que les Amérindiens se sont adonnés à d'indicibles abominations que Dieu a permis leur destruction et leur bannissement imminent de la face de la terre. Il appuie sa position sur le chapitre VI de la Genèse. Gómara louange aussi les Espagnols qui sortent les Amérindiens de leur stupide idolâtrie et des sacrifices humains. Ce que les Espagnols enseignent aux peuples du Nouveau Monde vaut plus que l'or, l'argent et les perles qu'ils y prennent. Gómara est cependant suffisamment honnête pour admettre :

> Il est bien vray que c'eust esté encor mieux faict de ne leur avoir rien osté de leurs biens, & de se contenter de celuy qu'on a depuis tiré des mines, & du creux de leurs sepultures & de dedans les fleuves, qui monte à plus de soixante millions d'or, sans les perles & les esmerauldes [...] laquelle somme est sans comparaison plus grande beaucoup que celle qu'on a prise sur eux[20].

Il déplore aussi l'habitude qu'ont les Espagnols de tuer les Amérindiens au travail dans les mines. Malgré tout, ces excès de la part des

19. La Croix, *Nouveau Cynée.*
20. Lopez de Gómara, *Histoire générale.*

conquérants ne changent en rien le fait que les Amérindiens sont des idolâtres dont les habitudes doivent être corrigées, au besoin par la force. Les sentiments de Gómara reçoivent l'aval de Richard Hakluyt (1552 ?-1616), un ecclésiastique qui compile le premier grand recueil, en langue anglaise, de récits de voyages autour du monde. De l'avis de Hakluyt, « si un raffinement modéré ne fait pas l'affaire, alors nous n'aurons plus assez de marteleurs et de maçons de gros œuvre, je veux dire que nos soldats entraînés aux Pays-Bas [devront] les façonner et les préparer à s'en remettre aux mains de nos prédicateurs[21] ».

Le remodelage des cultures amérindiennes sera un véritable « lit de Procuste » qui requerra toute l'énergie des fonctionnaires, des missionnaires et des soldats, alors qu'on aurait dû, en premier lieu, trier les impressions contradictoires et apporter de nouveaux faits à la connaissance de l'Ancien Monde.

21. Hakluyt, *Original Writings*.

CHAPITRE III

UNE PLACE ET UN RANG POUR CHACUN

Le monde complexe révélé par la découverte des Amériques constitue un défi pour l'Occident, à une époque où il se consacre à l'idéal chrétien de la vérité absolue. L'Europe réagit en réaffirmant sa croyance en un homme intégré dans une hiérarchie cosmique, une Grande Chaîne des Êtres formée de cellules collectives emboîtées les unes dans les autres. Pourtant, un acte de foi, même profondément ressenti, n'offre pas toujours des réponses faciles à toutes les questions. Par exemple, si le monde présente un ordre unique, comment d'autres « civilisations » ont-elles pu mettre au point des échelles de valeurs si différentes de celles de l'Europe ? À l'inverse, comment des civilisations disparates peuvent-elles posséder des traits culturels similaires sans avoir eu de contacts entre elles ?

Une réponse simple s'impose : un contact précolombien s'est obligatoirement produit. On envisage d'ailleurs sérieusement cette théorie après que la découverte d'une pièce de monnaie romaine en Amérique centrale eut été rapportée ; l'un des historiens de Ferdinand, Marineo Siculo, soutient que cela prouve une présence romaine antérieure. Corte-Real apporte un argument plus solide encore quand, à l'occasion de son voyage de 1501, il rencontre un Nord-Amérindien qui porte des pendants d'oreilles et possède une épée dorée. De fait, le premier contact digne de mention n'eut probablement pas lieu avant Jean Cabot. Le débat s'anime et on se demande d'abord comment, au départ, les « civilisations » se développèrent. Les tentatives de réponses à ces questions posées par les Européens de la Renaissance ne font que multiplier les contradictions. Devant de telles difficultés, la solution la plus simple consiste à mettre les sociétés du Nouveau Monde au ban de la « civilisation » et à considérer les Amérindiens comme des Hommes sauvages. Ainsi, la foi des théologiens et la dialectique des érudits, après nombre de doutes et d'hésitations, finissent par appuyer une conclusion à laquelle le peuple est déjà arrivé.

Un esprit du Moyen Âge ou de la Renaissance voit l'ordre mondial en fonction d'une hiérarchie qui culmine chez l'Hôte des cieux. Le géographe arménien Vartan (décédé en 1271) nous laissa un aperçu de cette Grande Chaîne des Êtres :

> D'abord c'est le tabernacle où est le trône de la Divinité qui est au-dessus de tout ce qui existe. Aucun être créé ne peut entrer ni voir dans ce tabernacle. La Sainte Trinité seule y habite dans une lumière inaccessible. Après sont les demeures des anges : d'abord sont les ordres des séraphins, des chérubins et des trônes, perpétuellement occupés de glorifier Dieu. Ils lui sont enchaînés par l'amour, et ils ne veulent pas s'en éloigner [...] Comme ils sont incorporels, on ne peut pas dire qu'ils sont dans un lieu ; mais les désirs et les amours sont comme leurs lieux, et c'est parce qu'ils le veulent qu'ils sont là [...] Après eux sont les *Dominations*, les *Vertus* et les *Puissances* (potestates), qui forment les hiérarchies moyennes. Enfin après ceux-ci sont les *Principautés* (principatus), les archanges et les anges, qui forment les dernières hiérarchies [...] Les cieux fixes et sans mouvement sont leurs demeures. Ensuite est une ceinture aqueuse placée par la volonté du Créateur, qui est toujours en mouvement et qui par cette raison est connue sous le nom de *Premier Mobile* [...] Après cela on rencontre les cieux du firmament où se trouve une grande quantité d'astres qui se meuvent circulairement [...] Ensuite est la zone des Sept Planètes [...] ; on trouve ensuite les quatre éléments qui s'enveloppent les uns les autres sphériquement. D'abord la *Sphère du Feu* qui environne tous les autres éléments, on trouve ensuite l'*air*, puis l'*eau*, et enfin la *Terre* [...] qui *est au milieu de tous les autres*[1].

Au centre de cet univers, il y a l'homme, à l'intention de qui le monde fut créé. Les espèces sont fixées et tombent naturellement dans des classes bien différenciées plutôt que dans un continuum qualitatif. Toutefois, il y a des imperfections qu'il faut faire disparaître, comme par exemple l'existence de prédateurs sauvages : « Si tous les pays étaient peuplés et étaient soumis à l'ordre public comme ils le

---

1. Saint-Martin, *Mémoires historiques et géographiques*.

devraient, alors, il n'y aurait pas d'animaux qui attaqueraient l'homme[2]. »

Parmi les facteurs qui, imagine-t-on, influencent cette lente montée de l'échelle technique et culturelle se trouvent la géographie et le climat. La parution, en 1484, de la première version latine de la *Tétrabible* de Ptolémée donne une énorme impulsion à cette école de pensée. L'auteur, astronome et géographe du IIe siècle avant Jésus-Christ, écrit que ceux qui vivent sous les tropiques sont brûlés par le soleil, ont la peau noire, sont rabougris, ont un tempérament sanguin et ont, dans l'ensemble, des habitudes de sauvages parce que la chaleur accable continuellement leurs demeures ; ils portent le nom d'Éthiopiens. Les hommes du Nord sont à l'opposé : blancs, grands, un peu froids de tempérament, ils sont aussi sauvages, à cause des températures peu élevées ; on les appelle Scythes. Ceux qui vivent entre les deux ont un teint brun clair et sont civilisés ; ceux de l'Est sont plus masculins, vigoureux et sincères, et tiennent de la nature du soleil, tandis que ceux de l'Ouest, plus féminins, sont secrets et ont l'âme tendre, vu que cette région est lunaire[3]. Léonard de Vinci (1452-1519) note une variation de cette théorie : les hommes des pays chauds sont noirs parce qu'ils aiment les nuits rafraîchissantes et haïssent la lumière, tandis que les hommes nordiques sont blonds pour des raisons inverses. Un médecin de Paris conclut que tout ce qui est froid peut être appelé blanc, et tout ce qui est chaud, noir. Le Roy emprunte la théorie de Ptolémée sans la modifier.

Toutefois, l'explication ptoléméenne des couleurs de la peau, qui parut si logique à l'Ancien Monde, ne s'applique tout simplement pas au Nouveau. Pis, des récits en provenance de diverses régions du Nouveau Monde mènent bientôt à l'évidence : au lieu de passer du blanc au noir de l'Arctique à l'équateur, les Amérindiens maintiennent une « étonnante similarité ». Colomb avait noté que les Amérindiens vivant à la même latitude que les Éthiopiens n'avaient pas la même couleur de peau. Martyr d'Anghiera, qui relate la chose, exagère la différence : « Les Éthiopiens sont noirs et ont les cheveux frisés, laineux, tandis que ces peuples sont au contraire blancs et ont des cheveux longs, raides et blonds[4]. » Il se demande si cette incompréhensible divergence

2. Lovejoy, *Great Chain of Being*.
3. Ptolémée, *Tétrabiblos*.
4. Martyr d'Anghiera, *De Orbe Novo*.

a quelque lien avec la disposition des terres par rapport au firmament sous les tropiques américains. L'avocat Marc Lescarbot (v. 1570-1642), qui passa une année (1606-1607) au Canada, pose la question autrement : pourquoi les cheveux des Amérindiens sont-ils noirs, alors que ceux des Français, vivant à la même latitude, ne le sont pas ? On explique en fin de compte le phénomène par la présence des rivières et des lacs qui modifient les effets du soleil, l'empêchant de noircir les habitants. C'est une conclusion assez logique à tirer de la découverte d'une eau abondante dans la Zone torride, contredisant l'opinion des anciens qui la croyaient aride et en conséquence inhabitable. La venue supposément récente des Amérindiens sur ces terres pouvait suggérer une autre explication à l'uniformité de leur teint. Selon cette théorie, qui n'est pas explicitement formulée avant le XVIIIe siècle, le climat n'a pas encore pu faire son œuvre parce que les Amérindiens sont arrivés quelques siècles seulement avant les Espagnols.

Il n'y a pas que le teint qui soit affecté par le climat et la géographie. Jean Bodin (1530-1596), le grand magistrat français renommé pour son érudition, imagine les gens du Nord gros et forts ; ceux du Sud petits et faibles ; ceux des terres fertiles complaisants et timorés ; et ceux des terres stériles vigilants et industrieux[5]. Plus tard, le philosophe et homme de lettres Montesquieu (1689-1755) va même plus loin dans ce sens et il élabore une théorie selon laquelle la lâcheté des peuples du Sud est la cause de leur condition d'esclave, tandis que les peuples du Nord furent suffisamment forts pour rester libres[6]. Dans un écrit sur le Nouveau Monde, Thevet tient pour acquis que les Amérindiens du Nord sont plus courageux que ceux du Sud. Le théologien, philosophe et ami intime de Montaigne, Pierre Charron (1541-1603), note que le monde peut se diviser en trois parties : le nord (froid), le sud (chaud) et le milieu (tempéré), et il en déduit que les températures internes provoquèrent les différences d'apparence physique et de tempérament des individus.

Les penseurs de la Renaissance appliquent les observations de Ptolémée sur les personnalités des Orientaux ou des Occidentaux au teint basané de manière à ce qu'elles englobent tout l'Orient et tout l'Occident, puis ils entrent dans les détails. Bodin rapporte que, d'après des observateurs espagnols, les Chinois, vivant le plus loin à l'est, sont les

5. Bodin, *République* (1577).

6. Montesquieu, *Œuvres complètes*.

hommes les plus ingénieux et les plus prudents, tandis que les Brésiliens, à l'extrême ouest, sont les plus barbares et les plus cruels. Le professeur de langues et de mathématiques à l'université de Paris, Guillaume Postel (1510-1581), que François Ier avait un jour envoyé à Constantinople et en Égypte à la recherche de manuscrits, décèle une double hérédité issue d'un père commun, Noé : « l'une spirituelle, masculine, orientale, ascendante, supernale, immuable ; l'autre temporelle, feminine, occidentale, descendante, infernale, muable[7] ». Plus on se dirige vers l'ouest, plus on se rapproche de l'enfer, jusqu'à ce que, dans le Nouveau Monde, les gens deviennent des adorateurs du diable.

Les théoriciens font face à des difficultés encore plus grandes lorsqu'ils tentent d'appliquer les modèles culturels de l'Ancien Monde au Nouveau. Comment le climat invariable du Brésil peut-il avoir généré des populations aux coutumes si féroces ? « C'est une chose estrange de ce que les habitans y sont encores si incivils & deshonestes en leur vivre, veu la douceur du pays[8]. » Pis encore, les habitants de la « Terre Australe » ne semblent pas avoir fait l'effort de s'élever au-dessus de la bestialité originelle de tous les hommes. Le médecin et mathématicien italien Jérôme Cardan (1501-1576) croit détenir la réponse : la sauvagerie généralisée du Nouveau Monde, écrit-il, est attribuable aux brutales variations météorologiques qui, dans ces contrées, sont causées par la grande diversité entre les jours et les nuits. Puisqu'il est généralement convenu que le climat a un effet sur le physique et l'humeur, et par conséquent sur le caractère, d'autres se demandent si la fertilité du sol ne pourrait pas expliquer l'existence d'un si grand nombre de peuples sauvages en Amérique. Compte tenu du fait que la fertilité du sol rend possible l'acquisition des nécessités de la vie avec un minimum de travail, ces peuples ne se sont jamais sentis contraints de s'arracher de leur malheureuse condition. Herrera imagine l'Ancien Monde mieux adapté à la vie humaine que le Nouveau, vu qu'il s'étend plus loin d'est en ouest et conserve ainsi « plus d'égalité, en ce qui a trait au Froid du Nord et à la Chaleur du Sud[9] ».

Mais que s'est-il passé dans le Nouveau Monde pour que les hommes engendrent des cultures différentes sous des climats semblables ? Comment des Péruviens et des Mexicains civilisés peuvent-ils

7. Postel, *Des Merveilles du Monde*.
8. Langenes, *Thrésor*.
9. Herrera, *General History*.

vivre parmi des sauvages ? Bodin affirme en conclusion que des conditions sociales peuvent modifier les effets du climat. Pour illustrer ses affirmations, il prend l'exemple des Français qui, étant par tempérament courtois et humains, sont devenus féroces pendant la guerre civile. Il élabore aussi une théorie selon laquelle des coutumes différentes peuvent être engendrées par la personnalité des princes qui imposent leurs préférences à leur peuple. Les origines de diverses coutumes sont en effet difficiles à comprendre, admet Henri-Corneille Agrippa de Nettesheim (1486-1535), écrivain, médecin et magicien réputé. Une fois adoptées, elles se transmettent de génération en génération,

> suivant l'usage de l'époque et l'accord sur la façon de se conduire : cela fait que ce qui était à une époque un vice, à une autre devient une vertu exemplaire, et que ce qui en une circonstance est une vertu, en une autre est un vice [...] suivant l'opinion, ou les principes du temps, du lieu, de l'État et des hommes[10].

L'imprimeur et érudit Henri Estienne (1531-1598) observe que les coutumes varient non seulement d'un peuple à l'autre, mais encore chez un même peuple habitant des régions différentes. Il complique encore plus la question quand, traduisant Horace, il lui fait dire qu'un voyage ou un changement d'air ne signifie pas nécessairement une modification des coutumes. Sans compter que de tels changements ne se font pas toujours pour le mieux :

> Car outre ce qu'avons ensuyvi la diligence de nos prédécesseurs, tant à garder songneusement les vices dont nous estions demourez héritiers, qu'à en acquérir de nouveaux par nostre industrie, nous en avons aussi multiplié le nombre par le moyen des commerces et traffiques de pays à pays, beaucoup plus ordinaires que du temps de nos prédécesseurs[11]...

On trouve, à l'origine de telles réflexions, la conviction que, pendant l'âge d'or, le genre humain posséda une culture uniforme et que, de ce fait, la diversité qui s'étend maintenant de par le monde ne peut que révéler une dégénérescence ou une pourriture conduisant en bout de course à la mort. Cette idée est aussi généralement admise pendant la Renaissance que celle du progrès l'est de nos jours. Boem exprime la pensée dominante en soutenant que la diversité culturelle suppose l'in-

10. Agrippa de Nettesheim, *Of the Vanitie and Uncertaintie*.
11. Estienne, *Apologie pour Hérodote*.

troduction du mal ; dès lors, la diffusion de la culture ne peut que hâter le processus de dégénérescence. La tour de Babel ne fut-elle pas « le plus grand fléau à avoir affligé l'homme[12] » ? Bodin est d'accord pour dire que l'homme, les animaux et les plantes dégénèrent à la suite d'un changement de milieu. L'abondant éventail de langues et de cultures du Nouveau Monde ne sert qu'à révéler jusqu'où les Amérindiens dégénérèrent à partir de l'état de perfection originelle de l'homme avant la chute. Les richesses du Nouveau Monde envenimèrent la situation en excitant la cupidité des Européens, ce qui se révéla désastreux tant pour eux-mêmes sur le plan moral que pour les Amérindiens sur le plan physique.

Mais la multiplicité des cultures est-elle obligatoirement incompatible avec l'unité du monde ? Le Roy croit que non ; pour lui, les coutumes du monde entier forment un ensemble complexe incompréhensible sans saisir son réseau de liens. Des cultures nouvelles ou inconnues jusqu'à ce jour constituent un défi pour la propagation du christianisme ; les Espagnols démontrèrent un grand courage en s'attaquant à de vastes mers inexplorées et aux terreurs du cannibalisme afin d'entreprendre cette tâche. Dans son examen des manières et des mœurs des temps les plus reculés (dans lequel il inclut l'Amérindien et son canot), Le Roy ne met jamais en doute que l'Europe chrétienne représente le summum du développement humain. Cette position devait devenir le facteur principal d'unification des éléments disparates du monde, l'emportant sur les risques funestes de la diffusion de la culture. L'unicité du Dieu des chrétiens transcende tout, elle qui est par nature éternelle et immuable.

De la même façon, Charron se déclare contre le pessimisme dominant, soutenant que l'Écriture applique à tous les peuples et toutes les nations « une communion & consentement universels[13] ». Mais il se rend compte que la conversion du monde ne se fera pas sans peine à cause de l'empire « injuste & tyrannique » qu'exerce la coutume sur le jugement. Les attitudes traditionnelles des Européens n'offrent pas une bonne base pour juger des hommes « sans barbe, sans usage du feu, du bled, de vin ». Certaines coutumes amérindiennes sont vraiment très étranges : par exemple, considérer comme un acte de dévotion l'habitude de tuer et de manger ses propres parents âgés ou infirmes, pra-

12. Marconville, *Traicte*.
13. Charron, *Les Trois Vérités*.

tique à laquelle Charron trouve des justifications ; ou accorder une liberté sexuelle à des femmes célibataires qui, enceintes, peuvent se faire avorter à volonté, mais qui, une fois mariées, deviennent chastes et fidèles. Il sera encore plus difficile d'interpréter les cas de similitudes. Lorsqu'on découvre l'existence, chez les Amérindiens, de certaines croyances et coutumes que les Européens sont persuadés de posséder en exclusivité, le concept d'universalité prend une dimension inattendue. L'exemple le plus classique est l'histoire du Déluge qui est généralement répandue dans les mythologies amérindiennes. Les Européens sont aussi surpris de découvrir que des Amérindiens utilisent un système semblable au leur pour diviser l'année civile.

Au sujet de la nudité, dont on a alors constaté la pratique par une partie considérable de l'humanité, Charron soutient avoir toutes les raisons de croire qu'elle représente l'état originel de l'homme : la « nature ne nous a point apprins y avoir des parties honteuses, c'est nous mesme qui par nostre faute nous nous le disons, & nature les a desia assez cachées, mis loin des yeux couvert[14] ». La perte de l'innocence conduit à l'adoption de vêtements. Une fois franchi ce pas, il est inconcevable que l'homme ait régressé vers la nudité, au mépris des considérations d'hygiène et de modestie.

Tandis que Charron cherche à placer la nudité dans le contexte d'une étape naturelle du développement humain, d'autres l'utilisent pour affirmer que les Amérindiens constituent tout au mieux une classe inférieure d'humains, vu qu'ils ne prirent évidemment pas part aux événements du Paradis terrestre. Cet argument, poussé à l'extrême, fut employé pour justifier la réduction en esclavage des hommes du Nouveau Monde. Dans les livres sur les costumes dont la publication s'amorce durant le XVIe siècle, les vêtements symbolisent les différences entre les peuples, le plus grand écart se retrouvant entre l'Amérindien totalement nu et cet Européen qui, habillé avec recherche, porte durant la Renaissance les vêtements les plus lourds de l'histoire de l'Occident. Le costume indique le rang et l'autorité : plus puissant est le prince, plus ostentatoire son costume et son cortège. Un prince habillé somptueusement symbolise la civilité, et un Amérindien nu l'état de nature. Suivant une théorie, c'est le succès des vêtements qui donne naissance à la justice, à l'autorité et au pouvoir, un raisonnement qui dépassait les « gouverneurs nus » du Nouveau Monde. En matière de civilité vesti-

---

14. Charron, *De la Sagesse*.

mentaire tout comme en d'autres domaines, écrit Thevet, Dieu « favorisa uniquement l'Europe par rapport à toutes les autres parties du monde ». Pour les tenants d'une telle attitude, les récits d'Européens (habituellement des Espagnols, vu leurs contacts plus fréquents, mais aussi des Français et d'autres)[15], « allant sans ornements » et vivant nus avec les Amérindiens sont vraiment scandaleux.

C'est donc l'association de la nudité avec le manque d'ordre social, plutôt que la nudité elle-même, qui rend presque impossible aux Européens l'acceptation de l'insouciance des Amérindiens ou, comme on le disait généralement, de leur manque de pudeur en matière de tenue vestimentaire. Pour sa part, Léry, qui n'entretient aucune illusion sur le fait que l'habillement mène à la décence, est stupéfié à la vue d'une Amérindienne désapprouvant l'habillement qui dérange les habitudes de baignade parce que :

> à toutes les fontaines & rivieres claires qu'elles rencontrent, s'accroupisans sur le bord, où se mettans dedans, elles iettes avec les deux mains de l'eau sur leurs teste, & se lavent & plongent ainsi tout le corps comme cannes, tel jour sera plus de douze fois. Elles disoyent que ce leur seroit trop de peine de se despouiller si souvent. Ne voila pas une belle & bien raison[16] ?

Même l'usage de fouets pour forcer des prisonnières amérindiennes à porter des vêtements fournis par les Français n'aboutit qu'à des résultats médiocres, parce que « aussi tost que la nuict estoit close, elles despouillans secretement leurs chemises & les autres haillons qu'on leur bailloit, il falloit que pour leur plaisir & avant que se coucher elles se promenassent toutes nus parmi nostre isle[17] ». Comment expliquer une telle résistance à la « civilité » ? Est-il possible, s'interroge un auteur du XVIe siècle, que la nudité ait quelque chose à voir avec la digestion, qui réchauffe le corps de manière à faire perdre le besoin de porter des vêtements ? Le combat pour vêtir les Amérindiens sera ardu et tirera en longueur ; d'ailleurs, on rapporte encore en 1722 que les Brésiliens se promènent tout nus, sauf les jours de fêtes, quand ils s'habillent pour des célébrations.

Sur ce sujet de désaccord et sur d'autres, les deux thèmes de l'innocence et de la bestialité se retrouvent côte à côte, n'étant tous deux que

15. Thevet, *Singularitez*.
16. Léry, *Histoire d'un voyage* (1580).
17. *Ibid.*

des aspects opposés d'une même réalité. La nudité symbolise le concept d'un humain s'arrachant à un état d'innocence primordiale. Il y a, à l'appui de cette idée, la formidable autorité des anciens qui représentèrent la vertu sous la forme d'un personnage nu, insouciant de l'acquisition de richesses et souvent accompagné de la formule *nudo homine contenta est.* Ce « sauvage » vit dans un âge d'or de mœurs pures, de « sans mien ni tien », d'entraide et de partage avec les autres, et de toutes ces qualités qui furent, à une époque ou l'autre, attribuées aux Amérindiens. Le thème opposé de l'homme qui s'extrait de la bestialité a aussi la nudité pour symbole : il mange des aliments répugnants, a des habitudes sexuelles désordonnées et adore le diable qui, croit-on, vit dans une île des Caraïbes. Ces attributs de l'homme bestial sont aussi imputés aux Amérindiens. Avec la polarisation et la cristallisation des opinions positives et négatives sur les Amérindiens, le point de vue en faveur de leur force morale supérieure devient surtout une position littéraire et théorique, tandis que celui qui les réduit à un niveau inférieur devient la règle dans les décisions d'ordre pratique.

Presque toutes les descriptions des hommes du Nouveau Monde par des Européens de la Renaissance sont présentées, par ceux qui valorisent le point de vue négatif, en fonction de ce qu'ils n'ont pas : « Ilz vivent ensemble sans roy sans empereur et chacun de soy mesmes est seigneur[18]. » Non seulement chaque homme n'en fait qu'à sa tête, convient Gómara, mais il ne connaît pas non plus l'écriture, l'argent, le fer, les céréales, le vin, ou tout animal plus gros qu'un chien. Plusieurs peuples du Nouveau Monde, tels les Inuit, ne cultivent pas la terre et n'ont de plus aucune graine à semer. Dépourvus de culture, ils n'ont ni alphabet, ni imprimerie, ni justice, ni livre imprimé, ni arts ni métiers. Il n'est donc pas étonnant, dans ces circonstances, qu'on ait dit des peuples du Nouveau Monde qu'ils ne possédaient aucun raffinement ni aucune tenue ; suivant le poète Pierre de Ronsard (1524-1585), aucun ne « cognoist les noms des vertus ni des vices[19]... ». Parfois, la liste des aspects négatifs est un peu tirée par les cheveux : les Amérindiens, outre qu'ils ne font pas de vin, ne font pas de pain non plus. Tout comme ils ne possèdent pas de ports, d'armes à feu ou d'épées, ils ne peuvent tenir une « conversation polie » et sont si ignorants qu'ils n'ont

18. Du Redouer, *Sensuyt le nouveau monde*.

19. Pierre de Ronsard (1524-1585), « Discours contre Fortune à Odet de Colligny Cardinal de Chastillon », dans *L'Amérique et les Poètes français*, Le Moine, édit., n° 95.

aucunement conscience de leur état de privation. Amoraux, sans feu ni lieu, ils n'ont ni possessions ni pays.

L'opinion négative atteint un sommet avec Thomas Hobbes (1588-1679) :

> Ainsi, il est manifeste que, durant le temps où les hommes vivent sans autorité commune capable de les tenir dans une crainte révérencielle, ils sont dans cet état qu'on appelle la Guerre, et cette guerre [est] telle que chaque homme [combat] chaque homme [...] Dans un tel état, il n'y a pas de place pour l'Industrie ; parce que son fruit en est incertain, et par conséquent, il n'y a aucune Culture de la Terre ; aucune Navigation, ni emploi des produits qui peuvent être tirés de la Mer ; aucune Construction spacieuse, aucuns Instruments de déplacement et de transport de ces choses qui exigent une grande force ; aucune Connaissance de la surface de la terre, aucun calcul du Temps ; aucuns Arts, aucune Littérature ; aucune Société ; et le pire de tout, [il y a] une peur continuelle et un risque de mort violente. Et la vie de l'homme [est] solitaire, mauvaise, bestiale et courte[20].

Bien que ce sombre tableau soit inspiré des guerres civiles d'Angleterre (1642-1649) plutôt que des sociétés du Nouveau Monde, Hobbes présume qu'il reflète la condition de l'homme dans les sociétés sans État ou, comme il le dit, de l'homme « présocial ». Il est dans ce sens en accord avec les opinions anthropologiques les plus avancées de son époque, selon lesquelles les Amérindiens ne sont pas domestiqués et combattent avec acharnement leurs semblables. Apparemment, cette confusion provient, du moins en partie, des premiers récits qui font allusion à une haine implacable des Amérindiens envers leurs ennemis. On ne tient nullement compte des déclarations unanimes suivant lesquelles ils s'entendent « merveilleusement » bien à l'intérieur de leurs propres communautés.

Un siècle après la parution du *Léviathan*, Montesquieu résume admirablement une vision différente, mais encore une fois négative, de l'homme « présocial » dont la trace remonte directement jusqu'aux récits de Colomb : « Un tel homme serait d'abord seulement conscient de sa faiblesse. Sa timidité serait extrême, et, puisqu'il faut en apporter des preuves, on a effectivement trouvé des "hommes sauvages" dans les forêts : ils craignent tout et s'éloignent de tout[21]. » Cependant, pas plus

20. Hobbes, *Léviathan*.
21. Cité par Myres, *Influence of Anthropology*.

que Hobbes, Montesquieu ne parvient à trouver des exemples dont il pourrait tirer argument, parce que les « hommes sauvages » auxquels il fait allusion correspondent aux individus déments, arriérés ou autrement handicapés, tous trop familiers en marge des sociétés du Moyen Âge et de la Renaissance et qui, pour survivre, faisaient de la cueillette en forêt. Montesquieu décrit alors l'homme asocial, tout comme Hobbes avait décrit l'homme antisocial, et il le met sur le même pied que l'homme des sociétés préétatiques. Ni Montesquieu ni Hobbes n'imaginèrent de société humaine sans État, et c'est l'absence de structure étatique qui les empêcha, à l'instar de la plupart des autres observateurs de cette époque, de percevoir une organisation dans la majorité des cultures du Nouveau Monde. La conclusion logique de cette façon de penser et de cette forme de description négative constitue une nouvelle contradiction : l'idée d'une société du Nouveau Monde qui serait essentiellement inhumaine.

Tout de même, il arrive parfois que des descriptions par la négative mènent à des conclusions positives :

> Ilz ont l'âge d'or. Ils ne fossoyent ny enfrement de hayes leurs possessions, ilz laissent leurs jardins ouvertz, sans loix, sans livrs, sans juges : mais de leur nature suyvans ce qui est juste et réputans maulvais et injuste celuy qui se délecte à faire injure à autrui[22].

De la même façon, le missionnaire capucin Claude d'Abbeville (?-1632) décrit les Brésiliens comme de nobles sauvages profitant de la vie, joyeux et gais, peu soucieux ou préoccupés de gagner leur vie, et qui peuvent dévorer un homme et le réduire à néant. Pedro Fernandes de Queirós (1565-1615), dans la pétition qu'il adresse au roi d'Espagne pour obtenir la permission de découvrir la « cinquième partie du monde », imagine que ses habitants seront vertueux et n'auront nul besoin de murs ou de forts, ou même de rois ou de lois. Un Français du XVIIe siècle installé en Guyane énumère les vertus des Amérindiens de ce pays, mais en n'utilisant que des tournures négatives : « Ils ne sont ny dissolus ny dissimulez, ny menteurs, ny medisans, ny vains, ny glorieux, ny ingrats, ny voleurs, ny railleurs, ny fourbes[23]. » À l'inverse, Biard recourt quelquefois à des expressions positives pour formuler ses

22. Martyr d'Anghiera, *Extraict ou Recueil*.
23. Boyer, *Véritable Relation*.

réactions négatives aux Micmacs qu'il perçoit comme extrêmement paresseux et ne se refusant rien.

L'attitude des Amérindiens à l'égard de l'or et de l'argent, qu'ils possèdent en abondance mais auxquels ils n'attachent pas d'importance particulière à l'état brut, contribue à ce fatras d'impressions. Aux yeux des Européens, cela signifie qu'ils n'apprécient pas leur « véritable valeur ». Les premiers récits regorgent d'allusions à des Amérindiens qui pêchent avec des hameçons en or et portent des plaques en or sur la poitrine et des boucles d'oreilles ou des anneaux de nez en or, sans parler des colliers et des bracelets de perles. Ces récits atteignent sans doute un sommet avec l'histoire des conquistadors qui garnissent les sabots de leurs chevaux avec des fers en or parce qu'ils ne trouvent pas de fer. Des Espagnols racontent avoir compté, dans Cuzco, quatre-vingts maisons dont non seulement les toits sont en or, mais dont les murs eux-mêmes sont couverts d'or. Il y aurait eu à Callao une maison avec un toit en or pur façonné pour lui donner l'apparence du chaume. La légende du chef couvert d'or, El Dorado, remonte aux alentours de 1535, époque où les Espagnols se font conter l'histoire par des Amérindiens. Ce chef vit dans un pays si riche en or qu'il peut tous les jours se couvrir le corps d'une fine couche du précieux métal et l'enlever la nuit, la laissant tomber là où il se trouve. Son investiture fut marquée par le rejet par-dessus bord d'une cargaison d'or et d'émeraudes au milieu du lac Guatavita, au nord-est de Bogota. Les lieux mentionnés par la légende changeront à mesure que les Espagnols chercheront l'insaisissable cacique tout au long d'une quête qui les obsédera pendant des générations.

C'est dans un tout autre état d'esprit que se déroule l'histoire des Amérindiens qui s'apitoient sur le sort des chevaux espagnols parce qu'ils portent des mors en fer, et qui apportent de l'or en pensant que ce sera meilleur pour eux. Selon Lescarbot, les femmes espagnoles du Pérou ont des souliers plaqués d'or et d'argent et ornés de perles. Il n'est donc pas surprenant, dans ces circonstances, que circulent, plus tard, des histoires d'Amérindiens cachant plus d'or qu'ils n'en donnent aux Espagnols.

Tout de même, le besoin de trouver une explication logique à l'existence des peuples du Nouveau Monde, de les incorporer dans l'échelle de valeurs européennes ne disparaît pas. Une des façons d'y arriver, qui est saisie très tôt, consiste à identifier les Amérindiens avec les peuples de l'Antiquité classique d'Europe, ce qui se constate tout d'abord dans les arts visuels. Cette identification satisfait un désir d'absolu, en classant les Amérindiens dans les premières étapes d'un développement culturel universel. Cela offre la possibilité, avec le temps, de les voir devenir comme les Européens. « Quiconque examine les Amérindiens d'aujourd'hui, non seulement étudie les mœurs d'une nation lointaine actuelle, mais il étudie aussi, dans une certaine mesure, l'antiquité de toutes les nations », écrit Edmund Burke[24], dont le point de vue préserve l'unité qu'on perçoit déjà dans le monde. Il s'ensuit forcément que les cultures du Nouveau Monde, encore dans l'enfance, se trouvent dans un état primitif. Si tel est le cas, alors elles ont dû rester inchangées pendant que les sociétés européennes évoluaient, leur présumée jeunesse ne suffisant pas à elle seule à expliquer les disparités existantes.

On a évidemment bien compris, aujourd'hui, que les sociétés amérindiennes n'étaient pas plus immuables que celles d'Europe. Comme toute société humaine sur terre, celles d'Amérique évoluaient, mais d'une manière qui avait peu, si tant est qu'il y en eût, de ressemblance apparente avec le modèle européen. Même aujourd'hui, on ne comprend pas encore parfaitement la nature de ces civilisations, et certaines demeurent mystérieuses, comme celle des Olmèques qui connut un plein essor entre l'an 1200 av. J.-C. et le début de notre ère, et peut-être encore plus tard, et celle des Chimú, conquis par les Incas à la fin du XVe siècle. D'autres sont un peu mieux connues. Il n'est donc pas surprenant que, éblouie par l'apparition soudaine de grandes richesses et gérée suivant une vision du monde reposant sur la foi et l'autorité, l'Europe de la Renaissance, en tombant par hasard sur ce monde nouveau, eut l'impression que les sociétés amérindiennes étaient primitives, voire statiques. Cette supposition subsiste tout au long des XVIe et XVIIe siècles et, de fait, est encore vivante aujourd'hui. Même un penseur indépendant comme Montaigne accepte cette hypothèse lorsqu'il écrit : « Nostre monde vient d'en trouver un autre [...] si nouveau et si enfant qu'on luy aprend encore son a, b, c[25]. » Le fait que la plupart des sociétés du Nouveau Monde ne connaissaient toujours pas l'écriture peut avoir mené à une telle conclusion, elle-même encore renforcée par l'habitude persistante qu'ont prise les Européens de décrire le Nouveau Monde en des termes négatifs, laissant entendre du coup qu'il est

24. Burke, *European Settlements*.
25. Montaigne, *Œuvres complètes*.

incomplet ou inachevé. Pour Étienne Pasquier (1529-1615), avocat général à la Chambre des comptes de Paris et membre mineur de la Pléiade, l'Amérique est véritablement un monde nouveau, même s'il reconnaît que son âge physique équivaut à celui de l'Europe. Cela prouve ses affirmations, pense-t-il ; « et néantmoins vrayement neufves, si vous parangonnez les mœurs brusques de leurs peuples, avecque la civilité des nostres[26] ». Le cannibalisme et les sacrifices humains illustrent bien ses arguments, puisqu'on les perçoit comme des manifestations de sociétés immatures.

Montaigne, bien qu'il accepte la croyance en leur immaturité, est celui qui s'approche le plus de l'idée qu'ils sont des êtres humains à part entière. Ils ont, écrit-il, un trait commun avec les Européens : l'usage de la raison. Lors d'entretiens avec des marins, des marchands et, plus particulièrement, avec « trois sauvages qui vinrent à Rouen à l'époque de feu Charles IX », il trouve que les Amérindiens peuvent être et même se révèlent meilleurs que les Européens dans des débats. Ils sont aussi industrieux, comme en témoignent leurs villes. Malgré son opposition à la colonisation, Montaigne s'intéresse plus à l'utilisation des Amérindiens pour évaluer le monde européen qu'à la défense de leurs droits. Il dénonce quand même les « faux éléments » qui, en Europe, empêchent d'apprécier les qualités de la vie des Amérindiens et permettent qu'on méprise leur raisonnement parce qu'ils ne portent pas de culottes[27] ! Le cannibalisme, dit-il, n'est pas cruel au même titre que la torture. (À l'époque où Montaigne écrit cela, la torture joue un rôle constant dans les processus judiciaires de l'Europe entière, et le feu constitue un mode d'exécution ordinaire. Dans les listes de vices attribués aux Amérindiens, spécialement durant les débats espagnols qui culminent lors de la confrontation du dominicain Bartolomé de Las Casas avec Juan Ginés de Sepúlveda, à Valladolid en 1550 et 1551, la torture fut visiblement absente.) Montaigne en conclut qu'il vaut mieux manger un ennemi mort, comme le font les Amérindiens, que de manger un homme vivant, à la manière des Européens.

---

26. Pasquier, *Lettres*.
27. Montaigne, *Essais*. Bien qu'on puisse trouver un peu partout dans les œuvres de Montaigne des observations sur le Nouveau Monde et ses populations, la plupart apparaissent dans ses essais « Des Coches » et « Des Cannibales ». Ce dernier servit de source à *The Tempest* (Kermode, édit., XXXIV-XXXVIII), de Shakespeare.

Jamais l'Europe de la Renaissance ne parvient à représenter les Amérindiens autrement qu'avec ses propres termes. Le ton général des écrits de la Renaissance leur reste extrêmement défavorable, en dépit des efforts d'impartialité d'auteurs isolés. Même les récits les plus sympathiques partent du point de vue que ces peuples sont sauvages et doivent être « humanisés ». On peut attribuer en partie la difficulté de représentation au fait que bien des observations d'auteurs européens sur le Nouveau Monde, y compris certaines des meilleures, sont l'œuvre d'hommes qui ne traversèrent jamais l'océan, Montaigne et Charron constituant des exemples remarquables. Pasquier ne fait pas mieux, lui qui fait suivre ses observations sur le Nouveau Monde du commentaire : « Quant à moy je vous debite ceste marchandise pour le prix qu'elle m'a cousté : aiment mieux le croire que de l'aller veoir[28]. » Même Jacques-Philippe Cornut (v. 1606-1651) prépare une compilation qui fera autorité, *Canadensium plantarum aliarumque nondum editarum historia* (1635), à partir de plantes apportées à Paris. Pour leur part, des géographes recueillent et accumulent des renseignements qui leur permettent de dessiner des cartes toujours plus précises, bien souvent sans prendre eux-mêmes la mer.

Malgré tout, la difficulté principale repose sur l'inquiétante révélation d'un monde nouveau qui se développa non seulement en dehors du génie chrétien, mais, à certains égards, en contradiction avec lui. Certaines pratiques amérindiennes, tels les sacrifices humains, violent les tabous européens, mais au lieu d'avoir les conséquences épouvantables auxquelles il fallait s'attendre, elles semblent donner les résultats inverses : les peuples du Nouveau Monde, dit-on, vivent heureux, sont en santé, et ont une grande longévité, des attributs qui n'appartinrent, selon les Européens, qu'aux patriarches de l'Ancien Testament. Quant aux Européens, ils réagissent à de telles révélations selon leur interprétation particulière du christianisme. Ce n'est pas une coïncidence si les débats les plus passionnés sur la nature des Amérindiens s'élèvent dans une Espagne profondément orthodoxe. Ce n'est pas un hasard non plus si c'est en France, où se poursuit une longue tradition de curiosité intellectuelle, que le concept du « bon sauvage » prend sa pleine extension, durant le XVIIIe siècle. Ce concept ne manque pas d'antécédents : au XIIIe siècle, l'image poétique du « noble païen », représenté par des hommes comme Saladin, influença l'Europe au point qu'elle se mit à

28. Pasquier, *Lettres*.

remplacer ses projets missionnaires par les expéditions militaires des Croisades. Une activité missionnaire renforcée en Asie ouvrira la voie à des campagnes semblables dans le Nouveau Monde.

Les Européens en arrivent ainsi à un consensus : les Amérindiens ne sont pas encore sortis de la barbarie ou se trouvent dans les premières étapes d'une civilisation « immature ». Au mieux, on peut avancer à leur sujet qu'ils sont capables de devenir des hommes à part entière : suivant la doctrine chrétienne, ils sont perfectibles. Dès lors, les Français emploieront le verbe *humaniser* lorsqu'ils feront allusion à l'enseignement et à l'évangélisation des Amérindiens. Il n'y aura jamais le moindre doute quant à sa signification : il veut dire transformer les sauvages en Européens. Si l'idée de la sauvagerie rend les Européens capables de passer outre à la complexité et à l'intégrité des sociétés du Nouveau Monde, elle facilite surtout grandement le travail visant à mener à bonne fin l'acceptation et l'assimilation de faits nouveaux qui ne concordent pas avec les croyances les plus chères.

CHAPITRE IV

L'HOMME SAUVAGE

La découverte de l'Amérindien par l'Europe apparaît généralement comme la première rencontre de grande envergure avec un homme vivant à l'état naturel. Suivant ce point de vue, une telle découverte est dans une large mesure responsable de la mise en évidence de l'idée européenne de l'Homme sauvage, d'une créature qui peut être soit noble, soit avilie, mais surtout pas civilisée. Des constructions comme les villes-États du Mexique, de l'Amérique centrale et du Pérou sont passées sous silence ou même écartées sous prétexte qu'elles sont, au mieux, barbares. Un examen du concept de la sauvagerie révèle que son origine est à la fois plus complexe et considérablement plus ancienne qu'elle n'apparaît de prime abord. En fait, elle met en cause un personnage folklorique bien connu de la Renaissance, l'Homme sauvage, tout comme d'anciennes perceptions chrétiennes des singes, des anthropoïdes et des babouins, ainsi que la tradition classique grecque et romaine du noble sauvage.

La rencontre de Colomb avec les Arawaks et les Caraïbes ne constitue pas pour les Européens un contact avec un type d'homme jusqu'alors inconnu. Elle ajoute simplement une nouvelle dimension à une idée déjà existante, celle de l'Homme sauvage, en révélant une multitude de peuples du Nouveau Monde qui, aux yeux des Européens, paraissent correspondre, au moins dans une certaine mesure, à l'idée en question. À défaut, l'Europe de la Renaissance applique à ces nouveaux peuples le terme *barbare*, le plus souvent comme synonyme de *sauvage*, mais parfois pour indiquer une forme améliorée de la sauvagerie. À la longue, le simple nombre de ceux qui avaient été si rapidement qualifiés de « sauvages » amène les Européens à s'intéresser de nouveau à ce concept de l'Homme sauvage et, par conséquent, à toute la question de l'homme en rapport avec son milieu social. Il y a déjà longtemps que l'idée de la sauvagerie est dans l'air, mais que signifie-t-elle exactement ? En quoi diffère-t-elle de la civilité ?

Un dictionnaire moderne, le *Larousse*, fournit, entre autres, les significations suivantes du mot *sauvage :* qui n'est pas civilisé, apprivoisé ou domestiqué ; qui est facilement effrayé. En parlant des personnes, le mot qualifie quelqu'un qui vit à l'écart de la société, en marge de ses lois, sans domicile fixe ; par analogie, quelqu'un de primitif et de farouche[1]. *Larousse* présente ces définitions en soulignant qu'en ancien français le terme *salvage* ou *sauvage* signifiait simplement « qui se tient dans les forêts, qui est propre à l'habitat forestier », et est venu du mot latin *silvaticus.* Les limites de temps que sous-entend la marque d'usage *ancien* ne sont pas précisées, mais on peut toutefois présumer qu'elles recouvrent le XVIe et le XVIIe siècle. Une étude des écrits français de cette période ne permet pas de confirmer la thèse suivant laquelle, à cette époque, le mot *sauvage* signifiait uniquement « vivant dans la forêt ». En cette période intensément religieuse, l'habitude médiévale de considérer un homme en fonction de la morale reste encore beaucoup trop profondément ancrée pour qu'un usage neutre du mot ne puisse être autre qu'irrégulier et extrêmement individuel. Alors que des traces d'accent peuvent varier, et de fait varient, d'un auteur à l'autre, la portée générale est toujours claire : « être sauvage » signifie vivre en accord avec la nature, d'une manière « plus approchans des bestes farouches, que des hommes[2] ». La bestialité l'emporte largement sur l'innocence.

Sainte-Palaye dit que le mot *sauvage* fut employé en ce sens longtemps avant l'âge des découvertes. Lors de la compilation de son *Dictionnaire historique*, au XVIIIe siècle, l'auteur remonte à l'origine de la signification de certains mots jusqu'à l'époque de Louis XIV. Il dénombre huit significations du terme *sauvage*, dont la première est « non apprivoisé », et la dernière, « extraordinaire ». On trouve entre les deux des significations telles que : solitaire, grossier, féroce, dément et étranger. Richelet, dont le *Dictionnaire françois* paraît en 1680, écrit

1. Larousse (1817-1875), *Grand Dictionnaire universel*.
2. Maffei, *Histoire des Indes*.

que le terme s'applique à des personnes sauvages, ennemies de la société et d'une conversation agréable. Le *Dictionnaire universel* (1691) de Furetière définit un sauvage comme un homme sans domicile fixe, sans religion, loi ou civilité. Lors de la découverte de l'Amérique, mentionne-t-on, la presque totalité du continent était habitée par des sauvages dont la plupart étaient cannibales ; de plus, « les Sauvages se promen[aient] nus et [étaient] hirsutes, couverts de poils[3] ».

La première réaction des Européens est de faire allusion à des cannibales pour décrire les hommes du Nouveau Monde ; Colomb lui-même finit par se conformer à cette désignation. Il ne les traite pas de sauvages, sauf dans les cas d'engagements armés. Ce que fait aussi Vespucci, même s'il trouve certains d'entre eux brutaux, ressemblant à des animaux, de mauvaise foi et tout à fait sauvages dans leur façon de vivre. Toutefois, règle générale, les Espagnols et les Portugais adoptent spontanément le terme *indios*, bien que les Portugais attribuent parfois le nom de *selvagens* aux mêmes chasseurs nomades que les Espagnols nomment habituellement *indios bravos*. Les Français donnent, au début, aux hommes du Nouveau Monde les noms de *gens*, *habitants*, *hommes*, *indigènes* et très probablement *cannibales*. Intéressés, mais pas mis en cause aussi directement, les Allemands optent pour *Indianer*.

Il est néanmoins évident, dans les premiers récits de voyages, que les Français, et les Européens en général, ont tôt fait d'assimiler les hommes du Nouveau Monde avec la sauvagerie. C'est ce qu'indique, par exemple, le commentaire de Cartier au sujet des Amérindiens qu'il rencontre lors de son premier voyage en 1534 : « Celle gent se peult nommer sauvaiger, car c'est la plus pouvre gence qu'il puisse estre au monde ; car tous ensemble n'avoyent la valleur de cinq solz, leurs barques et leur raits à pescher hors[4]. » Les raisons de l'emploi du mot *sauvage* par Cartier ne dépassent pas le manque de possessions matérielles, et le mode de vie qui en résulte et qu'il considère comme inacceptable. L'assimilation des hommes du Nouveau Monde avec la sauvagerie est aussi manifeste dans ces premières illustrations qui tentent de décrire « la frayeur subite » éprouvée par les Amérindiens à leurs premiers contacts avec les Européens. L'une des définitions de *sauvage* mentionnées précédemment se lit ainsi : « qui est facilement effrayé ». Cependant, le terme n'apparaît pas fréquemment par écrit avant le

3. Furetière, *Dictionnaire universel*.
4. Cartier, *Voyage*.

milieu du XVIe siècle : dans le troisième quart du siècle, son emploi est généralisé en anglais et en français, tandis qu'en espagnol et en portugais, le terme *indios* acquiert une connotation nettement moins péjorative. Durant le XVIIe siècle, les écrivains français et anglais appellent sauvages tous les habitants du Nouveau Monde, qu'ils soient issus des poètes de cour des villes-États d'Amérique centrale et du Sud ou des chasseurs nomades qui traquent le caribou de l'austère septentrion.

Sous son jour favorable, le sauvage est représenté pendant ces deux siècles comme vivant dans l'« enfance de la nature », ou, plus idéalement, dans un âge d'or, idée qui, depuis l'Antiquité classique, n'a jamais cessé de hanter les esprits européens. « Ils se contentent, en effet, de si peu[5]... » ; ou, aux dires mêmes de Vespucci, « ils vivent contents avec ce que la nature leur donne[6] ». Sous son jour défavorable, « le Sauvage est une Statue végétale, un Phantosme de chair et d'os, un Homme artificiel qui ne se remuë que par force [...][7] ». La prise de ses responsabilités ne lui tient pas à cœur ; il ne s'y connaît pas en beautés de la nature et n'a même pas de mot pour désigner la peinture et la sculpture ; incapable d'apprécier la musique et les parfums fins, il mange sa nourriture crue, saignante et vivante. Solitaire et seul au milieu des autres, il se montre indifférent à la souffrance et à la cruauté, et on ne lui connaît aucune amitié naturelle.

De telles illustrations, bien que pittoresques, ne constituent toutefois pas, même à l'époque, des explications satisfaisantes de la sauvagerie. Comment faut-il la définir ? Tout d'abord, elle est bien loin du bon sens. Aux dires de d'Avity, « on doit estimer barbares ceux dont les façons & coustumes s'éloignent extraordinairement de la droite raison[8]... ». Suivant la croyance de l'époque, il s'agit de la conséquence naturelle d'une méconnaissance de Dieu, la connaissance étant tenue pour une condition préalable à l'activité mentale, selon saint Augustin. Le fait d'avoir longtemps considéré que cela s'appliquait aux Amérindiens est révélé par la commission que François Ier donne à Cartier pour son troisième voyage au Canada et qui fait allusion aux habitants du Canada qui vivraient dans l'ignorance de Dieu et sans l'usage de la raison. La Croix écrivit : « Je mets au rang des bestes les peuples sau-

---

5. Martyr d'Anghiera, *De Orbe novo* (Gaffarel).
6. Vespucci, *Letters*.
7. Le Moyne, *Les Peintures morales*.
8. D'Avity, *Estats*.

vages qui n'usent point de raison[9]. » L'opinion d'Oviedo sur le sauvage insouciant est tout aussi peu flatteuse : « Ilz ont [...] l'os de la teste si dur, si gros & espes, que la principale chose, de laquelle les Chrestiens se donnent garde, quand ilz se batent avec eulx, c'est de ne leur donner aucun coup de taille sur la teste, pour ne rompre leurs espees[10]. » De telles opinions font du sauvage contemporain un personnage rétrograde ; le premier homme, qui ne vivait que de glands et de châtaignes, était plus civilisé, plus policé que lui. Cette assertion n'est toutefois pas aussi nette pour Antoine de Montchrestien (v. 1575-1621), auteur dramatique et économiste, qui trouve les Amérindiens

> assez subtil[s] d'esprit, mais ignorant[s] de nos arts, soit de paix ou de guerre. Ils ne tiennent la terre appartenir à aucun particulier, non plus que la lumière du soleil [...] Ils ne labourent ni cultivent qu'autant qu'il est requis pour leur nourriture [...] Ils sont totalement néz à la liberté et pourtant peu laborieux. Ilz estiment surtout la valeur [...] Bref, s'il étoit possible de leur ôter ce qu'ils ont de mauvais et de metter au lieu ce que nous avons de bon, c'est à dire, de leur donner nos vertus sans mélange de nos vices, ce seroient de braves hommes[11]...

En d'autres mots, ce n'est pas tant leur manque de raison ou même leur rétrogradation qui les rend sauvages, mais plutôt le fait qu'ils ne ressemblent pas aux Européens.

Pour d'Avity, le non-usage de la raison constitue le plus important des cinq « degrés de brutalité[12] », et l'utilisation du terme *degré* permet du coup de faire connaître l'existence d'une hiérarchie de la brutalité, un concept sympathique au génie de la Renaissance. Le deuxième degré de sauvagerie est déterminé par la manière de se procurer des aliments : chasser et cueillir des fruits, vivre, comme les animaux, des ressources naturelles, au lieu de pratiquer l'agriculture. Il faut de plus prendre en compte la nature des aliments. La nourriture habituelle des Amérindiens comprend des éléments qui, aux yeux des Européens, peuvent tout au mieux être qualifiés de « sauvages ». Herrera mentionne que les habitants de Cuba mangent « plusieurs choses répugnantes, comme des grosses araignées, des vers se reproduisant dans du bois pourri et d'autres endroits sales, et des poissons à moitié crus ;

---

9. La Croix, *Nouveau Cynée*.
10. Oviedo, *L'Histoire naturelle*.
11. Montchrestien, *Traicté*.
12. D'Avity, *Estats*.

dès qu'ils les ont pris et avant de les bouillir, ils leur arrachent les yeux et les mangent, choses qu'un Espagnol répugnerait à faire[13] ».

Cet intérêt pour le régime alimentaire des Amérindiens est la conséquence logique d'une croyance largement répandue selon laquelle nous sommes ce que nous mangeons. Cela sous-entend, pour un esprit de la Renaissance, que « pource que nostre complexion suit la nourriture, il faut que la nourriture sauvage soit suivie d'une complexion & nature sauvage[14] ». Les Amérindiens font des observations semblables au sujet des Européens. Par exemple, un chaman accuse Hennepin de manger des serpents et du poison, ajoutant que des gens comme lui mangent aussi des coups de tonnerre. Les Amérindiens partagent aussi la conviction européenne selon laquelle quelqu'un développe les caractéristiques de la nourriture qu'il consomme. Par exemple, un chasseur qui mange un animal lent risque de perdre sa vélocité, et, croyance généralement acceptée dans les cas de cannibalisme, dévorer le cœur d'un ennemi brave est motivé par le désir d'acquérir son courage. Afin de prouver la sauvagerie amérindienne, les Européens citent aussi l'absence d'heures de repas régulières. Pis encore, les Amérindiens mangent leur nourriture sur le sol, sans serviette de table ni nappe, prenant leur nourriture dans des pots de terre ou des calebasses. Aux dires d'un missionnaire récollet peu compatissant, ils mangent souvent « couchés comme les chiens » et se comportent généralement comme des animaux.

La nudité représente le troisième degré de « brutalité », puisque « quelqu'uns n'ayants nul sentiment d'honnesteté ne couvrent mesme leurs parties honteuses... ». De fait, soutient d'Avity, c'est un sentiment de honte qui distingue l'homme de l'animal.

Le quatrième degré concerne les types d'habitations : les peuples les plus barbares vivent dans des cavernes et des arbres, et les nomades installés dans des tentes ne valent guère mieux.

L'absence de gouvernement constitue le cinquième degré : « Car quelques-uns entièrement barbares vivent sans aucunes loix, & sans aucun chefs, tant en temps de paix que de guerre, quelques autres n'ont ny loix ny chefs en temps de paix, mais seulement au occurrences de guerre[15]... » D'Avity concède toutefois à ce sujet que certains

---

13. Herrera, *Histoire générale des voyages*.
14. D'Avity, *Estats*.
15. *Ibid*.

peuples du Nouveau Monde, tels ceux de « Tlascalla & Chilolla » et de Nouvelle-Espagne, possédaient ce qui pouvait être considéré comme des gouvernements, suivant les critères requis par les Européens. Les Péruviens détiennent même une certaine forme de civilité, bien qu'ils ne connaissent pas l'arche ; leur ingéniosité dans la construction de ponts de 90 mètres et plus, enjambant des gorges profondes, les rend toutefois dignes d'admiration. D'autres ne sont pas aussi disposés à admettre que le gouvernement péruvien mérite le qualificatif de civilisé. Acosta, pour sa part, le trouve tyrannique, et par conséquent barbare, parce qu'il traite les gens comme des bêtes et les dirigeants comme des dieux.

Parmi les autres tentatives de définition de la brutalité, on compte encore l'absence d'écriture et la structure « évasive » ou même « défectueuse » des langues, qui gêne la transmission de la doctrine chrétienne. Sans les lettres « f, l, r », comment les Amérindiens peuvent-ils avoir « foy, loy et roy[16] » ? On s'aperçoit que cette caractéristique linguistique, d'abord mentionnée comme brésilienne, s'applique tout aussi bien aux indigènes canadiens. Le mot *baragouin* fut très utilisé pour décrire leurs langues.

Ces efforts de définition sont fondés sur une hypothèse : si la sauvagerie est un état, il doit exister certaines caractéristiques qui le rendent reconnaissable *a priori*. De ce point de vue, la liste de d'Avity est aussi intéressante pour ses oublis que pour son contenu. Ses contemporains auront peut-être été frappés par le fait que le cosmographe n'incluait pas le manque de cohérence dans leurs mœurs sexuelles, bien qu'on en ait fait état en général chez les peuples du Nouveau Monde. Cela dénote une certaine indépendance de jugement de sa part, parce que, même si on sait bien que ces rapports souffraient d'exagération — c'est le moins qu'on puisse dire —, on leur prêtait encore généralement foi. D'Avity n'inclut pas non plus le cannibalisme comme tel, mais plutôt comme une manifestation du manque de raison. Les cannibales, écrit-il, doivent être traités comme des ennemis de la race humaine, ou même tels des déments qu'il faut rendre capables de raison et d'humanité, et il faut ensuite leur apprendre la vertu et la foi chrétienne.

D'Avity omet aussi la malpropreté, que les écrivains modernes finissent par utiliser comme l'une des caractéristiques de la sauvagerie,

16. Maffei, dans Duret, *Thresor de l'histoire*.

qu'elle soit amérindienne ou autre. Notons que durant les XVIe et XVIIe siècles, les Européens sont frappés par la fréquence des baignades chez les Amérindiens. Moctezuma (« le chef qui tire vers le ciel lorsqu'il est en colère ») aurait, dit-on, pris un bain tous les jours « quand bien même c'était si froid[17] ». Léry estime qu'il vaut la peine de rapporter que les Topinambous du Brésil se lavent la bouche et les mains avant de manger. Les standards des Européens eux-mêmes ne sont pas aussi élevés. Dans son tract *De civilitate morum puerilium* (1530), Érasme (1466 ?-1536) écrit qu'il est nécessaire de se laver les mains avant de s'asseoir à table. Dans les hautes classes de la société européenne, cela se fait en tendant les mains pour permettre à un page de les asperger d'eau parfumée. Rien n'indique, chez Érasme ou ailleurs, que de tels raffinements soient suggérés pour les gens du peuple. En général, les Européens sont d'avis que la baignade peut être suivie de coliques, de fièvres, de maux de tête et de vertige, et que, pour cette raison, la meilleure ligne de conduite consiste à consulter un médecin avant de s'abandonner à ce qui est perçu plus comme un plaisir que comme une mesure sanitaire. De toute façon, cela ne doit se faire qu'en été. À mesure que les normes européennes de propreté s'élèvent, des critiques se font entendre à l'égard des Amérindiens surpris à manger sans se laver les mains, sans laver la viande ou le chaudron avant la cuisson. On peut toutefois se demander sur quelles normes ces commentaires se fondent, et si, leurs auteurs ayant comparé un groupe d'Amérindiens avec un groupe analogue d'Européens, une enquête sur ce sujet aurait été faisable ou même possible.

La liste de d'Avity souffre d'une autre omission importante : la cruauté. Elle est d'autant plus frappante que les historiens des XIXe et XXe siècles se donneront beaucoup de mal à « prouver » que la sauvagerie des Amérindiens avait pour origine leurs pratiques guerrières. Hormis leurs aspects cannibaliques, ces pratiques ne sont pas considérées, à l'époque de d'Avity, comme plus cruelles que celles d'Europe. Ce serait même le contraire, de fait, dans le cas particulier de la torture. Les rapports sur la torture des Amérindiens par les Espagnols dominent les récits du XVIe siècle, particulièrement dans sa première moitié, au moment où la décimation des peuples du Nouveau Monde atteint son comble. L'expression « très cruels », que les Européens de la Renaissance appliquent si souvent aux hommes du Nouveau Monde,

17. Henry Hawks, dans Hakluyt, *Principal Navigations*.

est une étiquette généralement accolée à des populations étranges aussi bien qu'à des ennemis en temps de guerre, et elle ne s'applique d'habitude pas à des pratiques précises. Toutefois, dans le cas des Amérindiens, elle a souvent spécifiquement trait à leur cannibalisme.

Cardan ne voit pas la cruauté comme une caractéristique particulière des sauvages, puisqu'il note que ces gens sont souvent très doux. Faisant observer qu'ils peuvent être plus charitables que nombre de Grecs ou d'Italiens, il va même jusqu'à ajouter qu'ils ne sont ni immoraux ni dépourvus d'intelligence. Leur sauvagerie se situe plutôt dans une instabilité psychologique : « Avant qu'une question soit comprise, ils s'enragent, et après qu'ils soient devenus excités, il est très ardu de les calmer[18]. » Cette incapacité à dominer leurs émotions les rend séditieux, amoureux de la liberté, et les laisse aussi vulnérables devant toutes sortes d'abus.

L'Homme sauvage des bois

Lorsqu'il rédige cette description, Cardan pense décrire, entre autres « sauvages », des hommes du Nouveau Monde. De fait, sa description et d'autres définitions sont fortement influencées par un des personnages folkloriques les plus connus de cette période : l'Homme sauvage des bois. D'ailleurs, dans une grande partie des écrits du XVIe et du XVIIe siècle sur la sauvagerie, l'influence de cet être est évidente. Présent dans le folklore de toute l'Europe, mais plus particulièrement dans le nord et le centre, il est connu sous plusieurs appellations : *Wildemann* en Flandre et en Allemagne ; *Wild Man*, *wodewose* ou *woodhouse*, en Angleterre, en Irlande ou en Écosse ; et *Homme sauvage* en France. Il porte aussi les noms de *Pilosus*, *Orcus*, *Schrat* et *Ogre*, et peut être *homo sylvestris* ou *homine agreste*. Tous ces noms sont plus ou moins synonymes de sauvage, satyre ou faune. *Wodewose* dérive de l'ancien anglais *wode* ou *wod*, qui signifiait furieux ou en état de démence. À l'instar d'Odin ou de Wodin, le grand dieu des peuples nordiques qui préside à la guerre et se réjouit des morts, *wode* représente la fureur du combat, en plus de sous-entendre une sensualité non refrénée et de la démonerie. Pausanias fournit un aperçu des précurseurs des *wodewoses* ou Hommes sauvages ; dans sa *Description de la Grèce*, écrite au IIe siècle, il parle de satyres qui attaquent une femme à bord d'un bateau grec et la

18. Thorndyke, *History of Magic*.

traitent « d'une façon telle que nous ne nous aventurerions pas à la décrire[19] ».

L'Homme sauvage apparaît dans une pièce de théâtre à Padoue dès 1208 et est représenté pour la première fois, pendant le XIIIe siècle, dans des grotesques ornant des marges de manuscrits. Il connaît une période de popularité qui débute durant la dernière partie du XIVe siècle, atteint un sommet pendant la Renaissance et décline après le XVIIe siècle. On peut retracer ses origines dans l'Antiquité classique, ou même jusqu'à Babylone et Uruk, aussi bien que chez les anciens Hébreux. Selon la mythologie romaine, il descendrait du Titan Saturne, dont on décrit le règne comme un âge d'or d'innocence et de pureté, bien que Saturne lui-même fût un monstre qui mangea tous ses enfants sauf trois d'entre eux : Jupiter (dieu du Ciel), Neptune (dieu des Eaux) et Pluton (dieu de la Terre et des Enfers). Orcus, lui aussi issu de Saturne et que les Romains identifiaient à Pluton, transportait les morts jusqu'aux enfers. Saturne possédait certaines ressemblances avec le dieu grec Cronos, lui-même fils de Gaïa (la Terre) et d'Ouranos (le Ciel), deux aspects d'une même entité avant leur séparation par leur fils. En dépit de son association avec l'âge d'or, Saturne symbolise le désir insatiable et la soif de mordre à la vie. Incapable de laisser son peuple évoluer, il est émasculé par ses fils et retourne aux cieux. La ressemblance physique de l'Homme sauvage avec le satyre Silène a été fréquemment observée, et il est aussi identifié avec Hercule. Chez les Hébreux, l'Homme sauvage est dépeint comme un esprit plutôt que comme un être physique ; c'est un rebelle au Seigneur, un dément, un maudit, un destructeur.

Ces traditions s'amalgament, plus ou moins sous l'influence du christianisme, pour aboutir à l'Homme sauvage, au *wodewose* de la Renaissance. Il demeure un personnage mineur qui représente la négation de l'idéal chrétien, une version folklorique de l'Antéchrist. À l'époque de l'amour courtois, il personnifie la sensualité animale, l'opposé de l'amour chevaleresque. Dans les descriptions qu'on en fait habituellement, seuls son visage, ses coudes et ses genoux ne sont pas couverts de poils, et il porte une barbe entière. Sa pilosité symbolise la force énorme sur laquelle il compte, seul contre tous, seul de son espèce. Sa force est aussi soulignée par son habitude de porter un gourdin plein de nœuds ou un arbre déraciné. Incapable de parler, il fuit les hommes et est dépourvu de la connaissance de Dieu, signe qu'il n'a pas

19. Pausanias, *Description of Greece*.

accès à l'usage de la raison ou qu'il ne la possède pas. Doué d'une connaissance intime des secrets de la nature, il la partage parfois avec les paysans. À l'occasion, il lui arrive de soigner leurs bestiaux ou de guérir avec des herbes un chevalier blessé. Néanmoins, ses alliés les plus proches restent les ours et les diables ; incapable de dominer ses passions, il se livre à des voies de fait sur les femmes seules dans les bois.

Dans l'imagerie luxuriante d'Edmund Spenser, cet être colossal, « tout couvert de poils [...] Avec des grandes dents énormes [...] se nourrissait de sang humain, dont la trace maculait encore le bord de ses lèvres sanguinaires ». Ce personnage peu engageant se nourrit des « dépouilles des femmes » qu'il viole avant de les manger. Il en a déjà attrapé et dévoré sept au moment de son apparition dans *La Reine des fées*[20].

Satyrane (dont le père était un satyre) représente dans le même ouvrage une version douce de l'Homme sauvage qui porte secours aux dames au lieu d'en faire ses proies. Qu'il soit question d'un homme velu féroce ou doux, ses portraits sont remarquablement uniformes, reflétant son absence d'évolution personnelle et, en conséquence, d'originalité.

Cet Homme sauvage, solitaire, « noir et hirsute, pareil à un ours enchaîné », n'a pas que les mythologies de Grèce classique, de Rome et du Moyen-Orient pour origine. Il y a aussi en lui des éléments provenant d'anciens rapports sur des singes anthropoïdes habituellement décrits pendant la Renaissance comme des êtres humains incapables de parler, des *homines sylvestres*. Suivant Pline,

> les Choromandæ sont des gens sauvages et farouches ; ils n'ont ni voix distincte ni parole, mais, à la place, ils émettent un horrible grincement de dents et un bruit hideux : ils sont brusques et ont des poils par tout le corps ; ils ont les yeux rouges comme les hulottes et sont dentés comme des chiens[21].

Aujourd'hui, personne ne doute plus que Pline décrivait en réalité une troupe de grands singes ou de gibbons. Pendant le Moyen Âge et la Renaissance, on tend à faire de ces animaux des êtres quasi humains en exagérant leur aspect d'homme. On rapporte que les Espagnols, par

20. Spenser, *La Reine des fées*.
21. Pline l'Ancien, *Histoire naturelle*.

exemple, considéraient les babouins comme une race de gens qui refusaient de parler pour ne pas devoir vivre dans la sujétion. De même, les grands singes et les orangs-outans descendraient, paraît-il, de gens qui, fatigués du travail et des contraintes de la vie de village, ont choisi de se retirer dans les forêts et de vivre comme des animaux. Ils sont censés être le produit d'un croisement entre des femmes et des animaux. Albert le Grand perçoit le singe anthropoïde comme intermédiaire entre l'homme et la bête, un membre des *similtudines hominis*, une première version du chaînon manquant. Des hommes pouvaient même se changer en singes anthropoïdes : « Parmi les poètes, il est heureux qu'il y eût là deux frères, bien méchants compères, qui fussent tranformés en grands singes[22]. » La liste de créatures sauvages du Prêtre-Jean, qui date de 1164, comprend des *homines agrestes* qui ressemblent, aux dires de Cardan, aux Hommes sauvages. Aussi tard qu'au milieu du XVIIIe siècle, un Anglais publie une illustration d'un « homme des bois » en pied, muni de son bâton noueux, et portant la devise : « Le Satyre, Sauvage, Wild-Man, Pigmée, Orang-Outang, Chimpanzé, etc. »

À partir de telles hésitations et confusions, il ne resta qu'un pas à franchir pour que naisse l'idée d'une double création du Diable rivalisant avec Dieu, mais restant incapable de produire mieux qu'une version dénaturée de l'être original issu de la main divine. Il s'agit d'un concept fortement ancré dans le folklore chrétien : le cheval et l'âne, le lion et le chat, le soleil et la lune, le jour et la nuit. Le singe anthropoïde, sorte d'homme imparfait, symbolise le désir charnel, et le singe mangeur de pommes apparaît dans une perspective très semblable à celle d'un Homme sauvage à la sexualité outrancière. Le singe, croit-on aussi, se rappelle les injustices et entretient des haines tenaces. Donc, les hommes au caractère vindicatif ou qui nourrissent des désirs de vengeance agissent plus à la manière des singes que comme des humains à part entière. Du fait qu'ils décrivent les Amérindiens (avec une véracité inégale) comme des gens au comportement sexuel désordonné, incapables d'oublier une injustice et vindicatifs au point de manger les poux qui les tourmentent, les auteurs de la Renaissance les font évoluer dans le contexte qu'on associe communément aux singes anthropoïdes et aux Hommes sauvages.

La place qu'occupe l'Homme sauvage entre l'homme et l'animal lui permet d'agir, de concert avec les bêtes, comme intermédiaire entre les

22. Topsell, *History of Foure-footed Beastes*.

humains et le royaume des morts. Dans la Flandre de la Renaissance, il s'intègre aux animaux sauvages qui gardent la source de la vie dans la forêt et il apparaît sous la forme d'un géant entièrement couvert de poils, aux sourcils joints au-dessus du nez, et armé d'une grosse tige d'arbre déraciné. Il détient le pouvoir d'accorder ou de refuser l'entrée au ciel. À l'orée de la forêt se trouve le *Nobiskrug* où on obtient les laissez-passer pour l'au-delà et qui a pour emblème un géant velu. En sa qualité d'intermédiaire, l'Homme sauvage est connu sous le nom d'Orcus[23]. À Rouen, durant le XVIe siècle, son personnage, fréquemment placé au-dessus des portes des maisons, a pour rôle de garder le foyer[24] contre le monde des enfers. Il se trouve sur le portail nord de la cathédrale de Rouen, et il garde l'entrée principale de San Gregorio, à Valladolid en Espagne, ainsi que celle de la Casa de Montejo, au Yucatán, construite en 1549. Sous son apparence de démon, il apparaît sur des tombeaux, plus particulièrement en Europe centrale et du Nord, où il est habituellement foulé aux pieds par le personnage célébré.

Enkidu, une très vieille version de l'Homme sauvage, est la personnification de l'innocence naturelle. Séduit par une courtisane et ensuite rejeté par ses anciens compagnons les animaux sauvages, il n'a d'autre recours que d'aller vers la ville et de se civiliser. À la fin de sa vie, il pleure sur son sort.

Parmi les noms français donnés à l'Homme sauvage et à des êtres semblables, on trouve *Ankou*, *Annequin* et *Annekin*, ce dernier nom s'approchant de *Hellequin, Harlequin* ou *Arlequin*[25].

Durant la Renaissance française, l'aspect farceur de l'Homme sauvage prédomine, et le personnage est assimilé au diable comique allemand *Hellekin*, chef de la Horde sauvage. Hellequin est plus fortement implanté dans le nord ; son mariage avec la mythique Luque La Maudite, à Rouen au cours du XIIIe siècle, aurait donné lieu à une fête qui causa des dégâts considérables à la ville. En l'absence de peaux et de plumes d'animaux pour le déguisement de Hellequin dans les reconstitutions historiques, on leur substitua des haillons qui, à la longue, don-

---

23. Encore aujourd'hui, « In dem Wildemann » est une des enseignes préférées des auberges et tavernes de Belgique et des Pays-Bas.

24. On peut voir ce personnage, coulé en fonte, au musée Le Secq des Tournelles, à Rouen.

25. Van Gennep, *Folklore*.

nèrent naissance à cette forme bigarrée de losanges aujourd'hui associée à son descendant théâtral : *Harlequin*[26].

Bien que la première mention d'une pièce de théâtre le mettant en vedette remonte à 1208, à Padoue, l'Homme sauvage est surtout visible dans des reconstitutions historiques et des spectacles, en particulier ceux du Carnaval et de la fête des Rois. Dans ces occasions, son déguisement sert de prétexte à des débordements violents. Il prend aussi part à des tournois où il défie des chevaliers. Un des incidents les plus connus auxquels sont liés des Hommes sauvages masqués a lieu le 28 janvier 1393. Lors de cet événement connu plus tard sous le nom de « bal des Ardents », qui a lieu à la cour de Charles VI le Fou, roi de France, plusieurs fêtards déguisés en Hommes sauvages périssent brûlés. Parfois, l'Homme sauvage des carnavals, ceint et couronné de plumes, feint de se nourrir seulement de la viande crue qu'on lui offre au bout d'un bâton. À Quercy, le premier dimanche du Carême a déjà été appelé « lou dimenge dei Salvagi » (le dimanche des Sauvages), que les jeunes gens célébraient « en imitant les Satyres[27] ». Lors du spectacle qui célèbre l'entrée de Charles V dans Bruges, des Hommes sauvages sont présentés comme les premiers habitants de la ville. En d'autres temps, ils préfigurent les Amérindiens, comme lors de l'entrée du « Damoiseulx de Valenciennes » dans Lille en 1438, quand des mascarades s'habillent en Hommes sauvages, les uns se couvrant de peaux d'animaux, les autres de plumes. En 1564, une troupe de sauvages et de satyres montant des boucs, des ânes et un cheval déguisé en licorne souhaite la bienvenue dans Troyes à Charles IX. En 1632, à Tadoussac, le jésuite Paul Le Jeune (1591-1664), qui voit pour la première fois des Amérindiens aux visages peints, fait observer : « Je voyois ces masques qui courent en France à Caresme[28]. »

Le Jeune ne pouvait prévoir que la tradition des mascarades carnavalesques traverserait l'Atlantique avec les colons. Le gouverneur général de la Nouvelle-France de 1685 à 1689, Jacques-René de Brisay de

---

26. Suivant Chevalier, Arlequin (Harlequin) symbolisait un bouffon malicieux à la personnalité instable, un être ne possédant pas encore d'individualité. Il s'agissait d'un personnage de répertoire dans la commedia dell'arte.

27. Van Gennep, *Folklore*. Il pourrait s'agir d'un vestige des bacchanales de l'époque classique ; les autorités ecclésiastiques en bannirent la coutume à plusieurs reprises durant le XVIIe siècle.

28. *Le Dix-huitième Tome du Mercure françois*.

Denonville, note que ces pratiques ont atteint un point tel que son prédécesseur, Joseph-Antoine Le Febvre de La Barre, dut y mettre un terme, sans jamais y parvenir complètement :

> On a traitté de gentillesse et de plaisanterie une façon de se mettre en habits de Sauvages touts nuds, non seulement aux jours de carnaval, mais a tous les jours de regal et de debauche. Toutes ces manieres ne tendent qu'a entretenir les jeunes gens dans l'esprit de vivre en Sauvages, et de se communiquer avec Eux, et d'estre Eternellement libertins comme Eux[29].

L'Homme sauvage finit par quitter les scènes d'apparat pour la pompe héraldique, où il joue encore aujourd'hui le rôle de tenant et est parfois difficile à distinguer de Silène. En science héraldique, un tel rôle indique la sujétion. Plus de deux cents familles européennes possèdent un Homme sauvage soumis dans leurs armoiries, et le personnage figure sur le blason de Charles Quint qui orne un édifice de Tlaxcala. Il apparaît aussi à l'occasion, dans une pose semblable à sa position héraldique, sur des pages de titre de livres[30].

Il exista aussi une Femme sauvage, dont l'importance n'atteignit jamais celle de son pendant masculin. Cela tient en partie au fait que l'Église, à contrecœur, tolérait l'Homme sauvage, mais réprouvait les rituels de la Femme sauvage qui exigeaient des sacrifices. Elle avait des liens beaucoup plus proches avec les anciennes religions que l'Église s'employait toujours à détruire. En Espagne, par exemple, danser déguisée en Orca pouvait coûter un an de pénitence.

Durant cette période, les fréquentes rumeurs d'hommes velus vivant dans des endroits éloignés indiquent qu'on croit réellement à l'existence de l'Homme sauvage. Pline, par exemple, a parlé de telles créatures en Inde. La carte de Borgia, tracée au XVe siècle, avant le voyage de Colomb, est illustrée d'Amazones hirsutes. De temps à autre, des hommes velus apparaissent dans les récits de voyages de la Renaissance, notamment dans ceux de Pigafetta.

La plupart des Européens qui se rendirent dans le Nouveau Monde devaient sûrement connaître l'histoire de l'Homme sauvage dont la personnalité leur était aussi familière que celle du Père Noël aujourd'hui ; en effet, les deux se ressemblent de visage, portent la barbe et ont des

---

29. AC, C[11]A.

30. Le premier livre jamais publié en français à Paris, *Chroniques de France* (1477), débutait par le récit de l'ascendance troyenne des Français, illustré par une enluminure montrant un homme et une femme velus tenant des bannières.

expressions douces. Dès les tout premiers contacts, les Européens comparent les Amérindiens avec les Hommes sauvages. Colomb fait allusion à des Antillais « sauvages », mais bons pour l'esclavage ; un observateur, qui décrit les hommes du Nouveau Monde emmenés par Corte-Real à Lisbonne en 1501 (on les identifie tour à tour comme des Inuit, des Naskapis, des Béothuks ou des Micmacs), déclare qu'ils ont des figures très douces, mais des habitudes et des mœurs très bestiales, « comme des Hommes sauvages[31] ». On qualifie d'*homines sylvestres* les sept Amérindiens emmenés à Rouen en 1509. Caliban, personnage shakespearien dont le nom est perçu par certains comme une anagramme de *cannibal*, est plus un Homme sauvage qu'un Amérindien, même si on le tient pour une représentation d'un indigène du Nouveau Monde[32]. Il constitue en réalité une illustration de l'Homme sauvage chez qui prédominent les aspects démoniaques. Cette fusion de concepts est visible dans une illustration de carte, parue dans une géographie de Ptolémée publiée en 1522 où une scène de cannibalisme décore la Terra Nova. Comme on l'a déjà noté, les cannibales constituent le matériel de réserve des géographies précolombiennes, et ils se trouvent habituellement en Orient. Les cannibales de Ptolémée portent des jupes de plumes, comme ceux de la gravure sur bois d'Augsbourg de 1505. Les personnages sont dénués de poils, mais ils ont les têtes et les « expressions douces » des Hommes sauvages. Ainsi, le tableau de Ptolémée pouvait simplement refléter la conviction que ces nouvelles terres appartenaient à l'Asie, mais il est beaucoup plus probable qu'on ait cru en l'existence d'habitants du Nouveau Monde semblables à des Hommes sauvages :

> les Sauvages de l'Amérique, Hommes cruels et sans raison, à qui nos pescheurs sont obligéz de faire la chasse comme à des Bestes, puis qu'ils ont outre leur férocité le corps hérissé de poil, armé d'ongles merveilleusement longs crochus[33].

Qu'une confusion se soit produite dans l'esprit du peuple entre l'Homme sauvage et les Amérindiens ressort non seulement de tous ces récits manifestement mal informés, mais tout autant des efforts répetés, inutiles en bout de course, que feront les missionnaires et les fonction-

---

31. Biggar, *Precursors*.
32. Shakespeare, William, *La Tempête*.
33. *Le Mercure Galant*, avril 1681.

naires coloniaux pour discréditer la thèse des hommes velus du Nouveau Monde. C'est dans *Les singularitez de la France Antartique* (1557) de Thevet, que semble avoir paru un premier démenti écrit ; dans le chapitre intitulé « Contre l'opinion de ceux qui estiment les Sauvages estres pelus[34] », l'auteur soutient, à l'encontre de ceux qui soutiennent sans démordre que les Amérindiens sont couverts de poils, qu'ils ne les ont sans nul doute jamais vus et que la vérité est tout autre, puisque les Amérindiens prennent grand soin de s'épiler complètement le corps. Ensuite, il élabore une théorie selon laquelle, chez les Amérindiens du Nord, la coutume de porter des fourrures donna naissance à cette fausse croyance. Léry trouve l'affaire suffisamment importante pour la démentir à maintes reprises : « Je réserve aussi à réfuter ci-après l'erreur de ceux qui nous ont voulu faire accroire que les sauvages étaient velus. » Plus tard, il revient à la charge : « Et cependant tant s'en faut, comme aucuns pensent, et d'autres le veulent faire accroire, qu'ils soient velus ni couverts de leurs poils, qu'au contraire n'étant pas naturellement plus pelus que nous[35]. » Il suppose que la croyance peut avoir eu pour origine la coutume des Topinambous de se coller sur tout le corps du duvet ou des petites plumes, ce qui donnait une apparence de fourrure,

> en cest estat ils semblen avoir du poil folet, commes les pigeons, & autres oyseaux nouvellement esclos. Et est vray semblable que quelques uns de ces pays par deça les ayant veu du commencement qu'ils arriverent en leur terre accoustrez de ceste façon, s'en estans revenus dans avoir plus grand cognoissance d'eux, divulguerent & firent courir le bruit que les sauvages estoyent velus [...] chose trop legerement receuë[36].

Lescarbot reprend aussi ce genre de raisonnement après son année au Canada.

Le missionnaire récollet Gabriel Sagard (v. 1614-1636), qui visite la Huronie en 1623 et 1624, fait remarquer que « nos Sauvages ne sont point velus, comme quelques-uns pourroient penser ». Au sujet d'un incident très connu au cours duquel l'amiral Hannon vint déposer dans le temple de Junon ce qui passait pour deux peaux de femmes velues des îles Gorgades, Sagard ajoute : « De là vient la croyance que plusieurs ont, que tous les Sauvages sont velus, bien qu'il ne soit pas ainsi,

---

34. Thevet, *Singularitez*, chap 31.
35. Léry, *Histoire d'un voyage*.
36. *Ibid*.

et que tres-rarement en trouve-t-on qui le soient[37]. » Jean de Laon, sieur d'Aigremont, qui prend part à la tentative de colonisation de 1652, en Guyane, écrit : « Les Peintres ont grand tort de les peindre velus[38]. » « Il n'y a aucune raison de les imaginer comme des demi-bêtes, hirsutes, noirs et hideux », se plaint le père François-Joseph Bressani (1612-1672), qui précise : « Ils n'ont pas de barbe [...et sont] en meilleure santé que nous[39]. » Une génération plus tard, on revient encore avec la même observation : « Les Hurons ne sont ny velus ny monstrueux comme le caprice des peintres les represente, & excepté la longue chevelure, & leur teint olivâtre, la plûpart sont aussi bien faits que les Peuples de l'Europe[40]. » L'officier des troupes de la marine Louis-Armand de Lom D'Arce, baron de Lahontan (1666-v. 1716) corrobore tout cela avec laconisme : « Ceux qui on dépeint les Sauvages velus comme des Ours, n'en avoient jamais vû » ; mais il ajoute toutefois à la confusion en mentionnant, lors d'une autre occasion, que les Amérindiens sont des « satires et Faunes réels, vrais Habitans des bois, sont naturalisez à sauter de rocher en rocher, à percer les ronces & les broussailles à courir à travers les épines & les buissons comme en rase Campagne[41] ». Puisque les satyres et les faunes sont dépeints de la même manière, ces descriptions ne font que confirmer chez les Européens du XVIIIe siècle l'impression que les Amérindiens sont velus.

Les missionnaires déploieront un zèle considérable afin de détruire dans le public européen l'image des Amérindiens couverts de poils. Le récollet Chrestien Le Clercq (v. 1641-1700) se montre particulièrement dur :

> C'est une erreur qui n'est que trop commune, dont il est à propos de desabuser le Public. Il faut avoüer qu'on se persuade trop facilement dans nôtre Europe, que les Peuples de l'Amérique Septentrionale [...] ne retiennent de la nature humaine que le seul titre d'Hommes Sauvages, & qu'ils n'ont aucunes de ces belles qualitez de corps & d'esprit, qui distinguent l'espece humaine de celles des animaux de la terre ; les croiant tous velus comme des ours, & plus inhumains que les tygres & les leopards [...] en effet nos Gaspesiens ont moins de poil que les François[42].

37. Sagard, *Long Journey*.
38. Laon D'Aigremont, *Relation du Voyage*.
39. *JR*, Thwaites, édit., 38 :257.
40. Manesson-Mallet, *Description de l'univers*.
41. Lom d'Arce, *Voyages dans l'Amérique septentrionale*.
42. Le Clercq, *New Relation*.

Selon le dominicain Jean-Baptiste Du Tertre (1610-1687), « à ce seul mot de *Sauvage*, la plupart du monde se figure dans leurs esprits une sorte d'hommes Barbares, cruels, inhumains, sans raison, contrefaits, grands comme des géants, velus comme des ours [...] Au reste, ils ne sont ny velus ny contrefaits[43]... »

Deux siècles après que Thevet eut nié que les Amérindiens avaient de la fourrure, un officier participant à la guerre entre Français et Iroquois, écrivit : « Les Sauvages du Canada sont très différents de l'idée qu'on se fait ordinairement d'eux en France. Loin d'être velus, comme on le croit, ils sont beaucoup moins couverts de poils que nous le sommes[44]. » Aussi longtemps que l'Homme sauvage exista dans l'imagination populaire, il influença la vision européenne de l'Amérindien.

De l'Homme sauvage au Bon Sauvage

Une mythologie nouvelle naît du mélange du folklore européen avec les récits du Nouveau Monde, comme l'illustre bien le succès théâtral, dans le Paris du XVIIIe siècle, d'*Arlequin Sauvage*, pièce jouée pour la première fois au théâtre des Italiens le 17 juin 1721. La pièce de Louis-François Delisle de La Drévetière (1682-1756) a trait à Arlequin ; le personnage, dans ce cas précis, est un Amérindien emmené en Europe, même si le titre évoque l'Homme sauvage. Comme celle de ce dernier, la personnalité d'Arlequin n'est pas encore formée ; il agit de manière à entrer en conflit avec la loi, qu'elle soit écrite (lors d'une rencontre avec un marchand, lorsqu'il confond des biens proposés avec un cadeau) ou non écrite (ses aventures amoureuses avec Violette). La véracité simple d'Arlequin finit par l'emporter sur les considérations sociales, et il obtient la main de Violette. Cette fable sur le triomphe du Bon Sauvage fait apparaître la dernière mutation de l'Homme sauvage en un « parangon de la vertu perdue dans une civilisation qui s'épanouit[45] ». L'élimination des aspects bestiaux et démoniaques de l'Homme sauvage a comme résultat l'apothéose du Bon Sauvage, destin qu'il partage avec l'Amérindien pendant le XVIIIe siècle et qui fournit un pendant folklorique à la christianisation des peuples du Nouveau Monde « autrefois sauvages, mais aujourd'hui évangélisés[46] ».

---

43. Du Tertre, *Histoire générale des isles*.
44. D'Aleyrac, *Avantures militaires*.
45. Bernheimer, *Wild Men*.
46. Chaulmer, *Le Nouveau Monde*.

L'idée du « noble sauvage » est évidemment aussi vieille que celle de l'Homme sauvage, étant donné qu'il s'agit d'un autre aspect du même concept général. Suivant la théorie élaborée par Bernheimer, cette évolution révèle le malaise qu'éprouvaient les Européens à l'égard de leur propre civilisation, surtout devant sa violence organisée. On peut aussi discerner un autre type de transformation mythique dans *La Reine des fées*. Au cours des épisodes de la forêt, Hellenore abandonne son mari et part vivre avec des satyres joueurs de cornemuse ; un Homme sauvage enlève Amoret ; et enfin, Serena est conquise par des Sauvages qui « vivent de vol et de pillage », privant les pauvres hommes des fruits de leur labeur. Ces Sauvages sont sur le point de manger Serena au cours d'un sacrifice cannibale, lorsqu'elle est secourue par Sir Calepine. Dans cette présentation d'une situation évolutionniste, les satyres animaux sont dominés par leur sensualité et passent leur temps à danser et à festoyer ; l'Homme sauvage allie en lui la sensualité et le cannibalisme animal ; enfin, les Sauvages, bien qu'ils soient disposés à manger Serena tout de suite, sont persuadés par leur prêtre de la sacrifier plutôt à leur dieu ; elle aurait quand même été mangée, mais dans le cadre d'un rituel sacré. C'est ainsi que la sensualité bestiale se transforme en sacrifice sanglant aux dieux.

Avant que les Amérindiens ne méritent cet honneur, les Européens donnèrent à plusieurs peuples de l'Ancien Monde le rôle du noble sauvage. À l'âge des découvertes, les Scythes étaient les favoris. Selon Boas et Lovejoy, « à partir du IVe siècle av. J.-C., les Scythes furent pour les anciens ce que les Indiens d'Amérique furent pour les primitivistes du XVIe au XVIIIe siècle de l'Europe moderne[47] ». L'Europe chrétienne, qui réinvente l'idéal de l'âge d'or sous la forme du Jardin d'Éden, crée deux traditions à propos des Scythes. La première en fait des gens admirables, la seconde des êtres détestables ; mais dans les deux cas, on les prend pour des sauvages. Après leur soudaine apparition dans le champ visuel des Européens, il est relativement simple de faire entrer les Amérindiens dans les schémas existants, d'autant plus qu'il semble y avoir des ressemblances entre les deux populations de « sauvages » de l'Ancien et du Nouveau Monde.

---

47. *Documentary History*, Boas and Lovejoy, édit.

Ceux qui les fréquentent reconnaissent vite l'inexactitude de la vision d'Amérindiens vivant « comme bestes irraisonnables, ainsi que nature les a produits[48]... » Claude fait observer :

> A la verité je pensois toujours trouver des bestes feroces, des hommes totalement agrestes, rudes & Sauvages (comme nous les appellons) mais je me trouvay bien esloigné de mon compte. Car pour ce qui est de la perfection de sens naturels, soit exterieurs soit interieurs, je ne rencontray jamais personne & n'ay ouy parler d'aucune nation qui les excellast[49].

Du Tertre et d'autres sont d'avis que les Amérindiens n'ont de sauvage que le nom, et on trouve dans les *Relations des jésuites* plusieurs assertions suivant lesquelles les façons de procéder des Amérindiens ne sont pas celles de vraies bêtes. Pourtant, au lieu de convaincre les Européens que les Amérindiens ne sont pas des sauvages, de tels jugements passent pour une défense du Bon Sauvage. On accuse d'ailleurs parfois les jésuites de s'intéresser plus à prouver que les « sauvages » possèdent une civilité viable qu'à tenter de les évangéliser. Les Européens, lorsqu'ils transforment l'Amérindien en un personnage idéalisé et essentiellement irréel, le privent de sa place de frère, de semblable, tant comme individu que comme être social. Même des honneurs aussi simples que de constituer un héros crédible dans une pièce de théâtre lui sont refusés. En même temps, on trouve vite un emploi pour le Bon Sauvage : celui d'ingrédient de base pour diverses utopies[50].

La classification des hommes du Nouveau Monde parmi les sauvages se trouve renforcée par la vitesse à laquelle les cultures américaines, même les plus raffinées, sont détruites. Le raisonnement est le suivant : les Empires mexicain et inca ne pouvaient avoir atteint un haut niveau de civilisation, sinon ils ne seraient pas tombés si rapidement : « Comme penserez-vous qu'il ayt esté possible selon la teneur de cet histoire à une centaine de gens dessite ou peu d'avantage conquerir un si grand pays en si peu de temps ? Et sans aucune comparaison de nombre ni de force desconfire une armée innumerable de Barbares en plein champ de bataille[51] ? » Détail ironique de la situation, les Incas et les Mexica partagent avec les Européens la croyance que

48. Thevet, *Singularitez*.
49. Claude, *Maragnan*.
50. Parmi les auteurs français qui s'inspirèrent des Amérindiens pour créer des sociétés littéraires idéales, se trouvait Fénelon, *Les Aventures de Télémaque*.
51. *L'Histoire de la Terre Neuve du Pérou*.

leurs ancêtres ont déjà vécu comme des bêtes, et les Incas considèrent les habitants de l'Amazonie comme des sauvages. Ce qui ne veut évidemment pas dire que tous les Amérindiens étaient prêts à se considérer comme sauvages à l'époque de l'invasion des Amériques par l'Europe. Selon un récit du XVIIe siècle, certains auraient rétorqué qu'à leur avis les Français étaient les sauvages, « parce que nous [les Français] ne vivons pas à leur mode : qu'ils ont leur science, & nous le nostre, comme si il y avoit deux façons de sçavoir les choses dans la vérité[52] ». Mais l'argument qui prévaut finalement est celui de la force ; la puissance est mise sur le même pied que la civilisation. On peut éprouver de la sympathie pour les vaincus, mais, de toute façon, ils se sont révélés d'un ordre inférieur.

Une autre ironie fondamentale dans la confusion, par les Européens, de l'Homme sauvage avec l'Amérindien reste l'horreur de ce dernier à l'égard de la pilosité. Cet aspect frappe à la fois Colomb et Vespucci, ainsi que tous ceux qui auront des liens avec les Amérindiens durant les XVIe et XVIIe siècles. Selon Vespucci, « ils ne laissent aucun poil pousser sur leurs sourcils ni sur leurs cils ni ailleurs sur le corps (à l'exception de la tête) pour cette raison — parce qu'ils jugent cela grossier et animal[53] ». Dans les missions canadiennes, les jésuites observent que leurs ouailles éprouvent de la répulsion pour l'aspect velu des Européens et qu'ils se moquent parfois ouvertement d'eux à ce sujet. Pourtant, l'ironie suprême reste que les Amérindiens possédaient leur propre homme poilu mythologique, lui aussi un être de la forêt. Ce personnage, parfois féminin, dévorait de jeunes enfants plutôt que des femmes et habitait autant les forêts de l'est de l'Amérique que celles de l'ouest. Parmi ses manifestations les plus connues aujourd'hui, on retrouve le *Sasquatch* de l'Ouest canadien, qui est aussi connu des Canadiens que *Big Foot* peut l'être des Américains de la côte du Pacifique.

Ainsi, les phénomènes d'identification des Amérindiens aux sauvages s'effectuent autant sur le plan idéologique que sur celui de la mythologie populaire. Pour les Européens, des rapports suivant lesquels les Amérindiens vivent « mangeans racines, demeurans tousiours nuds tant hommes que femmes[54] » ne sous-entendent pas qu'ils vivent

52. Sieur de la Borde, « Relation des Caraïbes », dans *Recueil de divers voyages*, Justel, compil.

53. Waldseemüller, *Cosmographiæ Introductio*.

54. Thevet, *Singularitez*.

sans la moindre loi, même si c'est habituellement formulé de cette façon, mais plutôt suivant les règles du monde inhumain qui les entoure. Une telle image a aujourd'hui moins de défenseurs puisqu'on n'a encore jamais trouvé de société humaine qui se conforme aux conditions de la vie animale. Par exemple, dans toutes les sociétés humaines étudiées, il y avait des règles contre l'inceste ; si les notions mêmes d'inceste varient d'une culture à l'autre, l'idée d'interdire le mariage à l'intérieur de certains degrés de parenté est universelle. On n'a pas trouvé d'équivalent à ce concept dans le monde animal, bien que des modèles comportementaux peuvent affecter la disponibilité des partenaires. Les hommes de l'âge de pierre d'Amérique et d'Australie, de Mélanésie et de Polynésie peuvent avoir vécu en étroite communion avec le monde de la nature environnante, cela n'implique pas nécessairement une identification des lois de la nature à celles des sociétés humaines.

Au contraire, il se peut fort bien que la vie de chasse et de cueillette qui a prévalu presque tout au long de l'âge de pierre a servi de déclencheur au développement des qualités sociales et intellectuelles nécessaires à l'émergence de l'agriculture et, en fin de compte, à l'explosion technique actuelle. Les capacités d'observation et d'évaluation, la coopération et le partage entre individus qui ont fait le succès du chasseur de l'âge de pierre sont tout aussi essentiels pour l'homme de science de l'ère spatiale.

On ne connaît pas la ligne de démarcation entre la nature et les cultures humaines, non plus que le moment où un individu passe d'un côté à l'autre[55]. On réalise plus nettement à tout instant que même les sociétés humaines les plus complexes techniquement ignorent la nature à leur propre péril. Aux XVIe et XVIIe siècles, en Europe, on perçoit l'ensemble de la nature comme une création à l'intention de l'homme. C'est la tâche de l'homme, créature à l'image de Dieu, de ramener la nature à l'intérieur des concepts d'ordre humain. De ce point de vue, l'homme qui coopérait avec la nature et qui semblait vivre à l'intérieur de son cadre était perçu comme vivant en conformité avec la nature à la manière des « brutes animales ».

Soutenue par une telle idéologie, la croyance des Européens en un homme velu reste fermement ancrée dans le folklore en dépit de l'aug-

55. Lévi-Strauss, *Structures*.

mentation des preuves démentant son existence. Il était plus facile de prouver la fausseté de l'orthodoxie en matière d'habitabilité aux antipodes que d'anéantir la mythologie populaire. Dans le premier cas, il s'agissait d'une argumentation intellectuelle qui pouvait tirer quelque allégresse à contrarier l'autorité ; dans le second, d'un type de croyance qui existait indépendamment de toute connaissance scientifique. La croyance en la licorne illustrait le même phénomène ; la force physique pure de l'Homme sauvage pouvait venir à bout de l'animal mythologique, prouesse que seul l'amour d'une jeune fille pure pouvait égaler. Durant l'âge des découvertes, des licornes ont été signalées dans diverses parties du monde, dont le Canada et la Floride. Thevet, en niant l'existence de la licorne tout comme celle des dragons, des sirènes et des griffons fait preuve de courage. À la vue d'un rhinocéros emmené à Madrid au XVIe siècle, Mendoza fait remarquer que « aucun ont voulu dire que c'est Licorne, mais je ne me le puis persuader, & de mon opinion sont presque tous ceux, qui ont esté au pays où sont les vrayes Licornes[56] ». Cependant, il ne réussit pas à faire mourir la bête mythique ; après tout, le pape Clément VII a offert à François Ier une corne de licorne de trois pieds de long à l'occasion du mariage de son fils, Henri d'Orléans, avec Catherine de Médicis en 1533. Le présent, hors de prix semble-t-il, était aussi utile parce qu'il était censé suinter au contact du poison. Comme le dirent les jésuites à propos des Hurons, il est difficile de mettre fin aux croyances, aussi ridicules qu'elles puissent paraître.

De façon plus importante toutefois, la croyance de l'Europe en la sauvagerie des Amérindiens eut des répercussions profondes dans le domaine de la politique pratique dans le Nouveau Monde. Tout aussi importante fut l'interrelation des attitudes européennes face à celles des Amérindiens qui, loin d'être des sauvages informes dans « l'enfance de la nature », étaient les résultats de cultures ayant évolué pendant plusieurs siècles.

---

56. Thevet, *Cosmographie* (Chaudière).

Deuxième partie

LES PREMIERS CONTACTS ENTRE LES AMÉRINDIENS ET LES FRANÇAIS

CHAPITRE V

LES AMÉRINDIENS DE LA NOUVELLE-FRANCE

Les Européens de la Renaissance se servent de la sauvagerie pour expliquer tout ce qui a trait aux hommes du Nouveau Monde, tant leur façon de vivre que leurs caractéristiques physiques. Par exemple, la capacité des Amérindiens de s'orienter dans la nature n'est-elle pas perçue comme un sens inné, le même instinct que possèdent les animaux ? Aucune expérience ne confirme cette hypothèse : on sait que l'orientation, chez les humains, repose presque exclusivement sur l'observation, la mémoire et l'expérience. La capacité de retrouver son chemin dans la nature dépend de l'intelligence et de la connaissance du pays ; dans une région inconnue, privé de repères et sous un ciel couvert, un Amérindien peut perdre son chemin. Dans ce domaine, le conditionnement culturel fait la différence entre l'Amérindien et l'Européen, le premier maintenant constamment son orientation dans ses déplacements, le second n'en tenant aucun compte. Néanmoins, pour les Européens du XVIe et du XVIIe siècle, le « sens de l'orientation » de l'Amérindien apparaît étrangement animal. Dans le même ordre d'idée, on rapporte que les Brésiliens et les montagnards péruviens peuvent distinguer un Français d'un Espagnol en leur sentant les mains. D'ailleurs, qui d'autres que des sauvages peuvent tenir le désert pour patrie ?

Qui sont ces gens du Nord, en général qualifiés au cours du XVIe siècle d'« idolâtres et brutaux, sans aucune police[1] » ? Thevet trouve

1. Apianus, *Quatre Parties du monde*.

que leurs coutumes ne sont pas très différentes de celles d'« autres peuples barbares » du Nouveau Monde[2]. L'ethnographie moderne a confirmé les ressemblances fondamentales des Amérindiens et de leurs mœurs, fréquemment constatées partout dans les Amériques durant cette période. Par exemple, toutes ces sociétés divisent le travail selon les sexes, et chaque ménage maintient un niveau élevé d'autosuffisance, tant dans les villes-États d'Amérique centrale que sur la côte du Labrador. Un sentiment de responsabilité communautaire fait en sorte que les autres membres de la tribu ont toujours un toit et de la nourriture. Ce qui ne veut quand même pas dire que les cultures de tous les peuples du Nouveau Monde sont uniformes ; de fait, la variété de leurs sociétés n'est dépassée que par celle de leurs langues dont le nombre s'élève à environ 2 000. Il n'existe nulle part ailleurs dans le monde une telle diversité.

Les Amérindiens de la côte atlantique, du Labrador jusqu'au cap Fear (Caroline du Nord), appartiennent à la famille linguistique algique, à l'exception des Inuit et peut-être des Béothuks (dont la parenté avec la famille algique, bien que possible, n'est pas universellement reconnue). D'autres tribus apparentées habitent la région des Grands Lacs. Des petits groupes hurons-iroquois viennent en saison sur la côte pour pêcher ; ils vivent la majeure partie de l'année le long du Saint-Laurent dans des établissements semi-sédentaires tels que Stadaconé et Hochelaga. Il y a aussi les Cinq-Nations des régions du fleuve Hudson et des lacs Finger, les Hurons, les Tionnontatés (Pétuns), les Neutres et les Ériés des Grands Lacs. Les tribus de la famille huronne-iroquoise sont de fait encerclées par des tribus algiques. Les régions au sud de la « grande rivière » sont beaucoup plus densément peuplées que celles situées au nord.

Les Amérindiens de la famille huronne-iroquoise, tout comme certains de la famille algique (Abénaquis, Algonquins et Outaouais, entre autres) pratiquent l'agriculture plus ou moins intensivement. Il est rare qu'ils en dépendent entièrement, puisqu'ils sont à la limite septentrionale de la zone agricole cultivable avec les techniques de l'âge de pierre. Pour leur subsistance, les gens de Stadaconé, par exemple, comptent plus sur les eaux du fleuve que les habitants d'Hochelaga. Les Micmacs, suivant la tradition, ont déjà été des agriculteurs, mais à l'époque des premiers contacts ils sont chasseurs et pêcheurs et ne cul-

2. Thevet, *Singularitez*.

tivent plus que le tabac. Les Abénaquis, qui, durant la première partie du XVIIe siècle, vivent dans des établissements semi-sédentaires, retournent à l'occasion à une plus grande dépendance de la chasse et de la pêche, suivant la pression exercée par le contact avec les Européens. Toutefois, à mesure qu'est mieux comprise la gestion des ressources des chasseurs-cueilleurs, on sent que la délimitation entre les deux modes de vie n'est pas aussi nette qu'on le croyait. Les tribus algiques et inuit du Grand Nord, tout comme les Béothuks, sont des chasseurs et des pêcheurs nomades. Tous ces peuples vivent dans le cadre de sociétés bien développées et plus ou moins complexes, qui veillent autant à leurs besoins individuels que sociaux.

Évidemment, les modes de vie sont, du moins en partie, conditionnés par les moyens de subsistance. Les observateurs du XVIIe siècle rapportent à l'unanimité que le poisson constitue le principal élément de survie des chasseurs et cueilleurs de petits fruits, bien que l'orignal — un des « très grands cerfs semblables aux chevaux[3] » —, l'ours, le castor et le caribou soient des gibiers d'importance, tout comme les oies et les canards au printemps et à l'automne. La pêche est une occupation peu prestigieuse puisque, selon les Amérindiens, n'importe qui peut s'y adonner. Les Français sont souvent contraints de dépendre de la générosité des pêcheurs amérindiens, lorsque la « chance » ne leur a pas souri.

La chasse, elle, exige du talent... et toute la puissance que peuvent réunir des complices surnaturels. Le chasseur acquiert ces esprits protecteurs au cours d'une vision onirique pubertaire. Le bézoard (concrétion pierreuse qui se forme dans le quatrième estomac des ruminants) leur sert de fétiche de chasse populaire ; en Europe, le port de ces pierres est censé protéger contre la peste. Les chasseurs du Nouveau Monde, pour prédire le succès de leurs chasses, ont recours à la scapulamancie (lecture de marques sur les os de l'épaule) et à la voyance, des arts familiers aux Européens. Au nord du Saint-Laurent, où la survie est plus difficile, le spectre de la famine s'exprime par la crainte de *wihtiko*, celui dont l'appétit pour la chair humaine a grandi et qui est devenu le plus terrible des êtres. Dans ces régions, les chasseurs ont une situation ; là où l'agriculture se pratique, les guerriers jouissent de prestige.

3. « The Cabot Legends ».

L'agriculture en pays nordique repose sur le complexe des récoltes triples, connues des Iroquois sous le nom des trois sœurs. Les Européens remarquent que les Amérindiens comprennent la culture de leurs récoltes et choisissent les sols appropriés « avec une rare discrimination ». Ils cultivent assez de plantes pour pouvoir faire du troc et permettre la création de relations symbiotiques. Par exemple, les Hurons fournissent aux Algonquins des produits agricoles en échange de gibier. Les Français donnent aux Tionnontatés des lacs Érié et Ontario le nom de Pétuns parce qu'ils se spécialisent dans la culture du tabac. La pratique répandue à l'époque des premiers contacts consiste à abandonner les champs après un certain temps, et à en cultiver de nouveaux qui ont été défrichés et préparés dans l'intervalle, méthode qui pouvait entraîner le déménagement d'un village entier. La raison habituellement invoquée pour prendre cette décision, soit l'épuisement du sol après cette période, ne représente qu'une explication partielle. L'éloignement de l'approvisionnement en bois de chauffage et la diminution du gibier constituent d'importants facteurs. De toute façon, la structure cyclique de l'agriculture, alliée à la chasse et à la pêche hivernales, se traduit par un mode de vie semi-sédentaire pour les populations agricoles du Nord-Est. Un tel mode de vie cyclique, quel que soit son degré de nomadisme, nécessite une organisation considérable. Cela exige un gouvernement, même en l'absence d'une structure étatique. Le Jeune, qui reconnaît cette organisation chez les Montagnais, explique qu'ils maintiennent la paix et l'ordre dans leur vie quotidienne grâce aux femmes qui « savent ce qu'elles ont à faire, comme les hommes ; et personne ne se mêle jamais du travail de l'autre[4] ».

Tous les peuples des régions boisées du Nord-Est et des Grands Lacs ont en commun la pratique du tatouage et des peintures corporelles[5]. Les premiers auteurs se réfèrent au tatouage sous l'appellation générale de *matachias*, terme qui comprend aussi des broderies de cheveux et de piquants de porc-épic, et, plus tard, des objets de perles. Ces auteurs sont étonnés par la variété et la complexité des motifs qui ornent le corps des habitants du Nouveau Monde ; la ressemblance avec l'art du blason amène un observateur à la conclusion « que l'héraldique est gravée naturellement dans l'esprit de la race humaine ». Le temps et la considération qu'on y accorde, ainsi que le conformisme

4. *JR*, Thwaites, édit., 5 :133 ; 6 :233-235.
5. Lévi-Strauss, *Tristes Tropiques*.

des motifs, indiquent bien l'importance de cette préoccupation. Les modèles expriment non seulement le goût individuel, mais ils servent aussi à l'identification personnelle, à l'affiliation clanique ou à l'enregistrement des exploits et, par conséquent, de la condition sociale ; ils sont le signe de l'âge adulte. Bressani, qui a longuement réfléchi sur la culture amérindienne, fait observer :

> Leurs raisons de se peindre — spécialement pour un usage temporaire — ne sont certainement pas barbares. Cette peinture leur sert en hiver de masque contre le froid et la glace ; dans les combats, elle empêche leur figure de les trahir en révélant leur peur intérieure, les rend plus terribles aux yeux de l'ennemi et dissimule leur extrême jeunesse ou leur grand âge qui pourraient inspirer de la force ou du courage chez leurs adversaires. Elle sert de parure durant les fêtes et les assemblées publiques. Ils peignent aussi les prisonniers destinés au bûcher, comme des victimes consacrées au dieu de la guerre, et ils les parent comme les anciens paraient les leurs. Ils font la même chose à leurs morts, pour les mêmes raisons que nous parons les nôtres[6].

Le peinture corporelle dure pendant toute la période de la Nouvelle-France, malgré la campagne active que mènent contre elle les missionnaires, surtout chez les convertis. Le clergé pense que le Diable inspire cette pratique, la peinture corporelle représentant le refus par l'homme d'être le reflet de l'image divine. Une telle attitude repose évidemment sur une vision particulière de l'image divine.

Les agriculteurs, aussi bien que les chasseurs, utilisent des raquettes, des toboggans tirés à l'aide d'un bandeau et des canots d'écorce de bouleau, dans les régions où pousse cette essence. Les Cinq-Nations, installées dans les régions au sud de l'aire de croissance du bouleau, construisent plutôt leurs canots avec de l'écorce d'orme ; si la charge utile de leurs embarcations peut ainsi doubler ou tripler, leur vitesse décroît beaucoup. Les vêtements de peau sont particulièrement en usage dans les régions nordiques, là où des populations de chasseurs tels que les Montagnais, les Naskapis et les Cris ont conservé certains aspects d'anciennes cultures de la période glaciaire.

Les bains de vapeur sont courants partout dans les régions boisées du Nord-Est, tout comme dans l'Amérique du Nord en général, tant à des fins rituelles qu'hygiéniques. Les agriculteurs d'origine huronne-iroquoise et algique ont en commun l'usage du casse-tête, des pipes à

---

6. *JR*, Thwaites, édit., 38 :253.

effigie et des cabanes longues ; ils entourent leurs villages de palissades, stockent de la nourriture dans des fosses et font de la viande de chien un mets délicat pour leurs festins de cérémonies (une habitude aussi en usage chez les Chinois). Ils partagent encore la coutume du wampum en diplomatie et des dédommagements en cas de meurtre, tout comme ils adoptent ou torturent des prisonniers et font mourir sur le bûcher. Sur le plan politique, ils forment parfois des confédérations, dont la mieux réussie reste celle des Cinq-Nations.

Les liens de parenté des Amérindiens des tribus huronnes-iroquoises et des agriculteurs algiques reposent sur les clans (à l'encontre des Amérindiens algiques du Grand Nord, lesquels n'en possèdent pas) qui, malgré des variations d'un groupe à l'autre, portent des dénominations relatives à l'eau (tortue, castor, anguille), à la terre (loup, cerf, ours) et à l'air (faucon, aigle, corbeau). Les noms d'oiseaux peuvent aussi avoir rapport à l'eau (héron, canard, foulque, etc.)[7]. Les membres prétendent descendre d'un ancêtre commun, mais il s'agit d'une parenté fictive et non pas de liens du sang. Si la descendance est matrilinéaire chez les Amérindiens hurons-iroquois, elle est soit patrilinéaire, soit matrilinéaire chez ceux de la famille algique. Toutefois, l'organisation communautaire tend à dériver non pas tant des clans que des moitiés (en anglais *moiety)* dont la structure et la fonction diffèrent d'une tribu à l'autre. Chez les Cinq-Nations, elles sont composées de clans et exogames ; chez les Renards (tribu algique des Grands Lacs), elles sont endogames et ne tiennent aucun compte de leurs clans. Ce double mode de représentation peut se manifester lorsqu'il s'agit de mettre de l'ordre dans quantité d'événements sociaux tels que les mariages, les échanges, les fêtes, les cérémonies ou les compétitions sportives, qui ne relèvent pas de prérogatives claniques. Bien que cette dualité soit constante, les institutions par lesquelles elle s'exprime chez les populations du Nord-Est et de partout ailleurs ne possèdent pas seulement une structure diversifiée, mais varient de permanentes à très instables. Cela pénètre même les liens de parenté, où les ressemblances, les divergences et les transformations sont telles qu'elles mènent Lévi-Strauss à faire observer :

> Dans les sociétés composées de clans unilinéaires et exogames, le système des noms claniques est presque toujours à mi-chemin entre l'ordre et le désordre. Ceci semble être la seule explication à l'action combinée de

7. Lévi-Strauss, *La Pensée sauvage*.

> deux forces : l'une, d'origine démographique, incitant à la désorganisation ; l'autre, d'inspiration intellectuelle, incitant à la réorganisation la plus ressemblante possible avec la situation antérieure[8].

De telles tensions institutionnelles ont un contrepoids : la réciprocité, un aspect de la dualité d'une importance fondamentale pour les sociétés « tribales » partout dans le monde, et le fondement du plus ancien système juridique connu. L'échange, qui possède les caractéristiques de l'échange de cadeaux autant que du commerce au sens européen du mot, constitue la base de cette réciprocité. En plus de leur valeur économique, ces échanges comportent des aspects magiques, sociaux, religieux, politiques, judiciaires et moraux. En d'autres mots, ils constituent « un acte social total[9] ». Les contacts entre les populations algiques ou huronnes-iroquoises et les Européens se transforment presque immédiatement en rapports commerciaux, d'ordre essentiellement économique pour les Européens, mais représentant aussi, entre autres choses, pour les Amérindiens des alliances militaires ; ces différences d'attitude seront plus tard source de malentendus.

L'égalitarisme qui marque l'organisation sociale des Amérindiens du Nord-Est, et que les premiers missionnaires tendent à percevoir comme l'indice d'un manque d'ordre et de subordination, s'exprime surtout dans les relations d'ordre spirituel. Alors que dans ses rapports avec les esprits, chacun reste autonome (même dans les cas où il y a intercession d'un chaman), en matière de production et d'économie, les individus travaillent à l'intérieur d'un tissu d'obligations et de privilèges fondés sur la réciprocité. Les peuples des régions boisées du Nord-Est pratiquent le chamanisme, le culte de l'ours, et des rites de tremblement de tente ; quelques-uns d'entre eux, dont les Micmacs et les Naskapis, ont une considération particulière pour le soleil. La fonction de chaman n'est pas héréditaire puisqu'elle exige des qualités personnelles exceptionnelles et un très long apprentissage. La maîtrise du temps, les prédictions, l'interprétation des rêves, la recherche d'objets perdus et les guérisons font partie des prouesses des chamans, les plus importantes étant l'interprétation des rêves et la guérison des malades.

Ces Amérindiens partagent aussi certains mythes et héros culturels : le géant Gluskap des Micmacs, des Malécites et des Abénakis ; le nain Tcïkpai, des Montagnais-Naskapis ; et Nanabozho, le

8. Lévi-Strauss, *La Pensée sauvage* (retraduction).
9. Mauss, *Sociologie*.

transformateur-joueur de tours des Algonquins, entre autres. Les mythes qui se rattachent à ces êtres ainsi qu'à Aataentsic, la mère du genre humain chez les Hurons-Iroquois, ont tous à voir avec la nature du monde, avec la manière dont les hommes s'y sont intégrés et sont devenus civilisés. Autrement dit, ils fournissent tous un point qui permet de saisir l'univers dans son ensemble, et de faire entrer une tribu particulière dans un modèle universel. La géographie tend à s'interpréter en totems et en mythes. Les Micmacs, les Malécites et les Abénakis voient des preuves de la présence de leur héros civilisateur Gluskap dans la nature — un rocher allongé devient le canot de Gluskap ; une veine de pierre blanche les entrailles d'un orignal qu'il a tué ; et une montagne son chaudron de cuisine à l'envers. Le désir d'établir un lien avec l'univers entier apparaît aussi dans les rôles prévus pour les morts dans les cérémonies, malgré l'absence d'une véritable vénération des ancêtres.

Un regard plus attentif à quelques-uns des peuples de la côte nord-atlantique, du Saint-Laurent et d'une partie de l'arrière-pays à l'époque des premiers établissements français permanents, révèle une riche succession de cultures vigoureuses. Bien avant la colonisation, les Européens exercent une influence aux effets extrêmement variables sur ces sociétés. On perçoit déjà des structures d'alliances et d'antagonismes qui se concrétiseront durant la période coloniale. Les Iroquois du Saint-Laurent sont ici exclus puisqu'ils avaient disparu en tant que groupe au moment de l'établissement des Français. On sait toutefois qu'ils avaient partagé le style de vie des Hurons auxquels ils pourraient s'être assimilés.

Les Béothuks

Les premières descriptions des Béothuks de Terre-Neuve sont presque unanimes : ils sont « inhumains et sauvages ». Jacques Cartier donne plus de précisions :

> Ilz ont leurs cheveux liez sur le dessus de leurs testes, en façon d'une pougnye de fain teurczé [torsadé], et ung clou passé parmy, ou aultre chose ; et y lient aulcunes plumes de ouaiseaulx. Ilz se voistent de peaulx de bestes, tant hommes que femmes[10]...

10. Cartier, *Voyage*.

Jean Fonteneau, appelé aussi Jean Alfonse (1484-1544), le meilleur navigateur français de son époque, écrit au sujet des Béothuks : « Les gens sont grands & tirent sur le noir [...] Ils n'ont non plus de Dieu que les bestes, & sont mauvaises gens [...] Les gens se nomment Tabios. Ils vivent de poisson, chair, & fruitz d'arbres[11]. » L'érudit Pierre Crignon (v. 1464-1540), qui gagna des prix de poésie à Rouen et accompagna les frères Parmentier lors d'au moins un de leurs voyages, affirme : « Entre le cap de Ras et le cap des Bretons habitent des peuples rudes et cruels avec lesquels on ne peut ni pratiquer ni converser[12]. »

Malgré de telles attitudes, rien n'indique que les premiers contacts sont ouvertement hostiles. Durant la première partie du XVIe siècle, les Basques laissent leur attirail de pêche et leurs bateaux dans les ports baleiniers hiver après hiver sans pertes ni dégâts. Toutefois, à la fin du siècle, la situation s'est envenimée au point que les pêcheurs arment leurs *pataches* pour se protéger contre les raids. L'hostilité que Béothuks et Inuit du Labrador manifestent en commun est attribuée au meurtre de la femme d'un chef inuit, perpétré de manière particulièrement violente par un marin (ou un chirurgien) malouin. Dans certaines régions, les activités de pêche des Anglais sont entravées « parce que les sauvages de ce pays habitent là ; plusieurs d'entre eux viennent en secret chaque année dans la baie et le port de la Trinité, la nuit, dans le but d'y voler des voiles, des lignes, des crochets, des hameçons, des couteaux et d'autres objets semblables[13] ».

À l'arrivée des Européens, les Béothuks occupent apparemment la majeure partie de l'île de Terre-Neuve, passant alternativement de la pêche côtière à la chasse au caribou à l'intérieur des terres, suivant la disponibilité saisonnière des espèces. Ils ont du maïs, ce qui révèle des rapports commerciaux avec le Sud, étant donné qu'eux-mêmes ne cultivent pas. Ils se retirent rapidement vers l'intérieur des terres à mesure que des pêcheurs s'établissent le long de la côte. En 1583, Edward Hayes, qui rédige un rapport sur l'expédition de Humphrey Gilbert, écrit : « Dans les régions du sud nous ne trouvâmes pas d'habitants, qui selon toute probabilité avaient quitté ces rivages, ces mêmes [lieux] étant très fréquentés par les Chrétiens ; mais dans le nord il y a des sau-

11. Fonteneau, *Voyages avantureux*.
12. Ramusio, *Navigations et Voyages*.
13. Whitbourne, *Discourse and Discovery*.

vages, absolument pas méchants[14]. » Un des « amiraux de pêche » des Grands Bancs les plus connus, Sir Richard Whitbourne (v. 1579-1626), note en 1620 qu'il n'y a que quelques indigènes. Lahontan reste avec l'impression que les seuls indigènes de l'île sont des Inuit qui ne font que passer. Selon une estimation, la population de Béothuks s'élève à 500 en l'an 1600.

Les Béothuks auraient été les premiers à porter le nom de Peaux-Rouges à cause de leur habitude de couvrir leur corps, leurs vêtements et leurs biens d'ocre rouge. Les Brésiliens et les Antillais peuvent aussi revendiquer le même titre, puisqu'ils se peignent eux aussi le corps en rouge. Dans leur cas, ils se servent de bois de teinture ou du rocou, la graine du rocouyer. Le rocou, à l'instar de l'ocre rouge, est un insectifuge.

Même si Whitbourne est d'avis qu'établir une mission permettrait d'amener les Béothuks au niveau de la civilité européenne, ni les Français ni les Anglais n'en fondent une seule. De fait, c'est plutôt le sentiment contraire qui prévaut. Selon une bonne source, les Français mettent leurs têtes à prix, et les Anglais profitent de toutes les occasions pour les chasser. La dernière représentante connue des Béothuks meurt en 1829. On présume que l'impossibilité d'accéder à la mer et à ses ressources nourricières est partiellement responsable de leur disparition. Pour les Européens, jamais les Béothuks n'ont eu le droit de défendre leurs terres devant une intrusion étrangère.

Les Micmacs (Acadiens, Gaspésiens, Souriquois, Tontaniens, Tarrantines, Toudamans)

À l'opposé des Béothuks, les Micmacs s'arrangent relativement bien avec les Européens ; si les niveaux de population peuvent servir d'indication, c'est eux qui, parmi les groupes côtiers, réussissent le mieux. Parmi les premiers (sinon réellement les premiers) habitants d'Amérique du Nord à entrer en contact avec les Européens, ils parviennent à rester sur leurs terres ancestrales comme intermédiaires de commerce, puis comme guérilleros durant les guerres coloniales. Selon le témoignage de Membertou en 1610, les Micmacs ont déjà été « aussi dru semé que les cheveux de la teste » ; mais, après l'arrivée des Français, les mauvaises habitudes de consommation d'aliments et de boissons

---

14. Hakluyt, *Principal Navigations*.

qu'ils prennent réduisent grandement leur nombre. Hoffman estime qu'il n'est pas impossible que leur population ait atteint 6 000 avant l'arrivée des Européens. Le commerçant rouennais Étienne Bellenger (v. 1580-1584), qui soutient qu'il existait une grande population avant l'arrivée des Blancs, mentionne la présence, sans doute près du cap Sable, de 80 maisons abritant de nombreuses familles. En 1612, le père Biard estime leur nombre à moins de 2 000, évaluation qu'il ramène quatre ans plus tard entre 3 000 et 3 500. Un siècle et demi après, aucune variation notable n'est enregistrée.

Les Micmacs vivaient dans la péninsule gaspésienne, dans le Nouveau-Brunswick d'aujourd'hui, à l'est du bassin hydrographique du fleuve Saint-Jean, partout en Nouvelle-Écosse, y compris dans l'île du Cap-Breton, ainsi que dans l'île du Prince-Édouard, un ensemble de terres qu'ils appellent Megumaage. Ce sont les Toudamans dont parle Cartier, probablement les Tontaniens de Thevet et les Tarantines (ou Tarrantines) des colons anglais. Les Micmacs sont les Souriquois des premiers Français. Leur langue est apparentée à la langue crie, la plus répandue de la famille linguistique algique, ainsi qu'à celle des Arapahos des Plaines centrales.

On connaît les sites de quelque 46 villages d'été micmacs. La construction de leurs wigwams et de leurs maisons d'écorce est si soignée qu'il ne pleut jamais à l'intérieur ; ils les décorent de peintures d'animaux. Des études archéologiques confirment l'usage de la poterie par les Micmacs, comme l'avait rapporté Lescarbot ; des découvertes récentes révèlent un ancien ensemble culturel qui suggère des liens avec l'Ohio. Des preuves archéologiques indiquent que le modèle d'activité cyclique a subi des modifications sur toute la côte à l'époque des contacts avec les Européens. Dans le Maine, durant les années 200 à 1100, certains campements sont occupés vers la fin de l'hiver et au début du printemps ; toutefois, vers 1500, l'occupation se fait vers la fin du printemps et pendant l'été. Le commerce avec les Européens peut avoir constitué un facteur de changement, tout comme d'éventuelles modifications climatiques.

Parce que les produits de la mer sont plus faciles d'accès que ceux de la terre, la mer fournit 90 pour cent de la nourriture des Micmacs. Habiles marins, ils s'adaptent rapidement à des embarcations européennes comme la chaloupe. Bartholomew Gosnold (décédé en 1607) rencontre des Amérindiens dans une chaloupe basque en 1602. Quand Lescarbot accoste à Canso, deux chaloupes viennent à sa rencontre ;

celle dont la voile est ornée d'un « orignal mâle » (élan d'Amérique) possède un équipage d'Amérindiens. Les baleiniers, tant français que basques, ont décrit les Micmacs comme « suffisamment désireux d'entrer au service des Européens pour quelques menus objets ou un petit salaire, et pour faire toutes sortes de travaux tels que le nettoyage et l'abattage des baleines ».

Leur organisation sociopolitique unique leur permet de maintenir un mode de vie agricole dans un milieu non agricole. Megumaage est divisé en sept districts, dont le principal est Oonamagik (l'île du Cap-Breton). Les chefs régionaux, aidés dans leur tâche par des conseils d'anciens, reconnaissent des « grands chefs », dont l'hérédité est évaluée en fonction d'une filiation paternelle. Membertou, l'un des plus anciens et des plus utiles alliés des Français dans cette région, est un de ces grands chefs. Limitée parce qu'elle repose sur des relations de parenté et, par-dessus tout, sur des qualités personnelles comme le fait d'être un grand chaman ou un bon orateur, l'autorité de chaque chef ne lui donne aucun pouvoir de contrainte. Il s'agit d'un trait distinctif du commandement chez tous les peuples du Nord-Est, même ceux dont la structure sociale est plus élaborée, comme les Hurons-Iroquois. La croix, un des symboles micmacs, cause un étonnement considérable chez les premiers missionnaires, qui concluent à l'existence de contacts antérieurs des Micmacs avec des chrétiens.

Cartier trouve les Micmacs en guerre avec les Stadaconiens, et ces derniers lui montrent des scalps qu'ils ont pris. Ce genre de conflits est à l'origine du nom de l'île au Massacre. Lescarbot qualifie les hostilités entre les Micmacs et les Armouchiquois, au sud, de perpétuelles. La culture des Micmacs, ennemis jurés des Béothuks, s'apparente à celle des Malécites.

Les Malécites (Etchemins, Éteminquois)

En dépit de similitudes dans leurs coutumes, les Micmacs et les Malécites parlent des langues différentes, à l'exception de quelques emprunts de vocabulaire ; par exemple, *mel'asit* est un mot micmac signifiant « langue altérée » ou « mauvaise langue ». C'est ce que dit l'abbé Pierre Maillard (v. 1710-1762), qui écrit en 1758 : « Les Mikmaques et Marichites, qui, malgré des langues différentes, ont les mêmes coutumes et manières [...] ont la même façon de penser et d'agir[15]. » Les Malécites ont aussi des liens avec les Abénaquis, plus au sud :

> Les Marichites [...] établis surtout à Saint-Jean [...] sont souvent confondus avec les Abénaquis, assez pour passer avec eux pour une seule nation, bien qu'il y ait certainement quelque différence. Ils étaient, jusqu'à récemment, dans un état d'hostilité constante avec les Mikmaques[16].

Les « Etchemins » de la rivière Sainte-Croix, dont fait mention Champlain en 1604, comprennent sans doute les Pesmocodys, une tribu très proche des Malécites et appartenant à la même famille linguistique. À l'époque des premiers contacts avec les Européens, on rapporte que les Malécites occupaient la région entre Port-Royal et la rivière Kennebec. Biard estime en 1612 à moins d'un millier les « Éteminquois » ; plus tard, en 1616, il calcule que le nombre d'« Éteminquois » s'élève à 2 500. Il écrit qu'ils maintiennent des relations avec les Français, par le biais de la pêche à la morue et du commerce de la fourrure. L'épidémie qui ravage les populations de la côte vers 1617 semble avoir frappé brutalement les Etchemins.

Les Micmacs emploient une autre appellation peu flatteuse pour les Malécites : la « Nation du rat musqué ». L'appellation provient de ce que l'animal fait partie de leur alimentation, alors que les Micmacs refusent d'en manger. L'économie malécite repose sur l'exploitation des ressources de l'intérieur du pays, telles que les poissons d'eau douce et le caribou ; les Pesmocodys, eux, chassent les mammifères marins.

Micmacs et Malécites ont un ennemi commun : les Agniers, auxquels s'ajouteront plus tard les Anglais. Ils partagent avec les Abénakis et les Etheminquis des alliés communs : les Français. Toutefois, cette alliance n'est pas une garantie d'accord entre les Amérindiens. Les Français se querellent entre eux, attisant chez leurs alliés d'anciennes animosités. C'est le cas de deux gouverneurs de l'Acadie, Charles de Menou d'Aulnay (v. 1604-1650) et Charles de Saint-Étienne de La Tour (v. 1593-1666), que des conflits de juridictions opposent dans une guerre civile qui s'étend de 1635 à 1650. En général, les Malécites et les Micmacs donnent leur appui à La Tour, et les Pentagouets à d'Aulnay.

15. [Maillard], *Customs and Manners*.
16. *Ibid.*, iv.

Malgré cela, les Malécites, les Micmacs et les Abénaquis accordent un appui ferme aux Français durant toute la colonisation française.

Les Abénaquis (De l'Est : Arosaguntacooks, Canibas, Pégouakis, Pentagouets, Arosagunticook, Norridgewock, Penobscot, Pigwacket ; *de l'Ouest : Loups (Schaghticokes), Penacooks, Socoquis, Cowasucks, Missiquois, Sokokis.)*

Comme la liste qui précède le laisse supposer, on ne peut déterminer avec précision lesquelles des tribus agricoles du Nouveau-Brunswick et du Maine, à l'est du lac Champlain, portèrent, durant les XVIe et XVIIe siècles, l'appellation d'Abénaquis ou de Wabanakis, « ceux qui vivent vers le soleil levant » ; on sait que leur langue avait deux formes : une orientale, l'autre occidentale. Leur situation géographique fait en sorte que les tribus de l'Est sont obligatoirement les premières à rencontrer des Européens. C'est elles qui possèdent la terre que décrit Purchas dans *The Description of the Country of Mawooshen,* paru en 1602, et qu'on connaît aussi sous le nom de Norumbega. Suivant Purchas, 14 000 âmes vivent là dans des villages semi-permanents, sous l'autorité de Bessabes, le grand sagamo abénaquis de l'Est ; une évaluation actuelle, plus modérée, limite leur nombre à quelque 10 000. À la suite de la dévastation qu'entraîne l'épidémie de 1617, des orateurs venus de l'est se réunissent autour des bassins des rivières Penobscot et Kennebec. Au début du XVIIIe siècle, parmi les quatre missions abénaquises de l'Est répertoriées en Acadie, deux (Narantsouak ou Norencouan et Panouamké) ne compteraient que des Abénaquis, tandis que les deux autres (Pesmocadie ou Passamaquoddy, et Medockeck ou Medoctet) regrouperaient aussi des Malécites. Les Français donnent aux Abénaquis de l'Ouest vivant entre le bas Chouacouët (aujourd'hui Saco) et le lac Champlain, entre autres tribus, l'appellation générale de Loups.

Le grand nombre de peuplades connues des premiers Français sous le nom d'Armouchiquois (ou Almouchiquois), ennemis jurés des Micmacs, sont des Abénaquis de l'Est et incluraient aussi d'autres groupes amérindiens. Selon un cosmographe du XVIIe siècle, la terre des Armouchiquois s'étend de la rivière Kennebec jusqu'à Malebarre. Si on en juge par les récits fort peu flatteurs à leur sujet, les Français partagent l'antipathie des Micmacs envers leurs voisins du Sud. Selon l'érudit chroniqueur Pierre-Victor-Palma Cayet (1525-1610), les Armouchiquois sont difformes et de faible taille, ont une petite tête, et leurs genoux, lorsqu'ils s'assoient sur leurs talons, dépassent leurs têtes de plus d'un demi-pied. D'autres rapports font état d'Armouchiquois qui « sont fort rusez & traîtres, & machinent toujours quelques surprises quand on les caresse ; ainsi on est obligé de les faire craindre, & de les traiter avec hauteur ». Ils sont aussi soupçonnés de cannibalisme[17]. Même si on peut difficilement parler de premiers contacts amicaux, aucun conflit n'éclate, comme cela s'est produit avec les Béothuks. La première rencontre avec les Abénaquis de l'Ouest, en 1642, est de meilleur augure. Des Algonquins, alliés des Français, emmènent à Trois-Rivières un prisonnier socoquis qu'ils croient être Iroquois ; quand l'erreur est découverte, les Français libèrent le prisonnier, ce qui leur assure l'amitié des Socoquis.

À mesure que les hostilités augmentent avec leurs ennemis traditionnels iroquois et s'intensifient avec les colons anglais, les Abénaquis de l'Est, et plus tard ceux de l'Ouest, se retrouvent du côté des Français et alliés avec leurs anciens ennemis les Micmacs. Un stratagème destiné à forcer Mog, un chef abénaquis de l'Est, habitant dans la région de la Kennebec, à signer un traité en 1676, ne parvient pas à imposer un consentement aux empiétements territoriaux des colonies. Ce sont les Abénaquis qui, avec les Français, ravagent les régions frontalières du nord de la Nouvelle-Angleterre, jusqu'à ce que les Anglais détruisent Narantsouak et que survienne la défaite de Pequaket en 1725. Les Abénaquis prennent aussi part aux expéditions françaises contre les Iroquois, avec de La Barre en 1684, Denonville en 1686 et Frontenac en 1693. Aux côtés des Micmacs, ils sont alliés à Joseph-François Hertel de La Fresnière lors du raid contre Salmon Falls, dans le Maine, en 1690 ; puis à Pierre Le Moyne d'Iberville, Simon-Pierre Denys de Bonaventure et Jean-Vincent d'Abbadie de Saint-Castin, lors de la prise de Pemaquid en 1696. Leur engagement dans les luttes coloniales sera un désastre pour les Abénaquis qui seront réduits à une fraction de leur population d'avant l'arrivée des Blancs et finiront par perdre leurs anciennes terres. Durant la seconde moitié du XVIIe siècle, ils avaient commencé à remonter vers le Canada ; en 1670, des Socoquis sont installés à Montréal et à Trois-Rivières, et avant la fin du siècle, d'autres groupes vivent sur les rives de la rivière Chaudière, à Saint-François (aujourd'hui Odanak), et à Bécancour, sur la rive sud du Saint-Laurent.

17. Corneille, *Dictionnaire universel*, 1, article « Armouchiquois ».

Les Montagnais et les Naskapis (Innu)

Alors que les Abénaquis quittent leurs terres ancestrales à cause de l'invasion européenne, les Montagnais et les Naskapis, suivant leurs propres traditions, migrent vers les terres subarctiques, repoussés là par les Iroquois, avant l'arrivée des Européens. Installées sur la rive nord du Saint-Laurent, entre la côte atlantique et le Saint-Maurice et, vers le nord, jusqu'à la baie James et l'océan Arctique, ces tribus algiques de chasseurs, étroitement apparentées et parlant une langue proche de celle des Cris, partagent une culture reposant sur l'économie de la taïga. Les Naskapis du Labrador sont des pêcheurs et des chasseurs de caribou ; pour leur part, les Montagnais, vivant dans les régions boisées de l'intérieur des terres, chassent l'orignal en hiver et pratiquent la pêche en eau douce durant l'été. Les Naskapis emploient des peaux de caribou pour recouvrir leurs habitations et portent des vêtements taillés à la manière des Inuit ; les Montagnais se servent d'écorce de bouleau pour leurs constructions, et la confection de leurs vêtements est moins soignée. Les deux tribus, mais plus particulièrement les Naskapis, ornent leurs vêtements de dessins géométriques, dont un « motif à double courbe » peint ou imprimé en creux, principalement en rouge. Il s'agit du « lacet de cuir » décrit par Biard. Les femmes montagnaises et naskapies portent leurs bébés dans des corbeilles de mousse, plutôt que dans les *tikinagen*, sorte de planche porte-bébé qu'emploient les peuples des forêts vivant au sud et à l'ouest. Tout comme chez les Micmacs et d'autres groupes algiques, le futur marié a l'habitude de se mettre au service de sa belle-famille pendant un an avant d'être autorisé à emménager dans sa propre demeure.

C'est après avoir vécu avec les Montagnais dans leurs lointaines forêts que Le Jeune rédige sa célèbre description :

> Il semble que l'innocence bannie de la plus part des Empires & des Royaumes de l'Univers s'est retirée dans les grands bois où habitent ces peuples ; leur nature a ie ne sçay quoi du bontez du Paradis Terrestre devant que le peché y entrant : leurs exercices n'ont rien de faste, ny de l'ambition, ny de l'avarice, ny des plaisirs, qui corrompent nos villes[18].

D'Avity fait ressortir ceci quand il écrit, à propos des Attikamègues du Saint-Maurice (tribu apparentée à la famille algique, qui cessa d'exis-

---

18. *JR*, Thwaites, édit., 32 :283.

ter comme entité au XVIIe siècle ; plusieurs ancêtres des Têtes-de-Boules, qui habitent aujourd'hui le haut Saint-Maurice, pourraient avoir été attikamègues) : « lesquels quoy que ce soit la nation la maoins instruite, donnent de plus solides [preuves] d'une bonté vrayement Chrestienne, & ont plus de disposition & d'inclination à la Foy que les autres[19] ».

Les Naskapis se battent avec les Inuit ; les Montagnais, eux, sont les ennemis des Iroquois. Lorsque Champlain rencontre les Montagnais pour la première fois à Tadoussac, ils célèbrent une victoire avec les Algonquins et les Etchemins ; il est leur allié lorsqu'il tire son fameux coup qui abat trois chefs iroquois.

Les Montagnais et les Naskapis paraissent avoir fait du commerce et s'être alliés à des Européens dès leur arrivée en Amérique. Ils pourraient avoir été ceux qui firent des signaux de fumée à Cartier, dans le détroit de Belle-Isle pour l'inviter à venir faire du commerce. Il rapporte qu'ils ne craignent pas de monter à bord du bateau français. Il semble que le commerce ait attiré initialement les Montagnais-Naskapis vers le Saint-Laurent. Un commentaire de d'Avity, au sujet de la grande quantité de présents qui marque l'installation du chef Étouat, indique bien comment les Montagnais prospèrent grâce au commerce des fourrures. Étouat profite à la fois du fait qu'il est chrétien et ami intime des Français ; la cérémonie de son installation reflète d'ailleurs une influence française.

Malgré leur éloignement et la position, à l'origine favorable, qui leur permet de tirer profit du commerce des fourrures, les Montagnais et les Naskapis subissent des baisses de population à partir de l'arrivée des Européens. Leur nombre à cette époque est estimé à 5 000, chiffre que l'anthropologue Diamond Jenness croit en deçà de la réalité. Aujourd'hui, les tribus naskapie et montagnaise regroupent plus de 10 000 membres. Lorsqu'ils s'établissent à Québec en 1608, les Français contournent les Montagnais. Voyant alors décliner leur position dans le commerce des fourrures, ceux-ci tendent à se retirer à nouveau dans leur place forte septentrionale.

Les Algonquins et les autres groupes apparentés

Situés entre les Montagnais à l'est et les Sauteux à l'ouest, les Algonquins sont alliés aux Montagnais et aux Hurons contre les Iroquois. Groupe de

---

19. D'Avity, *Description générale*.

tribus apparentées (Petite Nation ou *Weskarini*, Onnontaehronnon), ils vivent en étroite union avec les Hurons qui leur offrent des produits agricoles contre de la viande et des peaux et hivernent souvent avec eux. Au début du XVIIe siècle, ils viennent à Québec avec les Hurons pour y faire du commerce, et ils semblent se considérer comme intermédiaires entre les Hurons et les Français. Ils tentent sans aucun doute d'empêcher les Français de se rendre en Huronie, tout comme les indigènes de Stadaconé essayèrent d'interdire à Cartier la remontée du Saint-Laurent. L'habitude qu'ils ont d'imposer des droits de passage aux canots hurons chargés de fourrures lors du portage de l'île aux Allumettes, sur la rivière des Outaouais, démontre la vive compréhension qu'ils ont de leurs droits dans ce nouveau commerce. Les Hurons se plaignent bien de cette situation, mais ils prélèvent eux-mêmes un tribut sur les biens qui transitent par la Huronie, ce qui est conforme à la pratique générale des Amérindiens d'imposer un droit de passage à qui traverse un territoire dans le but de faire du commerce. En plus de leurs relations commerciales avec les Français, les Algonquins cherchent à s'entendre avec les Hollandais, mais l'interposition des Agniers contrecarre leurs plans. À l'instar des Micmacs, des Malécites et des Abénaquis, ils demeurent des alliés fidèles des Français pendant les guerres coloniales.

Les Algonquins partagent diverses caractéristiques culturelles avec des groupes étroitement apparentés tels que les Outaouais et les Ojibwés, avec des groupes associés comme les Mississagués et les Sauteux les plus à l'ouest, ainsi qu'avec les Cris, au nord et à l'ouest. Les Algonquins, comme les tribus huronnes-iroquoises, construisent des cabanes longues, et l'une des tribus de leur famille, les Népissingues, célèbre une fête des morts semblable à celle des Hurons. Les Algonquins et les Outaouais cultivent la terre, mais la chasse constitue leur principal moyen de subsistance. À l'encontre de certains de leurs voisins, ils ne torturent pas leurs prisonniers de guerre. Après la dispersion des Hurons, les Outaouais (qui avaient d'abord habité l'île Manitoulin et ses environs avant de prendre de l'expansion) amènent avec succès quelques convois jusqu'à Montréal, mais s'avouent incapables de poursuivre leurs activités d'intermédiaires. Plus tard, vers la fin du XVIIe siècle, le groupe sauteux (ou ojibwé) entre dans une période d'expansion, apparemment pour des raisons semblables à celles qui ont encouragé l'expansion iroquoise quelque 60 ans plus tôt. Les Mississagués chassent les groupes hurons-iroquois du sud de l'Ontario, et les Sauteux commencent à émigrer vers les plaines à l'ouest.

Les Hurons (Ouendat, Wendats ou Wyandots)

Les Hurons sont, avec les Topinambous du Brésil, les indigènes sur lesquels on écrit le plus pendant la période des premiers contacts ; dans les deux cas, c'est pour la même raison : leur alliance commerciale avec les Français. Le nom « Huron » dérive du mot français « hure » qui se rapporte à la coiffure hérissée des guerriers. Ils se désignaient eux-mêmes sous le nom de *Wendats*, les « Insulaires », faisant allusion à la terre qui, dans leur cosmologie, est une île sur le dos d'une tortue. Les Wyandots de l'Oklahoma descendent de survivants hurons et tionnontatés, les gens du Pétun. La confédération de Wendat est divisée en quatre tribus : Attignaouantan (la nation de l'Ours), Attingueenougnahak (la nation de la Corde), Ahrendarrhonon (la nation de la Pierre) et Tahontaenrat (la nation du Cerf). La confédération peut avoir compris une cinquième tribu ; mais, plus certainement, elle englobe quelques petites communautés dont au moins une emploie une langue algique. La nation de l'Ours est la plus nombreuse, suivie par celle de la Corde ; on les surnomme « Frères aînés », parce qu'elles occupent déjà cette région depuis environ deux cents ans lors de l'arrivée des Français. Les Tahontaenrats, qui arrivent en 1610, constituent la dernière tribu à se joindre à la confédération. Certains se demandent si les Ahrendarrhonons et les Tahontaenrats pourraient être les descendants des Iroquois « laurentiens » qui vivaient sur les rives du Saint-Laurent à l'époque des visites de Cartier, mais avaient disparu de cette région lors du passage de Champlain, au tout début du XVIIe siècle. Les premiers Hurons à venir à Québec en 1609 pour rencontrer les Français sont des Ahrendarrhonons, et c'est avec eux que Champlain hiverne en 1615-1616. Les Attignaouantans se montreront les plus réceptifs au christianisme.

Géographiquement, le territoire de la Huronie ne couvre que 55 kilomètres d'est en ouest et 32 kilomètres du nord au sud, entre les lacs Simcoe et Couchiching à l'est et la baie de Matchedash à l'ouest. Au moment de l'arrivée des jésuites, on peut le traverser en trois ou quatre jours. Le pays est « couvert de petites collines, de clairières, de très belles prairies immenses produisant un excellent foin[20] ». Champlain évalue sa population à 30 000, un chiffre que reprendront les

20. Sagard, *Long Journey*.

jésuites ; Sagard, pour sa part, estime leur nombre entre 30 000 et 40 000. Les Hurons vivent proches les uns des autres dans quelque 18, 20 ou 25 villages qui partagent un territoire de chasse commun. Ce mode de vie diffère complètement du modèle d'établissement des Cinq-Nations, chez qui le territoire de chasse sépare les villages de chaque tribu. Il en résulte donc une plus grande uniformité de langue et de culture chez les Hurons que chez les Cinq-Nations. Des fouilles archéologiques laissent croire que les Hurons ont, vers les années 1550, un modèle d'établissement qui ressemble à celui des Iroquois cent ans plus tard ; mais que, vers la fin du XVIe siècle, une migration au nord entraîne une réorganisation des villages et la réaffectation des anciennes zones occupées en territoires de chasse communs. Le nouvel emplacement, outre son sol qui convient à l'agriculture huronne et renferme d'abondantes ressources en poisson et initialement en bois de chauffage, occupe une position stratégique à l'extrémité d'une importante voie d'eau pour le commerce du Nord.

On suppose que le commerce, plus que la crainte des Iroquois, provoque leur déménagement, bien que des pressions démographiques puissent aussi en être la cause. Le commerce des fourrures avec les Européens, qui s'est intensifié tout au long du XVIe siècle sur la côte atlantique et en amont du Saint-Laurent, fait en sorte que des produits européens atteignent la Huronie longtemps avant l'arrivée de Champlain. Cela peut avoir incité les Hurons, des agriculteurs entretenant déjà d'étroites relations commerciales avec les chasseurs algonquins, à déménager et à consolider leurs établissements afin de profiter d'une situation nouvelle. Des recherches archéologiques révèlent que la population huronne connaît une forte croissance dans les années 1300, un phénomène dont l'importance peut avoir compté autant que le commerce dans leur déménagement. Quand arrivent les jésuites, le castor est déjà exterminé en Huronie ; mais même avant leur venue, les Hurons, au nord, tout comme les Iroquois, les Andastes, les Powhatans et les Cherokees au sud, prennent une part active dans la traite des fourrures. Les Hurons commercent principalement avec des tribus algiques comme les Népissingues, les Outaouais et les Algonquins de la vallée de l'Outaouais.

La présence de poteries du type fabriqué par les nations huronnes-iroquoises d'Ontario sur des sites algiques du nord de l'Ontario constitue, pour les archéologues, la preuve d'un commerce préhistorique. Les jésuites parlent de la Huronie comme étant « le grenier de la plus part des Algonquins[21] ». Les ententes commerciales minutieuses des Hurons, étroitement entremêlées à leur réseau social complexe, reflètent bien l'importance fondamentale, de même que l'antiquité de cet aspect de la réciprocité. Les expéditions commerciales sont des prétextes de fêtes, de discours et d'échanges de cadeaux officiels, des rituels pouvant durer plusieurs jours avant que les affaires réelles ne commencent. Il existe une échelle de valeurs reconnue : par exemple, on désapprouve le fait de débattre les prix. Le premier à exploiter une certaine voie commerciale obtient sur elle des droits exclusifs et héréditaires. En échange de cadeaux, d'autres peuvent obtenir la permission d'utiliser un parcours. En conséquence, les Ahrendarrhonons (la nation de la Pierre), premiers à rencontrer les Français, détiennent le droit de commercer avec eux ; toutefois, en raison du volume de ce nouveau négoce, ils partagent ces droits avec les autres nations de la confédération, tout en se considérant eux-mêmes comme les alliés particuliers des Français. Ils reconnaissent, en dehors de la confédération, que les Algonquins jouissent de privilèges à titre d'alliés des Français, compte tenu, encore, de leurs contacts antérieurs. L'échange d'enfants constitue une caractéristique importante des relations commerciales. Ces échanges fournissent des otages, en plus de représenter un geste de bonne volonté, créateur de liens de sang entre les participants, vu que les enfants grandissent et se marient parfois dans leurs tribus adoptives.

La compensation exigée en cas de meurtre fournit une indication supplémentaire de l'importance du commerce pour les Hurons. Un Huron qui tue un allié commercial doit d'ailleurs payer un dédommagement plus élevé que si un Huron tue un de ses semblables. Notons au passage que si la victime est une femme, les réparations exigées sont supérieures, parce qu'elle donne naissance aux enfants et est sans défense. Des présents acceptables doivent remplacer ceux qui ne le sont pas ; la compensation la plus élevée dont on ait fait mention compte une centaine de présents accordés aux jésuites, en 1648, pour un meurtre donné.

Ironiquement, le commerce contribue à la chute de la confédération huronne en 1649, parce que les Anglais et les Hollandais fournissent des armes aux Cinq-Nations plus vite que les Français n'en donnent aux tribus situées le long du Saint-Laurent. Aux tout premiers

21. *JR*, Thwaites, édit., 8 :115.

temps de la colonie, la fourniture d'armes aux Amérindiens est effectivement interdite sous peine d'une amende de 2 000 livres. L'accusation portée par des colons anglais, selon qui les Tarrantines (*Tarranteens*, Micmacs) possèdent des armes achetées aux Français, témoigne que de telles mesures n'étaient pas parfaitement efficaces. Elles semblent malgré tout avoir été suffisantes, du moins pendant la première moitié du XVIIe siècle, pour handicaper les alliés des Français face à des ennemis mieux armés. Le jésuite Barthélemy Vimont se montre véhément à ce sujet, lorsqu'il signale les attaques de plus en plus audacieuses des Iroquois en 1642 et 1643. Mentionnant sur un ton triste que les Français ont « tousiours eu peur d'armer trop les Sauvages », il ajoute : « Pleust à Dieu que les Holandois eussent fait le mesme[22]. » Le premier Huron à se faire donner un fusil français sera Charles Tsondatsaa, qui le reçoit en cadeau de baptême, en 1641. Même là, il faut devenir chrétien pour obtenir un fusil, une politique que les Français continuent de maintenir à l'égard de leurs alliés jusqu'à ce que les pressions du commerce et les rivalités coloniales dictent une nouvelle ligne de conduite.

Aussi précisément qu'on puisse l'estimer aujourd'hui, les tribus huronnes sont divisées en huit clans exogames. Les jésuites ne font pas mention de ces structures, même si les « huit Capitaines, des huit nations qui composent le pays des Hurons[23]... » peuvent représenter une allusion indirecte à leurs institutions. Par conséquent, le peu que nous savons est fortement inspiré d'une étude des Hurons de Lorette (aujourd'hui Hurons de Wendake, près de Québec, dont l'assimilation aux Blancs mena à la disparition de leurs structures sociales traditionnelles). Les clans sont dispersés à travers les villages ; des groupes de dimensions diverses ont leurs propres chefs qui gèrent les affaires internes du clan et le représentent auprès de la tribu et de la confédération. Les fonctions claniques se transmettent héréditairement dans le groupe, par l'intermédiaire du fils de la sœur du titulaire. Chez les Hurons, tout comme chez les Iroquois, les clans sont responsables du règlement des vengeances familiales.

À la ressemblance des Iroquois, les Hurons ont deux sortes de chefs : les uns s'occupent de la guerre, les autres des affaires civiles, siégeant aux principaux conseils tribaux et confédéraux ; les seconds héritent de leurs fonctions grâce à leur lignage clanique, sans qu'il y ait

22. *JR*, Thwaites, édit., 24 :271-297.
23. *Ibid.*, 33 :243.

d'ordre précis, ce qui laisse toujours une grande place aux mérites de chacun ; le nom du titulaire d'une fonction reste le même à travers les générations, assurant ainsi une continuité institutionnelle. De plus, l'élection des chefs de guerre repose sur leur valeur et leurs qualités personnelles, même si le lignage peut aussi être pris en compte. Ni l'un ni l'autre des deux types n'a de pouvoir de coercition, et aucune force policière n'est à leur disposition. Leur influence s'exerce en fonction de leur capacité à gagner l'appui de l'opinion publique. Les chefs civils détiennent le maximum de prestige ; toutefois, l'âge est source de respect, et un homme qui n'est pas chef mais qu'on reconnaît comme un individu exceptionnel peut acquérir une influence considérable comme ancien.

Ni le prestige dont il dispose ni son rang élevé n'autorise un chef à s'immiscer dans les affaires d'un autre clan que le sien. De fait, son influence ne dépasse pas le groupe auquel son clan appartient dans le village. On tient à tous les niveaux des conseils empreints d'une imposante cérémonie dans laquelle cadeaux et wampums jouent un rôle fondamental.

La peur de la sorcellerie et de la trahison fournit aux chefs un moyen d'exercer leur autorité sur les membres de la tribu. Il s'agit de deux crimes si abominables qu'en théorie quelqu'un peut tuer les coupables sur-le-champ en toute impunité. Dans la pratique, toutefois, il faut compter sur la sanction d'un chef ou d'un conseil pour établir hors de tout doute que l'accusé est, dans l'ensemble, reconnu coupable ; en présence du moindre doute, un tel meurtre peut être source de querelle. La forme d'autorité sociale la plus efficace reste malgré tout l'approbation de la communauté ; les enfants apprennent tôt qu'un comportement inacceptable peut porter atteinte à leur réputation.

À l'encontre d'un sorcier ou d'une sorcière, le chaman jouit d'un respect considérable ; il porte le titre d'*arendiwane*, « celui dont la puissance surnaturelle est grande ». On l'appelle aussi *oki*, terme désignant les auteurs de prouesses extraordinaires ou bien même certains esprits ou sortilèges. Sa principale fonction consiste à interpréter les songes, ce que les Hurons recherchent pour être conseillés dans leur vie de tous les jours. À un point tel que les jésuites écriront que le rêve est « le Dieu de ce pays[24] ». C'est un Jérôme Lalemant frustré qui rapporte les

---

24. *JR*, Thwaites, édit., 15 :177 ; 8 :121. Les Amérindiens furent surpris de constater que les Français ne croyaient pas aux rêves (*ibid.*, 6 :183).

paroles d'un Huron, un de « ces pauvres esclaves de Satan » : « Ie suis tout disposé à embrasser la Foy [et à] me faire Chrestien, quelque horreur que i'en aaye [...] pourveu que mon songe me le commande[25]. »

Les coutumes funéraires constituent l'aspect le plus caractéristique de la culture huronne. À l'époque où les Français arrivent, la fête des Morts est la plus importante de toutes leurs fêtes. Tenues à l'occasion du déménagement d'un village, les réjouissances sont centrées sur un enterrement dans un ossuaire. Les corps sont exhumés des cimetières où ils ont été enterrés immédiatement après la mort ; les os sont nettoyés, lavés et recouverts d'une nouvelle parure faite, par exemple, de peau de castor. Seuls les corps de ceux qui viennent de mourir en sont exemptés. À l'issue de dix jours de cérémonies, les ossements sont remis en terre, avec des offrandes, dans des fosses aux parois revêtues de peaux de castor. Le plus grand ossuaire découvert renfermait les os d'environ un millier d'individus. Les ossements d'Amérindiens alliés y sont parfois inclus ; on a décrit ce mélange comme le plus important de tous les rituels destinés à l'union des tribus huronnes à la fois entre elles et avec leurs alliés.

Les nations huronnes-iroquoises environnantes

Tout près à l'est et à l'ouest vivent les Pétuns (appelés aussi gens du Pétun, Pétuneux, Tionnontatés, *Tionontati*), une confédération de deux nations parlant l'attignaouantan. Leurs habitudes sont semblables à celles des Hurons, avec qui ils commercent et partagent même une amitié nouvelle avec d'anciens ennemis, les Algonquins, dont certains vivent parmi eux. Les Tionnontatés sont aussi alliés et font du commerce avec les Outaouais au nord et à l'ouest, et avec les Neutres au sud. Avant de rencontrer les Européens, la population pétune peut s'être élevée jusqu'à 8 000 ; toutefois, en 1639, soit vers la fin des épidémies de 1634-1640, les jésuites mentionnent qu'elle se réduit à neuf villages. Le plus grand, Ehwae (Saint-Pierre et Saint-Paul), constitué de 45 à 50 cabanes, est incendié en 1640 par des ennemis non identifiés qui pourraient bien avoir été soit des Cinq-Nations, soit des Assistaeronons de langue algique. Les gens du Pétun, qui doivent leur nom à leurs cultures de tabac, ne peuvent jamais commercer directement avec

25. *JR*, Thwaites édit., 23 :171.

les Français, puisque les Hurons tiennent jalousement à leur rôle d'intermédiaires. Pour les mêmes raisons, les jésuites ne parviennent jamais à établir une mission chez eux. Plus tard, peut-être à cause des dispersions causées par les épidémies et les guerres tribales, les missionnaires réussissent à s'installer à Etharita (qu'ils rebaptisent Saint-Jean), village de quelque six cents familles situé à la limite sud du pays tionnontaté et que les Cinq-Nations détruiront à leur tour en 1649.

Plus au sud, mais toujours sur la rive nord du lac Érié et à l'ouest du lac Ontario, se trouve une tribu que les Hurons nomment Attiouandaronks (« ceux qui parlent une langue un peu différente ») et les Français, Neutres, parce qu'ils sont parvenus à rester en bons termes avec les Hurons et avec les Cinq-Nations. Les Neutres emploient aussi la même appellation, Attiouandaronk, pour désigner les Hurons. Moins nombreux que ceux-ci, ils forment quand même une confédération dont la quarantaine de villages sont plus dispersés, mais plus petits que ceux de leurs voisins du Nord. Les Français estiment que les Neutres, avant leur séparation « il y a peu de temps », ont déjà constitué une nation unique avec les Hurons et les Cinq-Nations ; quoi qu'il en soit, on estime qu'en 1640, après les épidémies, leur population s'élève à 12 000. Les Neutres, tout en réussissant à rester en paix avec leurs voisins du Nord et de l'Est, obtiennent moins de succès du côté ouest et mènent d'âpres combats contre une nation algique du Michigan, les Assistaeronons (Mascoutens), surnommés Nation du Feu. On rapporte qu'ils dépassent en nombre les Neutres, les Hurons et les Cinq-Nations réunis. Une des batailles dont le compte rendu nous est parvenu se déroule en 1642 ; les Neutres rassemblent une armée de 2 000 hommes pour prendre d'assaut un village palissadé des Cinq-Nations et y faire une centaine de prisonniers ; ils auraient, paraît-il, brûlé autant les prisonnières que les prisonniers.

Bien que la langue et les habitudes des Neutres ressemblent à celles des Hurons, ils sont différents sous d'autres aspects. Ils ont l'habitude de conserver les morts dans leurs maisons pendant de longues périodes, ne les transportant au cimetière qu'après que leur décomposition est avancée. Ensuite, les ossements sont rapportés dans les maisons jusqu'à la fête des Morts. À l'instar de leurs proches parents les Tionnontatés, les Neutres font pousser de grandes quantités de bon tabac qu'ils utilisent pour commercer. Lors de sa visite chez les Neutres en 1626, le récollet Joseph de La Roche Daillon cherche à établir des relations commerciales avec eux, ce qui entraîne une opposition immédiate des Hurons qui ne peuvent tolérer cet empiétement sur leurs droits.

À la suite de leur dispersion en 1649, bon nombre de Hurons trouvent refuge chez les Neutres, à l'inverse de la situation de 1638 qui avait vu les Ouenros, tribu la plus à l'est de tous les alliés des Neutres et voisine des Tsonnontouans, fuir en Huronie et s'assimiler à la confédération huronne. Ce qui laisse supposer des relations entre Neutres et Cinq-Nations moins sûres que ne le suggère leur nom européen.

Les autres nations huronnes-iroquoises de cette vaste région comprennent la nation du Chat (Ériés, Erieehronons, *Rhiierhonon*, probablement les Black Minquas) et les Andastes ou Andastogues (*Connestoga, Susquehannock,* White Minqua), des alliés des Hurons séparés d'eux par les Cinq-Nations. Au début du XVIIe siècle, grâce à leurs alliances, les Hurons encerclent les Cinq-Nations. Les Ériés, au sud du lac Érié, ont des contacts limités avec les Européens. Les Français les appellent aussi nation du Chat, à cause du nombre de « chats sauvages », ou ratons laveurs, qui habitent cette région et dont les peaux servent aux Ériés dans la confection de couvertures ornées de queues de raton. Les Andastes vivent éparpillés le long du bras nord de la rivière Susquehannock, à quelque 600 kilomètres de là. Les Cinq-Nations, après avoir dispersé les Hurons et les Tionnontatés en 1649, vont vaincre les Neutres en 1651, puis les Ériés après une série d'attaques entre 1654 et 1656, et enfin les Andastes qui, dans l'intervalle, en sont venus aux prises avec les colons anglais en 1675. Un dernier groupe huron-iroquois, très peu connu, les Scahentarronons semble avoir lui aussi été décimé, en 1652. De toute façon, une extraordinaire série de victoires a permis aux Cinq-Nations de détruire le cercle d'alliés des Hurons ; en somme, lors des premiers contacts avec les Européens, parmi toutes les tribus huronnes-iroquoises de l'ensemble Grands Lacs-fleuve Saint-Laurent, seules celles des Cinq-Nations sont encore intactes vers la fin du XVIIe siècle.

Une conséquence majeure de cette série de victoires sur les populations agricoles installées au centre des réseaux commerciaux amérindiens est une modification radicale des formes d'échange. Les chasseurs nordiques, que les Hurons n'approvisionnent maintenant plus en produits agricoles, se mettent à commercer directement avec les Français. Ces nouveaux marchés entraînent l'expansion du défrichage de terres cultivables, à mesure que des colons français viennent occuper la niche laissée vacante par les Hurons.

Les Cinq-Nations

La ligue des Cinq-Nations comprend, d'ouest en est, les Tsonnontouans *(Seneca)*, les Goyogouins *(Cayuga)*, les Onontagués *(Onondaga)*, les Onneiouts *(Oneida)* et les Agniers *(Mohawk)*, dispersés dans la région des lacs Finger, entre la rivière Genesee à l'ouest et le ruisseau Schoharie à l'est (au XVIIe siècle, ils se sont étendus à l'ouest jusqu'à la vallée de l'Ohio, et à l'est jusqu'aux basses étendues du lac Champlain). En 1600, sa population totale est estimée à 16 000. Les Onneiouts, ou « peuple de la pierre debout », comptent la plus petite population (1 000). Les Tsonnontouans, ou « peuple de la grande colline » forment la tribu la plus nombreuse (quelque 7 000 membres selon Lloyd). Ils sont connus comme les « gardes de la Porte occidentale » de la ligue. Pour leur part, les Agniers (environ 3 000 membres), ou « peuple de l'emplacement du silex » sont, eux, les « gardes de la Porte orientale ». Sur le plan politique, les tribus importantes sont les Tsonnontouans, les Agniers et les Onontagués. Ces derniers, au nombre d'à peu près 3 000, sont appelés « peuple des collines » ou « gardes du feu du conseil » ; ils occupent une position centrale, tant géographiquement que dans les relations internes de la ligue et jouent le rôle de législateurs, de médiateurs et d'archivistes (« gardiens des wampums d'archives »). Les Français les considèrent comme les plus belliqueux, même si ce sont les Tsonnontouans qui jouent le principal rôle dans la défaite des Hurons en 1649, puis plus tard dans celle des autres tribus de l'Ouest, et les Agniers qui sèment la terreur chez les Montagnais, les Micmacs et la plupart des tribus de l'Est. Les Agniers *(Mohawk*, ou « Maqua » dans les premiers récits) tirent au moins une certaine partie de leur influence de leurs premiers contacts directs avec les Hollandais et, ultérieurement, avec les Anglais. Les Goyogouins, ou « peuple du marais », au nombre de 2 000, se spécialisent dans les rituels et ne possèdent pas autant d'influence que les Onneiouts. De fait, les Goyogouins seraient des descendants d'Onontagués, tout comme les Onneiouts seraient issus des Agniers. Chez les Cinq-Nations, jamais le nombre des guerriers ne dépasse 2 500, et jamais non plus ces hommes ne se retrouvent tous ensemble au combat.

La fondation de la ligue, qui remonte apparemment à la seconde moitié du XVIe siècle, se fait sous la conduite de Dekanahouideh (Huron de naissance, mais Agnier par adoption) et de son porte-parole Hiaouatha. Certaines légendes iroquoises soutiennent une date de fondation antérieure, l'une d'entre elles aussi tôt que le milieu du XVe siècle. La croissance des populations, la guerre et le commerce peuvent avoir encouragé la création d'une telle confédération. Des recherches archéologiques confirment que des articles de commerce européens, probablement venus du sud, se trouvaient chez les Tsonnontouans dès l'an 1500. À la fin du XVIe siècle, les lames de hache en acier ont, dans une large mesure, remplacé celles en pierre chez les Tsonnontouans, et les pointes de flèches sont souvent forgées en bronze.

La ligue comporte un conseil central de 49 sachems permanents, répartis inégalement parmi les cinq nations. En principe, ils sont 50, mais personne n'a pris la place de Hiaouatha, dont le nom demeure toujours inscrit sur la liste des sachems. Tout comme chez les Hurons, ces fonctions sont héréditaires à l'intérieur des clans, bien que le véritable titulaire d'un poste vacant soit nommé par la mère de clan qui agit sur les conseils d'autres membres. En dépit de la représentation inégale, chaque tribu ne dispose que d'un seul vote. Des réunions régulières se tiennent au « feu qui ne meurt jamais », à Onontagué, là où on conserve le wampum d'archives. Le sachem onontagué agit en permanence comme médiateur, une fonction très prestigieuse, mais aux pouvoirs rigoureusement limités. Les pouvoirs du conseil se limitent aux affaires extérieures telles la guerre, la paix et le commerce, et toute décision doit être prise à l'unanimité. Chaque nation conserve son autonomie en matière d'affaires internes. Les Tsonnontouans détiennent deux charges héréditaires de chefs de guerre. Autrement, ce titre est accordé en fonction de la valeur individuelle du guerrier ; d'ailleurs, la conduite des hostilités reste affaire d'initiative personnelle. À l'instar des Hurons, les Iroquois ne parviennent pas à résoudre les contradictions entre l'idéal de la dignité et de la responsabilité individuelles et les exigences pratiques de la coopération et de l'autorité nécessaires à la création d'une action concertée. Malgré sa complexité relative, leur organisation politique repose sur les principes des sociétés préétatiques dans lesquelles existait une opposition fondamentale à la centralisation des pouvoirs. Ce qui signifie, dans la pratique, que les Iroquois sont encore loin de l'unité d'action, découverte que feront les Français en réalisant que leur traité de paix avec les Agniers, en 1666, n'entraîne pas automatiquement la paix avec les autres tribus des Cinq-Nations.

Tout comme les Hurons, les Iroquois sont simultanément membres d'un organisme politique, la nation, et d'une formation sociale, le clan. Il semble avoir existé neuf clans qui, en plus de recouper les frontières entre les nations, étaient inégalement divisés entre les cinq membres. Ainsi, les Agniers et les Onneiouts n'ont que trois clans chacun, tandis que les Tsonnontouans, les Goyogouins et les Onontagués en comptent au moins huit chacun. Les clans d'une nation sont divisés en moitiés exogames, séparation qui se reflète dans les activités sociales. Lors des jeux, ces moitiés sont constamment opposées. À l'occasion d'événements cérémoniels comme la fête de la Fraise et celle du Maïs vert, les deux moitiés s'affrontent, et chaque orateur s'adresse au camp adverse. Les officiants aux cérémonies funéraires proviennent toujours de la moitié opposée à celle du défunt. C'est encore le cas dans les confréries de guérisseurs telles les « Fausses Faces », la « Petite Eau » ou la « Vraie Vie ». Tout comme dans le rituel d'interprétation des songes, l'interprète appartient toujours à la moitié opposée à celle du rêveur. Cette dualité se retrouve aussi à l'échelon des conseils nationaux et confédéraux.

Beaucoup d'écrits sont parus sur l'importance des femmes dans la vie des Iroquois. Dans une famille, l'homme possède des outils, des armes et un appareil vestimentaire, et la femme les ustensiles de ménage, la maison elle-même et la terre. Les mères des conjoints arrangent les mariages. À l'occasion des cérémonies, chaque clan est représenté par trois responsables masculins et trois féminins. Les femmes élisent les nouveaux sachems aux postes laissés vacants ; leur choix doit être confirmé par les sachems de la moitié en cause, puis ratifié par l'autre moitié. Si un sachem laisse à désirer, les femmes de son clan peuvent tenter de le révoquer. Et si le conseil de la ligue confirme la révocation, le titulaire peut être destitué. Les femmes ne siègent pas au conseil, mais il arrive néanmoins qu'elles présentent des discours devant ses membres ou à l'occasion de cérémonies.

Parmi toutes les populations mentionnées, les Cinq-Nations sont celles qui, au début, parviennent le mieux à maintenir l'intégrité de leur ligue et de leurs clans devant les pressions des Européens. Elles profitent en fait de leur position géographique avantageuse qui leur permet de tirer parti à la fois du commerce des fourrures et d'alliances concomitantes. Elles s'y emploieront durant près de trois siècles, soit jusqu'à l'invasion de leur territoire à l'occasion de la guerre d'Indépendance américaine.

La géographie sert aussi grandement les populations du Nord, comme les Montagnais, les Naskapis et les Cris ; en raison de facteurs d'isolement et de climat, les régions qu'elles habitent n'attirent qu'ultérieurement les établissements européens. Parmi les populations qui vivent dans des régions plus accessibles et plus invitantes, les Malécites et les Micmacs réussissent, avec un succès considérable, au début, à conserver leur identité culturelle, en dépit du fait qu'ils soient les premiers à rencontrer les Européens. Ils y parviennent en commençant par s'associer aux activités de pêche et de commerce des fourrures des Français, une association qui se change en alliance militaire lors des guerres coloniales. Cela dure jusqu'à la défaite de la France en 1760. De toutes les populations de la Nouvelle-France, les Béothuks sont ceux qui parviennent le moins bien à se maintenir comme peuple. Quel que fût leur sort final, tous ces gens, à l'époque des contacts, mènent des existences structurées à l'intérieur de sociétés organisées et fondées sur des modes de vie cycliques. L'absence fréquente de centralisation dans ce type d'organisation ou l'instabilité occasionnelle de ces institutions ne signifiaient pas qu'elles étaient moins opérantes. Les Amérindiens possédaient des connaissances techniques relativement simples qui contrastaient fortement avec la complexité et la richesse de leur vie spirituelle et de leurs actes rituels. Quelques Européens parvinrent à apprécier ce contraste à mesure qu'ils acquirent une meilleure connaissance des Amérindiens et comprirent que ces gens avaient trouvé des solutions pratiques aux problèmes de la vie, dans un contexte fondamentalement différent du leur. Mais il ne s'agissait pas de réalisations auxquelles les Français et les autres Européens auraient donné la priorité lorsqu'ils vinrent pour établir leurs empires.

CHAPITRE VI

L'ANCIEN MONDE TENTE D'ENGLOBER LE NOUVEAU

L'Europe prend rapidement la décision d'intégrer les Amériques à l'intérieur de l'image qu'elle se fait d'un ordre social chrétien acceptable. Suivant les opinions politiques les plus avancées du XVIe siècle, l'ordre en question se traduit par la centralisation d'un État ou d'un Empire fondé sur la monarchie absolue. Cette thèse gouvernementale ne jouit pas d'un appui sans réserve, puisque l'Espagne elle-même soutient avec fermeté l'idée de limites constitutionnelles au pouvoir royal et insiste sur les droits des nations libres. Ce pays, émergé depuis peu d'une lutte contre les Maures et leader européen en matière de droit et d'exercice du droit, possède un appareil administratif suffisamment élaboré pour profiter des découvertes de Colomb en déclenchant sur-le-champ une campagne de conquête et de colonisation du Nouveau Monde. Il est déjà dans une position que la France n'atteindra pas avant la fin du siècle.

En tant que système politique, l'absolutisme place le monarque au centre de l'État, tout comme l'homme se trouve supposément au centre d'un ordre terrestre naturel, et Dieu au centre de l'univers. Chacune des mailles de cette Grande Chaîne des Êtres, où rang et ordre reçoivent une importance primordiale, passe pour être stable et statique. Toute culture peut évoluer, jusqu'à ce qu'elle atteigne la forme parfaite, chrétienne. Les querelles sur la préséance, caractéristiques de l'histoire de la Nouvelle-France, sont le résultat logique de cette philosophie sociale. Elles étaient peut-être encore plus chargées de haine en Europe que dans les colonies. L'essor des États centralisés mena au développement du droit international, une évolution accélérée par le besoin d'établir les fondements théoriques et juridiques de la puissance européenne dans le Nouveau Monde. À mesure qu'on débat des questions de droits de découverte et de procédure de revendications territoriales, la France manœuvre pour affirmer sa présence outre-Atlantique. Hormis les problèmes politiques, il faut résoudre les questions pratiques comme la sélection des colons, les traversées de l'Atlantique et l'adaptation à des conditions inconnues et souvent imprévues.

Quand l'Espagne décide de tirer parti d'un accès instantané à des sources de richesses extravagantes, la France est fort consciente des visions de gloire impériale qui se matérialiseront très bientôt :

> Les Français surtous se sentirent figuez d'une envie de faire le semblable en quelques endroicts où ceux-là [les Espagnols] n'avoiet donné atteinte. Car ne s'estimé rien moindres qu'eux, ny en la navigation, ny au faict des armes, ny en autre vaccations : ils se persuadoient qu'ils n'auroient pas tout descovert, & que le monde estoit d'assez grande estendue pour leur faire veoir de jour à autre choses plus nouvelles estranges que les accoustumées[1].

C'est ce qu'écrit Henri Lancelot-Voisin, sieur de La Popelinière (1541-1608), huguenot et un des historiens les plus importants de France au XVIe siècle. Il ajoute, avec une franchise désarmante, que les succès de l'Espagne et du Portugal causent dans son pays une certaine jalousie. On croit généralement, dans les milieux français, que Colomb a sollicité l'appui de la France pour son voyage de découverte, mais qu'il a essuyé un refus. Gaspard de Saulx, seigneur de Tavannes (1509-1573), qui sera plus tard maréchal de France, note avec aigreur dans son journal, en 1536 : « Cest conqueste du Monde Neuf, proposée aux François et mesprisée d'eux, tesmoigne le peu d'affection des conseillers, qui ayment mieux perdre les royaumes pour leur maistre [le roi], que si leurs ennemis avoient la charge de les conquerir[2]. » À l'époque de Montesquieu, presque deux siècles plus tard, les Français déplorent encore les courtes vues de la cour française qui déclina la proposition de traversée de l'Atlantique faite par Colomb[3]. Barthélemy

1. La Popelinière, *Trois Mondes*.
2. De Saulx, dans *Collection complète*, Petitot, édit.
3. Montesquieu, *Œuvres complètes*.

Colomb vint à la cour de France en 1490, apparemment pour y chercher des appuis pour le projet de son frère ; il s'y trouve encore lorsque arrivent les nouvelles de la découverte du Nouveau Monde.

La Popelinière estime que l'orgueil national exige la poursuite du travail de Colomb par son pays. Il est convaincu qu'il reste « exquises singularitez, & prodigieux miracles de nature ; si nous avions l'adresse les moyens de les aller rechercher, notamment vers le Midy où nation aucune n'a donnés ». Au sujet de l'épineuse question de la division papale, l'historien huguenot soutient avec fermeté que les Amérindiens, s'ils avaient été consultés, n'auraient jamais accepté qu'on fasse un tel don à l'Espagne et au Portugal ; du reste, la donation papale n'a pas inclus « les Terres australes[4] ». Naturellement, une telle opinion tire profit des libellés vagues de la délimitation originale et du traité confirmatif signé à Tordesillas en 1494.

Les bulles de 1493, publiées par le pape Alexandre VI afin de répondre à l'Espagne qui le presse d'établir la ligne de démarcation entre les zones d'influence espagnoles et portugaises de ces nouvelles terres, sont mal reçues en France. D'origine espagnole et membre de la famille Borgia, le pape a besoin du soutien de l'Espagne pour sa campagne d'accroissement de la famille en Italie. L'Espagne est perturbée par les revendications portugaises de souveraineté dans le Nouveau Monde, faites en vertu du traité d'Alcáçovas signé par les deux pays le 4 septembre 1479, avant que les découvertes de Colomb n'entraînent une modification radicale de l'importance de ces nouvelles régions. La manœuvre de Ferdinand en vue d'obtenir la sanction papale pour les revendications espagnoles en Amérique, en retour d'une promesse d'évangélisation par l'Espagne, a plus un air d'opportunisme impérial que de suprématie papale reconnue. Toutefois, sur le plan de la politique pratique, elle renforce puissamment les prétentions espagnoles et portugaises sur le Nouveau Monde. Dans les faits, l'Espagne fonde officiellement ses revendications dans cette partie du monde sur les deux bulles *Inter Cætera*, plus précisément sur la seconde, même si elle inclut nommément ses « autres titres justes et légitimes ». Le Portugal, à qui le traité de Tordesillas accorde de plein droit le Brésil, était soucieux d'assurer sa position en obtenant la sanction papale de Jules II, dans la bulle *Ea Quae*, publiée en 1506. Le pape, ironiquement, ne pouvait exercer le moindre pouvoir direct sur le Nouveau Monde.

4. La Popelinière, *Trois Mondes*.

Bien que de nombreuses critiques s'élèvent contre l'action papale, surtout à l'égard de ses aspects temporels, aucune ne remet sérieusement en cause le principe de base qui accorde aux chrétiens le droit de dominer les païens. La légalité des bulles repose sur la doctrine d'un empire papal universel qui s'exerce autant dans le domaine temporel que spirituel. Le cardinal-évêque d'Ostie, Henri de Suse (décédé en 1271), se trouve associé de près à ce qui est connu sous le nom de Doctrine ostienne, bien que celle-ci existât depuis longtemps. De Suse maintient qu'au moment où le Christ devint roi de la Terre, les païens perdirent leurs droits à la juridiction politique et aux possessions de ce monde. Il soutient que Jésus transmit son royaume temporel et spriri-tuel à Pierre et, conséquemment, aux papes. Cela signifie, pratiquement, qu'un peuple ignorant l'existence du Dieu véritable ne peut garder ses terres qu'avec l'approbation de l'Église. Le pape a le droit de nommer un chef chrétien afin de ramener ces gens au sein de la foi véritable ; les pouvoirs d'un tel prince restent toutefois circonscrits avec soin.

Les papes se guidèrent sur une ancienne version de cette doctrine pour accorder des terres païennes à des chrétiens durant les croisades. En 1156, Adrien IV avait accordé l'Irlande à Henri II d'Angleterre « à titre d'héritage », à condition qu'il convainque l'Église d'Irlande d'accepter l'autorité de Rome et mette de l'ordre dans le gouvernement de ce pays. Les Canaries firent aussi l'objet d'une cession papale. En 1454, le pape Nicolas V reconnaît au Portugal un droit de possession sur des terres païennes de la côte ouest africaine ; puis, deux ans plus tard, Calixte III accorde au grand prieur de l'ordre du Christ, dont le prince Henri (« Henri le Navigateur ») est l'administrateur, l'autorité spirituelle sur toutes les possessions portugaises existantes et à venir. Le fait qu'une puissance catholique ait découvert le Nouveau Monde servira plus tard de corollaire et même de justification à ces décisions qu'on cite aussi pour prouver formellement que le catholicisme détient la seule vraie foi, que Dieu a ainsi désigné la religion qu'il souhaite voir enseigner à ces êtres étranges.

Ce raisonnement rend la délimitation papale encore plus humiliante pour l'orgueil national de nombreux Français. De quel droit la France, puissance catholique, est-elle exclue du Nouveau Monde ? De l'avis de Jean Fonteneau : « Et ont faict les dessusdictz les dictz partaiges sans y appeller vostre Magesté Royalle ne aultres voz prédécesseur. Et n'est advis qu'ilz ont mal party [...], actendu que y aviez aultant et si grand droict que eulx[5]. » L'immensité du don aux Espagnols et aux Portugais aggrave l'indignation, dès qu'on constate que les nouvelles terres ne sont pas que des îles, mais plutôt des continents. « Ie ne puis croire, se plaint Thevet, que le Pape ait accordé toute ceste longue terre depuis Pole iusque à l'autre, veu qu'elle suffiroit à une cinquantaine de Roy Chrestiens[6]. » Un pamphlétaire anonyme déclare que si la France se risque à s'y rendre et à les civiliser, cela profitera aux barbares qui, inspirés par l'exemple français, se civiliseront presque d'eux-mêmes : « Nous sommes dans un siècle où tout ce qui est grand, tout ce qui est beau, tout ce qui est util pour l'Etat s'entreprend et s'execute[7]. » Montchrestien montre autant de véhémence : « S'il appartient à quelque Nation du monde d'y mettre la main, c'est à la Française, à laquelle est demeurée comme en propre la gloire des lettres et des armes, des arts et de la civilité, et davantage, du vrai christianisme, quoy que les autres prétendent[8]. » Même les missionnaires se mettent de la partie. Le Jeune, le nouveau supérieur des jésuites, qui vient d'arriver à Québec en 1632, se demande s'il n'y a que les Français, parmi tous les peuples de la terre, qui seraient empêchés de prendre de l'expansion dans le Nouveau Monde. François Ier dispose donc d'une solide assise nationaliste lorsqu'il se permet de demander le testament d'Adam afin d'y vérifier le droit du pape de disposer des terres païennes. Le roi fait pression sur Clément VII pour qu'il réinterprète les bulles dans le sens d'une limitation des revendications territoriales espagnoles et portugaises aux seuls territoires déjà découverts, à l'exclusion des terres inconnues ; du coup, il ouvre officiellement la voie à la rivalité franco-espagnole dans le Nouveau Monde, en envoyant Verrazzano explorer la côte atlantique de l'Amérique du Nord en 1524.

François Ier, à travers tous ses démêlés avec le pape, reste du même avis que lui sur un point fondamental : les prétentions souverainistes des Amérindiens païens, quelles qu'elles soient, restent insignifiantes, en comparaison du devoir qu'ont les Européens chrétiens de les évangéliser. Les ambitions impériales de François Ier auraient difficilement permis une tout autre position. Mais même dans son propre royaume, des voix discordantes s'élèvent, dont l'une des plus influentes est celle

---

5. Fonteneau, « La Cosmographie ».
6. Thevet, *Cosmographie* (Chaudière).
7. *Relation de l'Establissement*.
8. Montchrestien, *Traicté*.

d'un théologien de la Sorbonne, le dominicain écossais John Major ou Mair (1469-1550). Il rejette l'autorité temporelle du pape sur le monde pour la raison que le Christ avait déclaré que Son royaume n'était pas de ce monde. De ce fait, l'autorité papale ne repose pas sur la foi, mais sur le droit naturel qui accorde à un infidèle autant de droits sur sa terre qu'un chrétien en a sur la sienne. Cependant, les chrétiens n'ont pas seulement le droit, mais aussi le devoir de prêcher l'Évangile ; devant la résistance des Amérindiens, les chrétiens peuvent légitimement recourir aux armes, et le pape peut autoriser la prise du pouvoir politique et la levée d'un tribut. Quant aux Amérindiens :

> Ces gens vivent comme des animaux [...] il est évident que certains hommes sont par nature libres, et d'autres serviles. Dans l'ordre naturel des choses, les qualités de certains hommes sont telles que, dans leur propre intérêt, il est juste et équitable qu'ils doivent servir, alors que d'autres, jouissant de leur liberté, exercent leur autorité naturelle et leur commandement[9].

Un autre dominicain, le professeur de théologie morale à l'université de Salamanque, Francisco de Vitoria (1480-1552), tenu par plusieurs pour le fondateur du droit international, soutient une position plus subtile et peut-être plus charitable. Dans une série de conférences prononcées en 1532 sous le titre collectif de « *De Indis et de Jure belli Relectiones* », il expose les grandes lignes de sa position sur les bulles de délimitation, les revendications impériales espagnoles et les droits des Amérindiens. Il convient avec Major que la validité des bulles est limitée par le fait que « le pape ne dispose d'aucune autorité temporelle ou civile sur la terre » ni d'un pouvoir temporel sur les Amérindiens ou les autres païens[10]. Et quand bien même ce pouvoir appartiendrait au pape, il ne pourrait le transmettre ; tout comme l'empereur d'Espagne ne peut légalement prétendre être le roi de la terre. Et un tel titre ne l'autoriserait même pas encore « à saisir les territoires des aborigènes, ni à nommer de nouveaux dirigeants ni à détrôner les anciens et à s'emparer de leurs possessions[11] ». Les aborigènes, estime-t-il, « disposent indubitablement d'une autorité véritable en matière d'affaires publiques ou privées, tout comme les chrétiens, et [...] ni leurs princes

9. Parry, *Spanish Theory*.
10. Vitoria, *De Indis*, « On the Indians », II.3 et 6.
11. *Ibid.*, II.1.

ni les particuliers ne devraient être dépouillés de leurs propriétés sous prétexte qu'ils n'en sont pas les véritables propriétaires[12] ».

Malgré cela, après avoir accordé aux Amérindiens des droits théoriques, Vitoria entreprend de tempérer sa position : il appuie le principe du droit chrétien à la prédication de l'Évangile et au recours à la force, au cas où les infidèles refuseraient d'écouter la bonne parole[13] ; il revendique de plus pour l'Espagne un droit exclusif à cet égard, à titre de droit de découverte. Ce droit accorde aussi aux Espagnols des droits exclusifs de commerce qui peuvent, au besoin, être soutenus par l'usage d'armes. Plus encore, les Espagnols ont le droit, le devoir de s'interposer dans les États amérindiens pour délivrer les gens de tyrannies comme les sacrifices humains et les rites cannibaliques. En d'autres termes, la propagation du christianisme peut légitimement amener la sujétion des Amérindiens à des princes chrétiens, pour des motifs autant civils que religieux, aussi longtemps que cela profite aux Amérindiens plutôt qu'aux Espagnols. À ces arguments, Vitoria ajoute, avec une réserve considérable, que les Amérindiens pourraient se révéler incapables d'administrer un État légitime :

> ils n'ont ni lois ni magistrats proprement dits, et ne sont même pas capables de gérer leurs affaires de famille ; ils n'ont ni littérature ni arts, pas plus les arts libéraux que les arts mécaniques ; ils n'ont aucune agriculture soigneuse et nuls artisans ; et il leur manque encore plusieurs autres commodités, voire nécessités, de la vie humaine[14].

Cela est renforcé, pense Vitoria, par le fait que les Amérindiens sont des esclaves naturels ; ils « peuvent ainsi être dirigés comme des esclaves ». De plus, « leur nourriture n'est pas plus agréable et rarement meilleure que celle des animaux ».

Malgré de telles ambivalences, les conférences de Vitoria sont souvent citées comme le premier énoncé lucide des droits aborigènes. Seuls ses arguments interventionnistes influencent ses contemporains, peut-être parce qu'ils reflètent l'opinion de la majorité de l'époque. À cet égard, on peut difficilement surestimer les conséquences du raisonnement de Vitoria qui, en dépit de sa compassion personnelle, fournit un outil pour la rationalisation des guerres de conquête et de colonisa-

---

12. Vitoria, *De Indis*, « On the Indians », I :24.
13. *Ibid.*, III.12.
14. *Ibid.*, III.18.

tion espagnoles qui se soldèrent directement, ou plus souvent indirectement, par la mort de quelque treize à quatorze millions de personnes. Pour être juste envers les Espagnols, il faut souligner qu'une vaste proportion de ces morts fut la conséquence des maladies d'origine européenne contre lesquelles les Amérindiens n'étaient pas immunisés. Chose curieuse encore, la multiplication spectaculaire du bétail introduit par les Espagnols ajoute au déclin démographique amérindien dans certaines régions, dès lors que des terres agricoles précolombiennes sont transformées en pâturages. À partir du milieu du XVIe siècle, l'Espagne, qui ne se pose plus la moindre question sur le droit moral à l'appropriation des terres amérindiennes, consolide et étend son empire dans le Nouveau Monde.

Les droits territoriaux sur les découvertes

Tant les Espagnols que les autres Européens revendiquent sans retenue les soi-disant droits territoriaux sur les découvertes. Comme le souligne Vitoria, ces prétentions ne peuvent s'appliquer qu'à des terres inoccupées. Même ceux qui défendent de tels droits ne soutiennent pas que la perception visuelle ou la primauté de l'exploration sont en soi suffisantes ; ils considèrent qu'un acte symbolique reste nécessaire pour légitimer un titre. Thomas Gage (1603 ?-1656), dominicain d'origine anglaise au service de l'Espagne, écrit que s'il faut accorder aux Espagnols des titres sur les terres du Nouveau Monde dont ils approchèrent les côtes, alors des Amérindiens côtoyant les rivages d'Espagne auraient droit aux mêmes privilèges : « Il est certain que le juste droit & la propriété de ces Pays là appartient aux habitans originaires [...] il est certain qu'il leur peuvent légitimement transferer le droit qu'ils y ont[15]. » Purchas aussi se montre en faveur des droits aborigènes : « C'était un barbarisme latin que de changer *fides* en *feodum* [...] de déposséder les Barbares de leurs patrimoine et à cause de leur manque de foi accroître nos droits héréditaires [...] le Christ n'est pas venu pour détruire la justice, mais pour l'appliquer[16]. »

Les Portugais et les Français érigent des croix et des monuments portant des armoiries royales ; c'est le cas des Ribault, en Floride, Cartier, dans la péninsule gaspésienne et plus tard sur les rives du Saint-

---

15. Gage, *Nouvelle Relation*.
16. Purchas, *Hakluytus Posthumus*.

Laurent, Poutrincourt et de Monts, sur la côte atlantique, puis Champlain, à l'intérieur des terres. Au Brésil, Daniel de la Touche de La Ravardière et François de Razilly obtiennent le concours des indigènes pour ériger des croix à deux endroits différents. Ils organisent ensuite une procession au cours de laquelle ils portent les armoiries de France. Le fait que les Amérindiens peuvent avoir ignoré la signification de cette mesure, ou peut-être avoir été induits en erreur, comme dans le cas de Cartier dans la péninsule de Gaspé, ne met aucun obstacle à la revendication consécutive de la France sur ces territoires, du moins aux yeux de la France. Les autres puissances européennes pratiqueront aussi ce genre de tromperie.

Les Espagnols lisent également le *requerimiento* à des indigènes qui n'y comprennent rien. Ce document légal exhorte les Amérindiens à abjurer leurs fausses croyances et à accepter le christianisme ou à en subir les conséquences. Les Hollandais, puis les Anglais, préfèrent une entente qui prend généralement la forme d'un « achat » fictif, dans lequel les présents offerts en échange n'ont aucun lien avec la valeur de la terre acquise, même suivant les conditions de l'époque. Un tel accord reste ambigu dans la mesure où les Européens l'emploient comme un moyen d'occuper pacifiquement la terre, plutôt que comme un instrument de diplomatie internationale dont l'usage aurait constitué une reconnaissance implicite de la souveraineté des Amérindiens. C'est en partie pour éviter cette ambiguïté à l'égard des actes de possession que les Français ne recourent jamais aux achats. Au lieu de cela, ils tournent la pratique amérindienne de l'usufruit à leur propre avantage : inversant la doctrine ostienne, ils prétendent avoir reçu la jouissance des terres du Nouveau Monde en contrepartie de l'enseignement d'une nouvelle religion aux Amérindiens. Accord parfaitement acceptable pour les Amérindiens qui perçoivent en gros ces ententes comme des alliances, des arrangements renouvelables périodiquement, accompagnés des cadeaux appropriés. Parce que les Français prennent soin d'honorer cette convention, la question ne suscite jamais de désaccord. Aucun grand débat ne secoue la France du XVIe siècle sur la question des droits territoriaux aborigènes ; pourtant, l'homme de lettres huguenot Urbain Chauveton insiste sur le fait que tout homme a théoriquement le droit de vivre en liberté et de ne jamais craindre d'être agressé par son voisin.

La papauté exprime depuis longtemps son insistance sur ce point, officiellement depuis Paul III, durant la troisième décennie du

XVIe siècle. Le fait qu'Urbain VIII sente la nécessité, en 1639, de répéter la position officielle catholique, qui veut que les Amérindiens ne soient pas privés de leur liberté ou de la possession de leur propriété, démontre bien la fréquence des abus dans un domaine où le souverain pontife peut difficilement faire valoir sa compétence, puisque le Nouveau Monde ne relève pas directement de son autorité. De fait, la bulle d'Urbain VIII s'inspire de la situation au Brésil et au Paraguay où les rafles d'esclaves atteignent un point tel que les jésuites ont peine à protéger leurs missions amérindiennes contre les déprédations. Naturellement, plus les puissances européennes s'établissent fermement en Amérique, moins elles inclinent à reconnaître les droits des aborigènes. Comme le dit l'avocat Lescarbot, « il n'est ici question de recevoir le droit des Gents, & politique, par lequel ne seroit loisible d'usurper la terre d'autrui. Ce qu'étant ainsi, il la faut posseder en conservant ses naturels habitans[17] ».

Dans l'intervalle, les Amérindiens, eux, ne doutent aucunement de leur souveraineté. Un groupe, qui venait d'être informé de la donation papale, aurait ri, puis répliqué que le pape se montrait très généreux avec le bien des autres et que le roi d'Espagne devait être pauvre puisqu'il réclamait les terres des autres. L'avocat, géographe et navigateur espagnol Enciso (v. 1450-1495), raconte cette histoire pour la première fois, avec quelque amusement mais aussi parce qu'il avait quelque connaissance des droits des Amérindiens ; les Français la répètent, moins par intérêt pour les Amérindiens que par antipathie envers les Espagnols. Quant aux Amérindiens, clairvoyants comme ils devaient l'être à propos de leur propre situation, ils ne peuvent faire beaucoup plus que se plaindre. Des Nicaraguayens se demandent : « Quelle chose sont-ce que les Chrestiens ? Aussi tost qu'ils sont entrez dans nos maisons ils demandent du maïs, du miel, du cotton, une mante, une Indienne pour luy faire un enfant : ils veulent qu'on leur donne de l'or, & de l'argent. Les Chrestiens ne veulent point travailler : ce sont menteurs, mocqueurs, ioueurs, pervers & blasphémateurs[18]. » Il s'agit essentiellement d'un problème de pouvoir, et les Amérindiens ne possèdent ni l'hégémonie politique ni les connaissances techniques nécessaires à la défense de leurs droits. Les peuples qui ne sont pas organisés

17. Lescarbot, *History of New France*.
18. Benzoni, *Histoire nouvelle*.

en villes-États sont, de plus, handicapés par leur philosophie sociale qui exige le partage de la terre et de ses ressources ; c'est ce qui les incite au début à faire bon accueil aux Européens.

Au moment où ces débats sur la souveraineté des Amérindiens et les droits de propriété se déroulent, les richesses du Nouveau Monde aident à faire des années 1500 le siècle d'or de l'Europe. De 1500 à 1650, 181 tonnes d'or et 16 000 tonnes d'argent traversent officiellement d'Amérique en Europe. Le mouvement atteint des proportions massives à partir des années 1530 et culmine au cours de la première décennie des années 1600. « Et est chose incroyable, rapporte Acosta, de voir le grand nombre de ces marchandises que l'on enleve en une flotte, n'estant quasi pas vraisemblable, qu'en toute l'Europe on en peust tant gaster[19]. » Voyant la course aux richesses des Européens, les Amérindiens finissent par se considérer comme privilégiés à cet égard. Le fait que les chrétiens prétendent avoir un Dieu riche et tout-puissant les intrigue pourtant encore : « Ils demanderent pourquoy il ne donnoit donc pas aux Chrestiens les richesses et nécessitez ; sans qu'ils prinsent la peine avec tant de dangers d'en venir chercher en l'Amérique, & en emprunter de ceux qu'ils appelloient mécroyans[20]. »

En provenance du Pérou seulement, l'Espagne reçut en 1533 « cent million d'or et deux fois autant d'argent, la rançon du roy Atubalira revenoit à 1 326 000 bezans d'or[21] ». Ultérieurement, un écrivain fixe le montant de la rançon à 27 000 000 en or, sans spécifier l'unité monétaire, mais en soulignant que le montant global excède toute la richesse de l'Espagne d'alors. Peu importe que cette fabuleuse « découverte » soit entrée en Europe officiellement par les ports d'Espagne ou moins officiellement par ceux de France ou d'ailleurs, le résultat reste une augmentation sans précédent de l'approvisionnement européen en métaux précieux. Les pièces de monnaie espagnole frappées en or et en argent du Nouveau Monde deviennent la valeur légale de l'Occident.

Malgré son énorme contribution, l'Amérique ne constitue pas la seule source de richesse de l'Espagne. Dans sa *Réponse à Malestroit* (1568), Bodin fait allusion aux richesses qui affluent d'Orient et d'Afrique tout autant que du Nouveau Monde. En 1554, l'Amérique ne

19. Acosta, *Histoire naturelle et moralle*.
20. Saint-Michel, *Voyage des isles Camercanes*.
21. Bodin, *Les Paradoxes*.

fournit que 11 % de l'ensemble des revenus de la couronne espagnole ; en d'autres termes, l'Amérique ne constitue pas le seul facteur de la situation, bien que son or peut avoir apporté le principal stimulant nécessaire à la formation du capital européen. Son rôle dans la création de nouvelles possibilités commerciales peut avoir été considérable, puisqu'il engendra une ambiance de succès.

Au XVIe siècle, les prix s'envolent. De récentes études indiquent que l'afflux d'or du Nouveau Monde n'a sûrement pas amorcé cette inflation, mais pourrait l'avoir accélérée. Ce n'est toutefois pas la perception de certains observateurs contemporains, principalement hors d'Espagne ; entre autres, de Saulx écrit dans son journal, en 1536, que les prix ont augmenté au même rythme que les nouveaux arrivages d'or et d'argent, et que « la despense est dix fois doublée[22] ». Plus tard, Bodin fait une observation similaire : « L'or et l'argent est venu en si grande abondance de terres neufves [...] que toutes choses sont encheries dix fois plus qu'elles n'estoyent[23]. » Même les conquistadors rapportent qu'à mesure qu'ils accumulent du butin, tout « enchérit ». En Europe, ces fâcheux effets s'étendent rapidement et considérablement, tandis que les richesses arrivent à la fois plus lentement et de façon plus limitée. Même si les revenus de la France se multiplient quatre fois et demie durant le XVIe siècle, le pays est contraint, en 1587, de lever des impôts et envisage de commencer par doubler ceux des Parisiens. En attendant, l'État doit avoir recours à des moyens plus spectaculaires afin de redresser la situation. C'est ce que Robert de Berquen (v. 1615-1661) laisse entendre lorsqu'il fait observer la chance des Espagnols : leurs ennemis sont riches, à l'inverse des Allemands indigents que combattent les « braves et généreux » nobles français. Il ajoute qu'« il y a plus d'honneur à conquérir des gens braves [riches] que misérables[24] ».

La piraterie et la diplomatie

La France, froissée d'avoir été laissée à l'écart et confrontée à l'alliance entre l'autorité papale et une écrasante puissance espagnole dans le Nouveau Monde, a recours au harassement. La tactique connaît un

22. De Saulx, *Memoires*.
23. Bodin, *Republique*.
24. Berquen, *Les Merveilles des Indes*.

succès considérable, les corsaires français devenant le fléau de la mer des Antilles. D'autres pays usent aussi de la violence comme arme diplomatique : l'Angleterre et la Hollande fournissent chacune à cet extraordinaire développement des relations internationales quelques personnages et épisodes spectaculaires. Des événements pittoresques marquent cette période. Par exemple, Jean Florin s'empare du plus riche des deux navires transportant le trésor de Moctezuma, expédié du Mexique par Cortés en 1523. Ce dernier avait sélectionné pour l'empereur d'Espagne les pièces du trésor des souverains mexicains, non seulement à cause de leur valeur intrinsèque, mais du point de vue d'un connaisseur ; Martyr d'Anghiera estime l'ensemble à 150 000 ducats. Mais François Ier, passionné d'art italien, est en train de monter une vitrine à Fontainebleau et ne dispose d'aucun endroit pour loger les objets d'art du Nouveau Monde. En outre, il recherche perpétuellement de l'argent frais pour soutenir la ruineuse poursuite de l'agrandissement de son empire. Ainsi, l'or de Moctezuma se trouve fondu, avec le reste du butin, en lingots d'or. La perte totale encourue par l'Espagne est évaluée à 800 000 ducats, sans tenir compte de la valeur artistique des œuvres.

La guerre de course et la piraterie franche entraînent une escalade de combats armés qui, dès le milieu du siècle, se transforme en guerre ouverte entre les flottes de pêche des Grands Bancs. Les Espagnols viennent très près de détruire la flotte de pêche française en 1554-1555. Puisque l'alimentation de l'Europe repose grandement sur la morue de Terre-Neuve, les circonstances exigent un règlement. Les difficultés économiques qui affligent l'Europe entière, et surtout l'Espagne, frappée par une série de crises, compliquent la situation : l'arrivée de l'or et de l'argent du Nouveau Monde concourt à une conjoncture que les économies de l'Ancien Monde n'ont pas la capacité de gérer.

Ainsi, pour des raisons diverses, Henri II de France et Philippe II d'Espagne sont contraints de négocier ensemble en 1559. Bien que la France soit parvenue à isoler l'Espagne dans le Nouveau Monde par le biais d'un traité de neutralité avec le Portugal (signé à Lyon le 14 juillet 1536), elle est à nouveau dans l'incapacité d'arracher à l'Espagne la reconnaissance d'un droit de visite dans le Nouveau Monde. Le traité signé à Cateau-Cambrésis, bien qu'élaboré avec peine, ramène la paix pendant quelque temps. Une entente verbale, apparemment conclue par les monarques français et espagnol au cours des négociations, aurait pour effet d'éviter que la violence dans le Nouveau Monde ne devienne à nouveau un motif de guerre dans l'Ancien, en plus d'empêcher l'application automatique des traités européens dans les Amériques. Par leur tentative d'assurer la paix dans le Nouveau Monde en le séparant de l'Ancien, les monarques ne réussissent, en réalité, qu'à laisser l'Amérique en état de guerre constant. La situation durera près de deux siècles.

La France doit attendre jusqu'en 1598 pour obtenir une reconnaissance, seulement partielle, par l'Espagne, de ses prétentions dans le Nouveau Monde ; prise à contrecœur, cette décision a pour point de départ la défaite de l'Armada en 1588. Par le traité de Vervins, Philippe II et Henri IV s'entendent sur une *ligne d'amitié*, tracée au nord des Canaries, qui dissipe le risque de voies de fait de la part des Espagnols contre les activités de la France dans le Nord. Il s'agit de la première d'un bon nombre de lignes semblables qui restreindront progressivement les zones d'activité de la piraterie.

La « paix de Vervins » est particulièrement importante pour les villes portuaires françaises de l'Atlantique, à forte population huguenote. Ces gens entreprenants, qui sont profondément mêlés aux rivalités impériales et commerciales, risquent la persécution pour hérésie dès qu'ils s'aventurent dans le Nouveau Monde. Les villes marchandes de Normandie et de Bretagne sont les principales sources des initiatives transatlantiques françaises, et les investissements huguenots sont donc considérables.

Pendant qu'ils se battent entre eux pour les richesses du Nouveau Monde, les monarques d'Occident font l'unanimité autour d'une croyance commune : leurs mandats divins de conversion des païens leur donnent le droit de concéder des territoires du Nouveau Monde à leurs propres sujets. À leur avis, le droit les autorise aussi à revendiquer de vastes étendues de territoire qui, au sens européen, sont totalement inoccupées ; elles sont tout au plus « parcourues », mais surtout pas colonisées, par leurs habitants nomades. Suivant la conception qui a cours durant la Renaissance, puisque Dieu a destiné la terre à l'agriculture, il faut par conséquent élargir le mandat divin jusqu'à la prise de possession de ces territoires afin que s'accomplisse ainsi la volonté divine. Emmerich de Vattel (1714-1767), par son traité *Le Droit des gens* (1758), donne finalement à cette théorie sa formulation classique. Soutenus par un tel raisonnement, les monarques occidentaux s'empressent de concéder d'immenses terres américaines que les bénéficiaires s'emploient ensuite à constituer en concessions « légales » destinées à la colonisation. Dans les cas d'empiétements frontaliers ou de revendications inconciliables, les contestations et les hostilités qui s'ensuivent mettent toujours en cause les requérants rivaux et ne prennent jamais en considération les Amérindiens dont le territoire est contesté. Quand Bomoseen et Esumuit, deux Amérindiens de la Nouvelle-Angleterre, insistent pour dire que leurs terres sont inaliénables, les Anglais trouvent cela « insolent » et font remarquer que « personne n'en doute, mais que les missionnaires français les ont incités [à réclamer leurs droits de premiers occupants][25] ». L'incident ne démontre pas seulement une inquiétude grandissante des Amérindiens devant l'empiétement des Européens sur leurs terres, mais aussi que les Français exploitent cette réaction comme arme contre les Anglais.

Les Européens prennent rapidement conscience de l'inefficacité des concessions de terres si une colonisation permanente ne vient pas les renforcer. Les établissements de pêche quasi permanents qui appartiennent à la France le long de la côte atlantique ne semblent pas suffisants pour garantir ses droits de possession, pas plus que ne le sont des postes de traite saisonniers comme celui de Tadoussac. Ni le monde de la pêche ni celui des fourrures ne s'intéressent à la colonisation ; au contraire, il est plus simple et plus rentable de se rendre dans le Nouveau Monde durant la saison appropriée et de rentrer au pays dès que possible. C'est particulièrement le cas du commerce des fourrures pour lequel tout établissement est défavorable. Toutefois, des motifs politiques amènent François Ier à exiger la construction de forts, de maisons et d'églises, rendant ainsi visible et permanente la présence française en Amérique. Le Jeune, qui écrit du Canada en 1635, abonde dans ce sens : « Si ces pays se peuplent de François, ils s'affermiront à la couronne, l'Estranger ne les viendra plus troubler[26]. »

---

25. Mary Anna Joseph, « French and English Pressures ».
26. *JR*, Thwaites, édit., 8 :13.

CHAPITRE VII

ÉTABLISSEMENTS ÉPHÉMÈRES ET RISQUES INCONNUS

Si des expéditions de commerce et de pêche s'organisent avec une relative facilité, la vie réelle, concrète, dans le Nouveau Monde présente des problèmes plus complexes. C'est particulièrement le cas du Nord, région qui vient d'abord à l'esprit pour recevoir les établissements français, à cause des activités commerciales qu'y mène la France et des rigueurs du climat qui ont découragé les prétentions coloniales de l'Espagne et du Portugal — bien que ces deux pays soient de toute façon occupés ailleurs. Suivant les connaissances théoriques de l'époque, la vallée du Saint-Laurent, à la même latitude que La Rochelle, bénéficie forcément du même climat ; les faits démentent toutefois ce raisonnement logique. On tiendra donc les forêts responsables de la variation. Suivant une théorie, les forêts retiennent le froid et, dès que les terres seront cultivées et ensemencées, le climat deviendra alors semblable à celui de la France. Ce concept de la forêt inamicale prévaut durant toute la durée de la présence française en Amérique et s'étend encore longtemps après. La nature sauvage, loin d'être perçue comme belle ou désirable, est habituellement décrite à l'aide d'adjectifs tels que « affreu[se] », « hideu[se] », « rude », « désert[e] ». Incidemment, les Français ne trouvent pas une « nature vierge », comme le veut l'expression : la forêt est occupée depuis longtemps, et diverses populations amérindiennes l'ont modifiée, à des degrés divers suivant le lieu et la densité des établissements. Les clairières que laissent derrière eux les premiers agriculteurs constituent une bénédiction pour des établissements comme Québec et Montréal : les colons s'en servent comme point de départ pour s'attaquer à la forêt.

À l'encontre de l'hostilité que suscite la forêt, on constate rapidement le bon potentiel agricole de la terre. Thevet la décrit comme « bien tempérée et fertile comme est celle de Gascoigne, propre à produire toutes sortes de grains[1] ». Même les commerçants de fourrures y trouvent des avantages ; l'un d'entre eux, un dénommé Bertrand, fait remarquer : « Quant aux pays, jamais je n'ay veu rien de si beau, meilleur ny plus fertile[2]. » Champlain, ainsi que Nicolas Denys et d'autres, font aussi part des mêmes impressions. On pense également que les Amérindiens doivent, au moins en partie, leur santé et leur vigueur à un climat toujours décrit comme « bon pour la santé ». Quand, après leur établissement, les Français commencent à prospérer dans la vallée du Saint-Laurent, leur bonne santé est à son tour attribuée à la même cause.

Néanmoins, on perçoit certains dangers. Par exemple, le climat est cité parmi les facteurs de l'absence de barbe chez les Amérindiens. Mais, plus sérieusement, quel effet le climat aura-t-il, après quelques années, sur la couleur des colons ? Sur celle de leurs enfants ? Suivant les convictions de l'époque, le climat est la cause du teint olivâtre des aborigènes. Et si l'olivâtre n'est pas aussi exagéré que le noir, ce signe de dépravation morale[3], on est encore loin du blanc, qui est considéré comme la couleur qui plaît le plus à Dieu. Les colons européens finiront-ils par prendre la couleur des Amérindiens ? Palma Cayet écrit que plus l'homme est blanc, plus il sera noir après quelques années de vie en Barbarie. Il illustre son propos avec l'exemple de dom Christophe, le fils aîné du roi dom Antoine, dont la peau a tant bruni, après trois ans au Maroc, que ses vieux amis ne le reconnaissent pas à son retour. Cayet ne laisse même pas supposer que le hâle pourrait disparaître avec le temps. Ronsard fait allusion à ce problème dans « Les Isles fortunées » :

De ne vouloir en France revenir
Jusques à tant qu'on voie devenir

1. Thevet, « Grand Insulaire », ANC, BN, Fonds français 15452.
2. Bertrand, *Lettre missive*.
3. Parce que le corps était perçu comme l'enveloppe de l'âme, on considérait la peau noire comme une indication de dépravation morale.

Le More blanc, & le François encore
Se basanant prendre le teint d'un More[4].

En comparaison, il semble qu'on cherche peu à savoir pourquoi les Amérindiens et les Noirs emmenés en Europe ne deviennent pas blancs. Étant donné qu'on croit le blanc supérieur au noir et à toute autre couleur intermédiaire, il est difficile de s'attendre à voir pâlir les Amérindiens et les Noirs transplantés en Europe. L'attitude sous-entendue ici dérive naturellement de la croyance selon laquelle les cultures transplantées tendent à se détériorer ; de là, naîtra plus tard la conviction qu'un Français, un Espagnol, un Anglais, ou en réalité tout Européen né et élevé en Europe est supérieur à n'importe quel autre né et élevé dans les colonies.

L'attachement des Européens à la théorie selon laquelle la couleur de la peau procède du climat est si profond qu'ils acceptent à grand-peine la réalité du Nouveau Monde. Le climat de vastes étendues de ces terres ne diffère pas véritablement de celui de l'Europe. Pourquoi les habitants ne sont-ils pas blancs ? Leur nudité aurait-elle quelque chose à y voir ? Vespucci écrit : « Je crois que s'ils étaient habillés, ils seraient aussi blancs que nous[5]. » Cartier ressent la même impression, qu'il exprime en termes analogues. Des rapports persistants, en provenance du nord, font état d'Amérindiens blancs. Des esprits plus fins cherchent à prouver qu'en allant plus au nord les Amérindiens sont plus pâles. Quand ils échouent, c'est peut-être, disent-ils, parce que le froid, en raison de son intensité, peut faire brunir le teint, exactement comme le fait la chaleur du soleil, plus au sud.

Une autre façon de faire savoir que le teint des Amérindiens n'est pas vraiment coloré consiste à le qualifier de « quelque peu basané ». Le terme « basané » possède de fortes connotations de rusticité et de vulgarité qui placent en réalité les Amérindiens sur le même pied que les paysans européens. On fait aussi, à plusieurs reprises, un rapprochement semblable en matière d'intelligence. Ces attitudes s'expliquent probablement, au moins en partie, par la persistance des récits suivant lesquels les Amérindiens naissent blancs et deviennent olivâtres parce qu'ils s'exposent au soleil et emploient des huiles et des peintures. D'Avity note par exemple que les Amérindiens sont de teinte olivâtre

---

4. Le Moine, *L'Amérique et les Poètes français*.
5. Vespucci, *First Four Voyages*.

ou bronze, parce qu'« ils se frottent d'huile contre les mouches, outre qu'ils couchent toujours à terre, ou sont exposez à la chaleur & au vent[6] ». Ailleurs, il fait référence à leur couleur qui serait la même que celle des Orientaux. En 1634-1635, le jésuite Julien Perrault écrit, de l'île du Cap-Breton : « Leur charnure est blanche naturellement, comme en font foy les enfans ; mais le hasle du Soleil, & les frictions d'huile de Loup marin, & de graisse d'Orignac, les rend fort basanez, a mesure qu'ils croissent[7]. » Des personnalités comme Marie de l'Incarnation ou Claude, qui persuade un père amérindien de ne pas huiler son bébé de manière à lui laisser sa blancheur naturelle, partagent cette croyance en la blancheur des Amérindiens à la naissance. Le brave capucin ne présente aucun compte rendu des résultats de son expérience ; toutefois, un autre missionnaire rapporte plus tard sur un ton irrité : « Mais une preuve manifeste de la fausseté de cette proposition, est que nous avons quantité d'enfans Sauvages parmi nous, sur lesquels on n'a jamais appliqué aucune de ces couleurs, néantmoins ils ne laissent pas d'être bazannez comme les autres[8]. » Lahontan et le jésuite Barnabé Cobo font aussi entendre leur dissidence ; ce dernier écrit en 1653 que la couleur participe de la nature de l'homme et n'est pas occasionnée par le climat. Ces observations viennent à l'appui de l'opinion qui veut que l'application de peintures et d'huiles ne puisse changer la couleur de la peau. Mais les mythes ont la vie dure, et les rapports sur la blancheur fondamentale des Amérindiens ne s'arrêtent pas, renforcés qu'ils sont par l'observation d'Européens vivant dans le Nouveau Monde sans changer de couleur, même après plusieurs générations. Ainsi donc, si le climat n'en est pas la cause, la couleur des Amérindiens provient nécessairement de leurs us et coutumes.

À d'autres égards, les Amérindiens sont perçus comme semblables aux Européens. D'après Antoine Du Perier, par la taille et les traits du visage, ils ressemblent aux Français plus que tous les autres étrangers qu'il a jamais vus. John Guy, gouverneur de la première colonie anglaise de Terre-Neuve de 1610 à 1614, relate que les indigènes de l'île ont des cheveux bruns et jaunes, ou bien noirs, une observation qui vient apparemment appuyer la théorie de l'assimilation des Vikings avec les Inuit, après la dissolution des établissements du Groenland

6. D'Avity, *Description générale*.
7. *JR*, Thwaites, édit., 8 :159.
8. Du Tertre, *Histoire générale des isles*.

durant le XVe siècle. Ou encore, des hommes des flottilles de pêche pourraient être passés de temps à autre chez les aborigènes.

L'idée de la blancheur fondamentale des Amérindiens donne son élan, au XVIIe siècle, à une campagne française d'évangélisation et de mariages interraciaux. Tandis qu'en Nouvelle-France cet objectif offre certaines promesses de réalisation, il ne semble pas aussi prometteur dans d'autres parties du Nouveau Monde. En 1613-1614, le capucin Yves rapporte du Brésil que les Topinambous proposent une alliance semblable avec les Français. Le capucin dit à ce sujet à peu près la même chose que Champlain, mais sa conclusion, elle, diffère grandement : « Nous ne verrons point ces choses[9]. » Alors que la politique de création d'une race unique est vouée à l'échec tant en Nouvelle-France qu'ailleurs (les Amérindiens et les Français constituent toujours des groupes séparés à la fin du régime français, en 1760), on compte suffisamment de mariages interraciaux pour qu'un journal de Caroline du Sud publie, en 1742, un article traitant les Français de « frères basanés » des Amérindiens[10]. Quelques années plus tard, soit en 1753, l'abbé Maillard fait remarquer que les alliances interraciales ont atteint un tel point qu'à son avis, dans cinquante ans, on ne pourra plus distinguer un Amérindien d'un Français en Acadie.

Si cette politique de création d'une race unique avait mieux fonctionné, les Français auraient pu éviter les problèmes de recrutement des colons. En France, la question du choix des futurs colons du Nouveau Monde reste complexe. En tant que puissance terrestre, dont la rapide évolution lui permet bientôt de défier avec succès la prédominance de l'Espagne en Europe, la France est consciente qu'elle a besoin de gens au pays. Même si elle s'en est remise depuis longtemps sur le plan démographique, elle se rappelle bien les suites de la peste noire qui ravagea l'Europe durant le Moyen Âge, plus précisément pendant les années 1348 à 1350 qui virent mourir près de la moitié de la population. Les risques de nouvelles pertes causées par la peste, la famine, la guerre menacent toujours. Règle générale, on pense que l'importance de sa population constitue une bonne façon de mesurer le bien-être d'un pays et que le fait d'envoyer de grands groupes de gens dans les colonies ne peut qu'aboutir à un dépeuplement de la mère patrie. Il

9. Yves, *Suitte de l'histoire*.
10. Jordan, *White over Black*.

s'agit d'une des raisons citées pour expliquer la diminution du pouvoir de l'Espagne au cours de la seconde moitié du XVIIe siècle.

Toutefois, pour mener outre-mer une opposition sérieuse à l'Espagne, la France a besoin d'une colonie permanente plus nombreuse que ne peuvent lui fournir, d'une part, ses importateurs et ses marchands et, d'autre part, tous ses corsaires, ses flibustiers et ses boucaniers. Elle réagit d'abord en se tournant vers ces éléments de la population qui sont les plus proches des pirates : les contrevenants à la justice. La Popelinière se fait le porte-parole de cette politique ; ses arguments reposent sur la croyance en une neutralisation possible des aspects négatifs de la diffusion culturelle chez les émigrants européens, du moins dans une certaine mesure, en expédiant les éléments indisciplinés dans les colonies. Selon ce raisonnement, l'Espagne fut particulièrement chanceuse de trouver de nouveaux mondes à conquérir juste après avoir chassé les Maures ; les hommes qui rendirent possible cet exploit manquaient d'entrain à l'idée de retourner à des travaux sédentaires après de si excitantes aventures, et ils auraient bien pu devenir une cause d'agitation au pays, s'ils n'avaient pas trouvé outre-Atlantique de nouvelles distractions. Bodin, qui a déjà examiné cette idée, se sert de la Rome antique comme exemple d'une utilisation réussie de la colonisation pour expulser les indésirables. Ni Bodin ni La Popelinière ne semblent avoir eu conscience des conséquences d'une telle politique au Pérou, où les conquistadors se divisèrent en factions et faillirent se révolter contre Charles Quint. Michel de l'Hospital (v. 1504-1573) futur chancelier de France, fait remarquer, d'un ton sec, que les gouverneurs des colonies sont plus intéressés à se quereller entre eux qu'à servir l'empereur. Et par-dessus tout, leur comportement tyrannique mène les Amérindiens à leur perte. Le cosmographe Thévenot fait observer que très souvent les ministres du roi persécutent les Amérindiens, en profitant « de ce que l'on oste aux Indiens ». Ces hauts représentants, ajoute-t-il, trouvent plus pratique de faire passer les Amérindiens pour des rebelles et des criminels que de prêter attention à leurs doléances[11]. En apparence inconscient de telles considérations, La Popelinière émet la théorie que la France pourrait sans doute mettre un terme à ses guerres civiles de la seconde moitié du XVIe siècle en s'engageant dans une grande entreprise coloniale. Il paraît croire que l'enver-

11. Thévenot, *Relations de divers voyages*.

gure de l'affaire attirerait la noblesse indisciplinée ainsi que la canaille des masses populaires.

Malgré ces considérations, recevoir le titre de chef d'expédition coloniale est perçu comme un honneur, et la compétition pour l'obtention de ces postes est féroce. La perspective d'un enrichissement constitue toutefois une puissante incitation, particulièrement pour les chefs et la « classe supérieure ». Même les hommes de troupe ont la possibilité d'améliorer leur sort. Lorenzo, un des sept frères de sainte Thérèse d'Avila qui firent la traversée, constitue un cas typique. À son retour, « don Lorenzo », comme on l'appelle alors, est assez riche pour acquérir des biens à Avila. Les histoires de réussites dépassent largement celles des sceptiques qui doutent de la sagesse de ces aventures ainsi que de ceux qui, comme Montaigne, s'opposent par principe à la colonisation. Les basses classes de la société montrent la plus grande résistance, sans doute le reflet d'un conservatisme fondamental, d'une réticence à courir au-devant de dangers inconnus, alors qu'il est déjà si difficile de venir à bout de ceux qui sont connus. Quoi qu'il en soit, les premières entreprises françaises de colonisation ne recrutent qu'à grand-peine des hommes de troupe, particulièrement à destination d'un pays nordique comme le Canada. L'expédition de Cartier et Roberval complète ses effectifs en enrôlant des vagabonds et des forçats.

La flotte du Canada

Pendant la majeure partie du XVIe siècle, les navires français qui viennent sur les côtes du Nouveau Monde portent collectivement le nom de *flotte du Canada*. Un coup d'œil sur la vie à bord jette un éclairage sur la culture européenne de l'époque, en même temps qu'il montre le contraste de celle-là avec celle des Amérindiens. Dans les deux cas, c'est la subsistance qui en fixe le modèle.

Au tout début du siècle, les rations, à bord des bateaux français, sont plus ou moins normalisées. Pour un voyage de quatre mois, la ration de biscuit de mer atteint une livre et demie par homme (le biscuit de Dieppe serait le meilleur puisqu'il est blanc et fait de farine fine. On le croit si nourrissant que certains équipages n'ont droit qu'à trois livres par homme pour quatre jours). Chaque homme reçoit 40 livres de « lard », ou porc salé et cinquante morues ; on compte autant de « boisseaux » de pois qu'il y a d'hommes, et un « pot » de cidre par tête par jour. On évite autant que possible de boire de l'eau, puisqu'on croit que, combinée avec les aliments salés qui constituent l'alimentation du bord, elle peut causer un flux de sang. Les autres provisions recommandées incluent l'huile d'olive, le beurre, la moutarde, le vinaigre, le vin et l'eau-de-vie. Un navire bien ravitaillé doit normalement offrir à son équipage du porc salé au dîner et au souper, trois ou quatre fois par semaine, et de la morue ou du hareng les autres jours, à raison de deux morues pour huit hommes ou deux harengs par homme. On ne sert généralement du vin qu'une fois par semaine, soit le dimanche. Durant les longues traversées, on recommande de servir de l'eau-de-vie une ou deux fois par jour, mais de préférence le matin. On conseille aux colons, pour la traversée, de s'approvisionner de l'eau-de-vie la plus forte qui soit et du meilleur vin des Canaries, autant que possible dans des bouteilles de fer-blanc bouchées hermétiquement. Celles-ci doivent être dans une caisse tenue sous clef, et il faut consommer l'alcool avec le plus grand soin, en cas de maladie ou d'autres nécessités. Ce conseil ne reflète pas seulement la méfiance qui existe parfois entre les passagers, mais aussi celle qui sépare passagers et équipage. De fait, au milieu du XVIe siècle, les hommes d'équipage pillent les colons qui naviguent avec Villegaignon.

À chacune des femmes qui entreprennent la traversée, on conseille d'emporter vingt bouteilles de vin, quatre pots du vinaigre le plus fort, une bouteille d'« eau de cannelle » et, entre autres choses, des parfums pour tromper l'odeur pénétrante du goudron.

À table, les manières des marins ne sont pas précisément remarquables par leur raffinement. Aux dires de Diéreville, « chacun mettoit ses mains au plat sans les laver, quoique l'eau ne manquât point, en disant que c'était des Humains les fourchettes les plus naturelles ». Diéreville devient même poète :

Quelle malpropreté de Linge & de Vaiselle
Jamais on n'écouroit les plats
Qu'on entouroit d'un torchon gras,
Pour en empêcher la culbutte ;
Le plaisir que j'avois, c'etoit de voir dix bras,
Ne pouvoir sur la table en garantir la chûte,
Et porter sous la dent ce qu'ils prenoient à bas[12].

12. Diéreville, *Voyage to Port Royal*.

On se rappellera que la façon de manger des Amérindiens est citée chez certains auteurs comme un signe de barbarie.

Le taux de mortalité est élevé : une bonne traversée se solde par la mort de seulement un cinquième des gens à bord. Bien que les mauvaises conditions de vie et une alimentation déficiente en soient les grandes responsables, on cite aussi la satisfaction égoïste des appétits de chacun comme motif de mortalité : « Il est certain que tous les ans plus de cinquante personnes meurent lors de ces traversées à cause de leur emploi excessif de l'eau-de-vie qu'elles apportent pour se rafraîchir. » Antoine Le Febvre de La Barre, qui deviendra plus tard (de 1682 à 1685) un infortuné gouverneur général de la Nouvelle-France, mais qui, en 1664, établit avec succès une colonie française en Guyane, mentionne que trois ou quatre séances de débauche à l'eau-de-vie suffisent pour expédier une personne *ad patres*. Cela, naturellement, soulève diverses questions sur la qualité de l'alcool. Plus tard, il semblera oublier ses critiques contre l'eau-de-vie quand il en prescrira la fourniture, avec le vin, seulement aux « gentilshommes » et non pas aux « simples particuliers[13] ».

Quant aux périls de la mer, ils ne perdent rien à être répétés. Il n'y a parfois aucun choix réel entre les périls de la nature et ceux de l'homme. Diéreville parle des marins de son navire qui décident de flageller un garçon afin que le vent leur soit favorable, un remède ordinaire dans de telles situations. Dans ce cas, le gamin choisi ayant volé un des marins, la flagellation est plus brutale que ne l'exigerait normalement un cas semblable. Suivant la coutume, le rôle du garçon consiste à crier : « Nord-Est, bon vent pour le Navire ! » Et c'est ce qu'il fait. Diéreville rapporte que le vent souhaité s'est levé, mais il ne croit pas que la flagellation en était la cause.

Au début du XVIIe siècle, on recommande aux colons de s'approvisionner d'avance, au moins pour les tout premiers mois dans leur nouveau pays ; meilleure sera leur préparation, moins nombreux seront les désagréments. Yves les exhorte à apporter des cadeaux ainsi que des articles à échanger[14]. Même si son commentaire s'applique expressément au Brésil, il peut être tout aussi valable pour l'Amérique du Nord. Les cadeaux servent à entrer dans les bonnes grâces des Amérindiens, et les articles de troc à l'achat d'esclaves et d'objets utiles. Dans sa liste

13. Le Febvre de La Barre, *Description*.
14. Yves, *Voyage dans le Nord du Brésil*.

de marchandises que les Amérindiens trouveraient acceptables, il compte les épées et les armes à feu, ajoutant que les épées doivent être vieilles, et les arquebuses « [...] de peu de coust[15] ». Les présents sont vivement conseillés afin de mettre les Amérindiens dans de bonnes dispositions et d'encourager leur hospitalité.

Les articles qu'on recommande aux colons d'apporter pour leur propre usage, mentionne Yves, doivent comprendre des vêtements appropriés aux conditions du pays où ils vont s'établir. Outre une certaine quantité de savon à lessive, ils auront besoin d'une grande quantité de chaussures, parce que à l'exception de celles importées de France, il ne s'en trouve pas une seule dans leur nouveau pays. Le prix fait d'ailleurs foi de cette réalité : elles sont douze fois plus chères qu'en France. Il faut aussi du linge de corps, un bon matelas et, pour ceux qui désirent vivre proprement à la manière française, un récipient en fer-blanc pour les besoins personnels, surtout en cas de maladie. Les colons feraient également bien d'apporter leur propre réserve de sucre et de « bonnes épices », soigneusement emballés dans une boîte de fer-blanc à l'épreuve des fourmis, dont on signale l'appétit « incroyable » pour le sucré. Surtout, les colons doivent emporter le maximum de leur nourriture habituelle, pour amortir le choc d'une initiation trop soudaine à une nourriture inconnue. Le manque de pain, de vin et d'aliments « ordinaires », qui rendent la vie agréable en Europe, constitue les récriminations les plus fréquentes des Français dans le Nouveau Monde. Un fonctionnaire ne pense pas qu'une année soit trop longue pour tout planifier sous ce rapport. Il ajoute que les colons doivent prendre soin d'apporter les choses essentielles, pas des produits de luxe, et être prêts à s'établir d'abord dans de modestes habitations, puisque les dépenses sont élevées et que trop d'ambition au départ pourrait mal payer.

Plus importante que tout, la préparation mentale et spirituelle des colons avant l'embarquement doit être à son meilleur. Quoi qu'il advienne, il leur faut faire bonne figure et ne jamais se quereller avec les marins, « car [ils] n'y gagner[aient] rien ». Les colons doivent maintenir une vigilance particulière au débarquement, alors que les marins sont susceptibles de mettre la main sur tout ce qui est laissé sans surveillance.

---

15. Yves, *Voyage dans le Nord du Brésil*.

C'est aussi l'opinion de La Barre, qui écrit que la qualité primordiale du colon est la santé, particulièrement en ce qui a trait à l'estomac. Le désir de travailler est presque aussi important : les paysans, habitués à l'effort et à la cuisine de la campagne, conviennent parfaitement à la tâche. Les colonisateurs devaient recevoir des instructions à l'embarquement, de manière à ce que nulle fausse espérance ne leur reste après la traversée. La Barre profite alors des leçons tirées des tentatives précédentes de colonisation, en particulier celles de Villegaignon et de Ribault et Laudonnière. Il fait aussi écho aux observations de Samuel de Champlain (v. 1570-1635), qui était finalement parvenu à créer en Nouvelle-France un établissement français permanent, en fondant Québec en 1608. Champlain avait souligné que l'insuffisance de la préparation — ou, selon ses propres mots, l'absence de « jugement et raison » — fut le principal obstacle à la colonisation. Il critiqua Ribault et Laudonnière pour l'approvisionnement insuffisant de leurs expéditions, puis fit remarquer que la prévision, très irréaliste, de nouvelles terres si riches qu'elles rendraient sans les cultiver, en fut la cause. En outre, Champlain ajouta « qu'on entreprend mal à propos tels voyages sans pratique ny experience ». Avant de tenter la colonisation d'une terre lointaine, certains individus devraient y vivre au moins une année « pour apprendre la qualité des pays ». Par malheur, pareilles précautions ne sont presque jamais prises[16].

Un fait est établi très tôt : le succès ou l'échec d'une expédition a beaucoup à voir avec la qualité des colons. Les vieilles idées de paix assurée dans la mère patrie en expédiant les dissidents outre-mer ne fonctionnent pas, parce que, au lieu d'entreprendre les durs travaux d'implantation des colonies, ces rebelles se trouvent constamment en train de se quereller ou de se battre et vont jusqu'à s'entretuer. Pis encore, ils passent leur temps à voler la nourriture dont ils ont besoin dans les jardins et les coins de légumes des Amérindiens, pour ensuite ajouter l'insulte à l'injure en échangeant des marchandises en mauvais état. Si d'aucuns deviennent riches à ce jeu, la colonisation, dans son ensemble, en souffre. On sent l'émotion chez La Barre lorsqu'il écrit que les jeunes gens qui menèrent une vie de libertins dans les villes ne sont que des casse-pieds dans les colonies.

---

16. Champlain, *Works*.

Cela a pour effet de tempérer l'optimisme de La Popelinière qui entrevoit la création, outre-mer, d'une nouvelle France peuplée par ceux qui ne peuvent satisfaire, au pays, les exigences de la mère patrie. Mais l'historien lui-même avait eu des doutes lorsqu'il nota l'« insatiable convoitise de s'enrichir » manifestée par les Européens qui s'embarquent vaillamment vers le Nouveau Monde. Il admet avec tristesse que plusieurs mirent en péril leur vie, leurs biens, leur honneur, leur conscience, dans le simple but de troubler la paix d'aborigènes qui ne demandèrent jamais rien d'autre que de pouvoir passer leurs jours dans une nature généreuse. Toutefois, philosophe-t-il, par leur comportement, les Européens ne font que suivre la plus ancienne de toutes les lois, celle où le fort profite du faible. Même les dieux suivent cette loi de la nature, et c'est sans parler des animaux. L'ennui, avec ce type d'argument, c'est qu'il donne aux Européens le mauvais rôle, celui de la « brute » — ou plus simplement, celui du sauvage.

Sur le plan politique, la découverte de nouvelles terres fournit aux monarchies absolues une splendide possibilité d'agrandissement. Un empire outre-mer devient une façon d'accroître leur puissance et leur prestige en Europe. Toutefois, alors que l'instauration de ces empires contribue, sans le moindre doute, à la réalisation de tels buts, elle crée aussi, du coup, de nouvelles situations qui mettent à l'épreuve les idéologies mêmes sur lesquelles reposent les monarchies. L'universalité de l'organisation hiérarchique de la société, qui, dans l'Europe du Moyen Âge et de la Renaissance, paraissait incontestable, ne semble pas aussi certaine dans le Nouveau Monde. La traversée de l'Atlantique et les conditions peu familières du lieu entraînent une modification des attitudes apportées par les nouveaux arrivants. Cela se manifeste par un changement dans les attentes : rapidement, l'adage veut que tout Espagnol qui traverse l'océan devienne un *caballero*, tout Français un seigneur, aussi humble qu'ait pu être sa condition d'origine. Mais l'inverse n'est pas aussi vrai : les Amérindiens qui viennent en Europe ont le mal du pays et ne cherchent qu'à revenir chez eux aussi vite que possible, lorsqu'ils ne meurent pas avant. Les Européens réussissent mieux à passer outre aux droits des Amérindiens qu'à faire entrer l'homme du Nouveau Monde dans le cadre d'une société chrétienne, que ce soit comme visiteur dans l'Ancien Monde ou comme citoyen des nouvelles Europes en voie d'établissement dans les Amériques.

Des établissements saisonniers

Dans l'intervalle, par suite des activités des flottilles de pêche, des établissements coloniaux ont spontanément surgi, très tôt, le long des côtes de l'Atlantique. Ils ne sont par permanents, disparaissant pour la plupart en saison morte ; mais l'importance de certains est suffisante pour que les premiers cosmographes les enregistrent comme « villes ». Barent Langenes, par exemple, cite Sainte-Marie, Cobo, Mazzo et Brest comme principales villes de la « Terra de Labrador ». Parmi ces villes, la plus importante semble avoir été Brest, qui mérite parfois le titre de « métropole ». Même après l'établissement d'une colonie permanente, Brest figure comme la principale agglomération du Canada qu'on distingue de la Nouvelle-France, dont la principale ville est Québec. En 1705, le négociant français Augustin Le Gardeur de Courtemanche, qui va s'établir à la baie de Phélypeaux (aujourd'hui la baie de Brador), y découvre des vestiges de maisons, de toits, de fondoirs d'huile de phoque (et peut-être aussi de baleine) et d'« autres choses semblables ». Suivant les Amérindiens, il s'agit d'un établissement d'Espagnols qui furent dispersés par les Inuit. Des cartes du XVIIe siècle attestent l'existence probable d'au moins un établissement estival connu sous le nom français de Brest. Le nom est parfois accompagné d'une illustration, suggérant une ville, sans doute inspirée par des rapports faisant état de la présence, à cet endroit, d'un fort français et d'un millier de personnes.

La tradition suivant laquelle un certain baron de Leri tente de s'établir dans l'île de Sable en 1518 reste encore plus vague que l'existence ou l'identité d'une telle ville. C'est Lescarbot qui en apporte la preuve écrite. D'après l'érudit géographe flamand Johannes de Laet (décédé en 1649), les avantages de l'emplacement y attirent les Français, mais les sols sont trop sablonneux pour l'agriculture et, pis, l'approvisionnement en eau est insuffisant. Ils se résolvent donc à l'abandon de l'île, en y laissant leurs cochons et leur bétail. Une autre version veut que de Léry ait été forcé de débarquer ses bestiaux sur l'île de Sable parce qu'il avait manqué d'eau et de nourriture en mer. On peut aussi penser que la présence de bétail dans l'île a pour origine les nombreux naufrages arrivés là et n'aurait pas de lien précis avec la colonisation de l'île. Champlain et Sir Humphrey Gilbert font référence à du bétail qui serait d'origine portugaise, et Champlain laisse entendre qu'il se trouvait là avant 1553. Plus tard, Champlain mentionne que les animaux proviennent du naufrage d'un navire espagnol venant coloniser l'île du Cap-Breton. Une carte portugaise datant d'environ 1565 identifie l'île de Sable sous le nom d'île João Esteves. La présence de ces bêtes est une vraie bénédiction pour les cinquante forçats-colons que Troilus de la Roche de Mesgouez (1540 ?-1606) laisse sur l'île en 1598 pour assurer une surveillance sur les routes des pêcheurs et des commerçants de fourrure, de manière à protéger son monopole. Parce que aucun navire de ravitaillement ne vient apporter les provisions nécessaires à l'établissement, seulement onze des hommes laissés en rade parviennent à survivre, en abattant du bétail, jusqu'à l'arrivée de secours en 1603.

Plus exactement, ce sont les Portugais, et non les Français, qui tentent d'établir au Canada une colonie permanente. Mais le lieu choisi reste encore entouré d'une grande incertitude : l'île du Cap-Breton ou l'île du Prince-Édouard paraissent les plus probables, mais on ne possède toujours aucune preuve archéologique. Suivant une preuve documentaire, João Alvares Fagundes essaie de fonder une colonie quelque part dans cette grande région entre 1521 et 1525 ; et une seconde tentative peut avoir eu lieu vers 1553. Fagundes aurait pu essayer de capitaliser sur des lettres patentes reçues du roi du Portugal. En 1570, Francisco da Sousa rapporte que :

> Les indigènes sont dociles et le sol très fertile et bon [...] C'est à l'isle du Cap Breton, au début de la côte qui tourne au nord en une splendide baie, où se trouvent de nombreuses gens [indigènes] et des biens de grande valeur et un grand nombre de noix, châtaignes, raisins et autres fruits, selon quoi il est clair que le sol est riche. Et en leur compagnie allèrent aussi des familles des îles Açores, qu'ils prirent à bord en s'en allant, ce qui est bien connu[17].

Les colons de Fagundes installent une fabrique de savons noir et blanc et forment leur colonie sur le modèle des établissements açoriens, qui dépendent également de l'agriculture et de la pêche. Des pêcheurs basques qui s'y arrêtent rapportent que les colons ont besoin d'un prêtre. La perte de leurs bateaux met un terme aux contacts entre les colons et la mère patrie. Si les renseignements disponibles sont fiables, cet établissement se serait trouvé en territoire micmac, mais aucune tradition micmaque n'y fait référence. Une carte portugaise, qui date d'environ 1576, fournit une preuve, ténue, mais une preuve tout

17. Biggar, *Precursors*.

de même : le Labrador est illustré de deux dessins de paysans qui mènent l'un et l'autre des charrues tirées par des bœufs. Jean Fonteneau est apparemment convaincu de l'existence de cet établissement, puisqu'il raconte sa destruction par les indigènes. Pour sa part, Champlain mentionne que le poste fut abandonné après un seul hiver à cause des rigueurs du climat.

Quelles que soient les raisons qui amènent la disparition de la colonie, il reste que les revendications territoriales portugaises demeurent toujours théoriques dans ces régions nordiques, le Portugal continuant d'être très occupé par le Brésil et l'Orient. L'intérêt espagnol n'y est pas non plus, en dépit d'une situation juridique plus avantageuse et d'une lucrative industrie d'huile de baleine dans le détroit de Belle-Isle. La France doit accepter le défi de coloniser le Nord, une entreprise qui lui fera redécouvrir, dans un nouveau contexte, ce qu'elle a déjà appris dans le commerce des bois de teinture du Brésil : la coopération et les alliances avec les Amérindiens sont d'une importance fondamentale.

CHAPITRE VIII

LES FRANÇAIS SUR LES RIVES DU SAINT-LAURENT

La réaction initiale de la France aux décisions de l'Espagne et du Portugal de garder le Nouveau Monde pour eux seuls consiste à installer des entreprises commerciales dans les régions interdites. Elle s'empresse d'établir des relations avec les Topinambous du Brésil, de manière à exploiter les peuplements côtiers de brésil (ou « bois de brésil »). Il y a aussi les pêcheries nord-atlantiques, au large des côtes de Terre-Neuve et dans le golfe du Saint-Laurent ; ces exploitations permettent aux Français de se familiariser avec les Amérindiens de la côte et de vérifier ce que Corte-Real avait observé en 1501, soit le potentiel de pelleteries pour la traite. La tentative que font les Portugais en vue de garantir leurs titres de possessions nordiques, par le biais d'un établissement permanent, pousse François Ier à défier ouvertement la division papale du Nouveau Monde. En 1524, il envoie une expédition officielle explorer les côtes de l'Atlantique nord dans le but d'en déterminer le potentiel commercial et les possibilités de colonisation.

Le premier explorateur mandaté officiellement par la France en Amérique du Nord, Giovanni da Verrazzano, examine la côte à partir des Carolines jusqu'à l'île du Cap-Breton. Il nomme ce territoire nordique « Nouvelle France », et son appellation est en général acceptée, malgré les précédentes expéditions portugaises, espagnoles et anglaises dans cette région. D'ailleurs, aucune d'entre elles n'a jamais atteint une telle minutie ou étendue.

Dans son rapport à François Ier, l'explorateur confirme la richesse de la région et parle de la surprise des indigènes à la vue des Européens :

> Nous vîmes beaucoup de gens qui venaient au bord de la mer et qui fuyaient en nous voyant approcher. Quelquefois ils s'arrêtaient et se retournaient en nous regardant avec grand étonnement. Rassurés par nos signes, quelques-uns d'entre eux s'approchèrent de la mer en montrant une grande joie à notre vue, s'émerveillant de nos habits, de notre visage et de notre blancheur. Ils nous montraient par signes l'endroit où nous pouvions le plus commodément aborder avec la barque et nous offraient aussi à manger de ce qu'ils avaient[1].

Son compte rendu ne fait nulle allusion aux réactions d'effroi que rapportent Colomb et Vespucci. Verrazzano lui-même ne rencontre pas d'hostilité déclarée, bien qu'il trouve les populations du Nord pour le moins dépourvues de cordialité. Il arrive cependant que les Européens ont de la peine à s'assurer des intentions des aborigènes. Verrazzano rapporte un incident dans lequel un jeune marin quitte audacieusement le navire à la nage, vers un groupe de personnes sur la rive. À mesure qu'il s'approche, son courage l'abandonnant, il lance quelques babioles vers les indigènes qui l'attendent et se remet à nager vers le navire. Toutefois, une grosse lame l'arrête et le rejette vers le rivage. De peur, il pousse un cri, et les Amérindiens, ahuris, apparemment pour le rassurer, lancent aussi des cris. Ils préparent un feu et le déshabillent afin de faire sécher ses vêtements ; le marin est certain qu'ils se préparent à le manger. Après s'être séché et réchauffé, il quitte ses hôtes en bons termes et rembarque dans une chaloupe venue du navire.

Le compte rendu de Verrazzano donne l'impression qu'une population nombreuse habite le pays ; d'ailleurs, des masses de gens viennent à sa rencontre dès qu'il s'aventure à terre. Comme d'habitude chez les premiers explorateurs, il dépend des Amérindiens pour son ravitaillement en aliments frais ; il les trouve généreux, n'attendant souvent rien en retour. Pourtant, à mesure qu'il monte vers le nord, les gens deviennent plus exigeants. Ils se révèlent aussi moins approchables :

> Ils venaient sur certaines roches du rivage où les vagues étaient les plus forte et tandis que nous restions dans le canot, ils nous envoyaient avec une corde ce qu'ils voulaient nous donner, en nous criant continuelle-

1. Ramusio, *Navigations et Voyages*.

> ment de ne pas nous approcher et en demandant immédiatement l'échange. Ils n'acceptaient que les couteaux, le hameçons de pêche et le métal tranchant. Ils n'appréciaient nullement l'amabilité et, quand nous partions, n'ayant plus rien à échanger, les hommes nous faisaient tous les gestes de mépris et de honte que peut faire une créature sans humanité ni politesse[2].

En fin de compte, rapporte Verrazzano, les gens deviennent « si barbares que nous ne pûmes malgré tous les signaux que nous leur fîmes, avoir commerce avec eux[3] ». Cela vient étayer la thèse d'une familiarité éprouvée avec les Européens dans ces régions, sans doute une conséquence des activités halieutiques.

Verrazzano s'aperçoit que, partout sur la côte, les Amérindiens préfèrent les couleurs rouges et bleues et aiment particulièrement les perles bleues et les autres « bagatelles pour se mettre aux oreilles et au cou[4] ». Ils aiment aussi les clochettes, mais ne montrent pas d'intérêt pour les draps de soie ou d'or ; quant à l'explorateur, son œil est attiré par les peaux brodées « finement façonnée[s] comme un damas[5] » que portent les chefs qui le visitent. Il s'interroge sur les types d'établissements où vivent les gens du Nord et pense que leurs habitations sont probablement en bois, mais autant qu'il puisse en juger, plusieurs de ces populations passent la nuit au grand air. Plus au sud, il assiste au démontage et à la réinstallation instantanée de certaines habitations. Incapable d'identifier des temples ou des lieux de prière dans les villages, il conclut que les habitants vivent sans religion, dans la liberté la plus complète.

Le pays impressionne Verrazzano qui le trouve, « avec ses majestueuses variétés d'arbres, [...] du plus grand charme et du plus agréable aspect qu'il soit possible d'imaginer » ; il ajoute qu'à son avis « il n'était pas sans richesse. Les minéraux apparaissent en effet sur toutes les collines[6] ». Ces suppositions alimentent les rumeurs de lointains « Royaumes dorés », pareils à ceux des Mexica que Cortés vient de conquérir. C'est ce que suggère l'action du roi de France qui, étant enfin dans une situation qui lui permet de donner suite aux voyages de

2. Ramusio, *Navigations et Voyages*.
3. Hakluyt, *Principal Navigations*.
4. Ramusio, *Navigations et Voyages*.
5. Wroth, *Verrazzano*.
6. *Ibid*.

Verrazzano, avance 6 000 livres à Cartier « pour descouvrir certaines ysles et pays où l'on dit qu'il se doibt trouver grant quantité d'or et autres riches choses[7] ». Ces visions de grandes richesses pour la France disparaissent avec le retour de Cartier qui ramène de son troisième voyage une cargaison de pyrites de fer, un épisode qui confirme les doutes grandissants entourant l'existence d'or si loin au nord.

Pourtant, en 1534, la soif de l'or est grande quand Cartier entame sa première traversée officielle vers la Terre Neuve, ou selon l'appellation en vogue, vers le Canada. Cette année-là, il reconnaît la côte, particulièrement le golfe du Saint-Laurent. Au deuxième voyage (1535-1536), il poursuit son exploration en remontant le fleuve Saint-Laurent, aussi loin qu'Hochelaga (aujourd'hui Montréal). Son troisième voyage (1541-1543) a pour but de transporter des colons sous l'autorité du lieutenant général Jean-François de La Rocque de Roberval (v. 1500-1560).

Le voyage de 1534 n'est apparemment pas le premier que Cartier fait dans le Nouveau Monde : d'Avity et Biard disent que son premier voyage date de 1524, et, dans les relations de Cartier, des observations laissent entendre qu'il s'est déjà rendu au Brésil. Il mentionne plusieurs fois que le maïs du Canada est semblable au millet du Brésil et écrit que l'Amérindien du Nord « vyt quasi en communaulté de biens, assez de la sorte des Brézillans[8] ».

Non seulement Cartier a une idée de ce qui l'attend, mais c'est le cas aussi des Amérindiens : au lieu d'accueillir les Français avec crainte et étonnement, ils aspirent à faire du commerce avec eux. On lance même une théorie suivant laquelle certains viennent expressément sur la rive à la rencontre des navires européens. Cartier offre aux indigènes des couteaux et des articles en fer, et à leur chef un bonnet rouge. Ils expriment alors leur joie en chantant, en dansant et en se lançant de l'eau de mer sur la tête.

Règle générale, on croit que les Micmacs, qui sont les premiers indigènes que rencontre Cartier, l'accueillent avec chaleur et le convainquent de la sincérité de leur amitié. L'explorateur rencontre ensuite des Hurons-Iroquois et il remarque qu'ils parlent une langue différente et que leurs coutumes diffèrent. Ils sont plus réservés et ont

---

7. Cartier, *Collection of Documents*.
8. Cartier, *Voyage*.

pris soin, du moins au début, de faire retirer dans la forêt leurs jeunes femmes. Il pourrait s'agir d'Iroquois de Stadaconé (aujourd'hui Québec). Leur style de vie, qui repose sur la chasse et la pêche, complétées par l'agriculture, se situe quelque part entre celui des chasseurs algiques du Nord et celui des Hurons ou des Cinq-Nations. Venant séjourner au bord de l'eau tous les étés, les Stadaconiens eurent probablement très tôt des contacts avec les Européens, peut-être aussi à la même époque que les Micmacs. Leurs premiers soupçons à l'égard de Cartier sont quelque peu justifiés, bien que ce ne soit pas pour les raisons qu'ils appréhendaient. À la veille de son départ, Cartier érige une croix à Honguedo (péninsule gaspésienne), pour prendre possession du pays, comme le veut la pratique établie par les Français. Le chef stadaconien Donnacona élève sur-le-champ des protestations, pensant apparemment qu'il s'agit d'une ruse en préparation d'une attaque. Accompagné d'hommes en armes, il vient demander à Cartier si les Français ont l'intention de se rendre maîtres du pays. Suivant son propre témoignage, Cartier répond que la croix servira seulement de poteau indicateur ; cet emploi des croix comme amers est révélé par une référence ultérieure à une croix servant de point de repère dans la baie de Lobster, sur la côte nord.

Toutefois, le cosmographe Thevet, qui fait allusion à Cartier comme son « noble et bon ami[9] », relate que le Français raconta aux Amérindiens qu'il voulait les protéger contre leurs ennemis et se proposait, pour cette raison, d'établir une colonie. Pour les Iroquois, cela devait signifier une offre d'alliance et, conséquemment, ils apportent de la nourriture. Tout de même, la participation de Cartier à l'enlèvement de deux fils de Donnacona, Domagaya et Taignoagny, après un tel engagement, doit être apparue comme la plus grossière des trahisons pour les Stadaconiens. On peut aussi se demander si les deux fils éprouvent autant de plaisir que Cartier semble le croire quand les Français les habillent de chemises et de rubans, les coiffent de bonnets rouges et leur mettent au cou des colliers de cuivre. Grands voyageurs sur leurs propres terres, les Amérindiens ne trouvent absolument aucun intérêt à se rendre en pays étranger.

Les deux frères ont plus de chance que bon nombre de leurs congénères dans des circonstances semblables : ils survivent à leur séjour en France et reviennent avec Cartier en 1535 pour piloter la

9. Thevet, « Grand Insulaire ».

remontée des navires français dans le Saint-Laurent. À l'embouchure du Saguenay, le corps d'expédition croise quatre canots de Stadaconiens qui, reconnaissant les Français, font preuve d'un mélange de méfiance et de crainte ; ils se rappellent de toute évidence les événements de l'année précédente. Plus en amont, près de Stadaconé, Cartier fait face à des réactions semblables. Les Iroquois ont tendance à s'enfuir ; ils ne reconnaissent pas, au premier abord, les deux interprètes, probablement parce qu'ils sont habillés et coiffés comme des Français. Lorsqu'ils se rendent bientôt compte de leur identité, les Stadaconiens redeviennent des hôtes accueillants.

La bienveillance recouvrée ne dissipe pas complètement l'atmosphère de suspicion qui sépare Français et Stadaconiens et qui se reflète dans le changement d'attitude de Taignoagny et de Domagaya. Dès leur retour, ils refusent en effet de remonter à bord des navires français. Inutile de faire un gros effort d'imagination pour comprendre ce qui s'est produit. En France, les frères agissent probablement de la manière la plus susceptible d'assurer leur survie ; lorsqu'ils décrivent leur pays, il est vraisemblable qu'ils en embellissent les attraits dans la mesure où ils pensent garantir ainsi leur retour. Ils encouragent le désir de Cartier de visiter Stadaconé et même Hochelaga, promettant de guider le capitaine français partout où il voudra se rendre sur les bords du Saint-Laurent, même s'ils savent fort bien qu'une telle action contreviendrait à la coutume amérindienne. Celle-ci veut que les Stadaconiens, puisqu'ils sont les premiers à rencontrer les Français, acquièrent le droit exclusif de commercer avec eux et de servir d'intermédiaire entre cette nouvelle source de commerce et les populations de l'intérieur du pays. Les Français, même s'ils sont les partenaires commerciaux des Stadaconiens, doivent obtenir leur permission pour traverser leur pays et pénétrer dans l'arrière-pays. Revenus au Canada, les fils de Donnacona ne peuvent tenir les promesses faites avec tant de facilité en France ; les Stadaconiens s'opposent donc fermement au désir de Cartier d'explorer le fleuve. Si Cartier connaissait les conventions commerciales amérindiennes, il ne montre nulle envie de s'y plier et voit comme une perfidie la répugnance que manifestent ses invités d'hier à remplir leurs promesses. Lorsqu'il remonte enfin le fleuve jusqu'à Hochelaga, sans guide, tous ceux qu'il rencontre le reçoivent évidemment avec joie. Les populations d'amont sont enchantées qu'on passe ainsi outre au privilège commercial des Stadaconiens et cherchent par tous les moyens à encourager les Français à revenir.

La présence des Français à Stadaconé doit avoir sérieusement dérangé le chef Donnacona et les anciens du village. En effet, si les Français apportent des objets de commerce, ils véhiculent aussi une incompréhension des mœurs amérindiennes qui démontre le peu d'envie qu'ils ont de modeler leur comportement sur leurs exigences. Par exemple, en une occasion où les Stadaconiens n'apportent pas d'armes, les Français tiennent à porter toutes les leurs. Et à Donnacona, qui vient d'élever une objection, Cartier répond d'un ton sec que c'est la coutume en France, comme le savent bien Domagaya et Taignoagny. Une telle attitude surprend de la part des Français, d'autant plus qu'ils ont déjà des préoccupations colonisatrices. En Amérique du Sud, ils s'étaient adaptés aux coutumes amérindiennes, réussissant à faciliter le commerce brésilien, malgré la détermination de l'opposition portugaise. Au bord du Saint-Laurent, rien ne nous permet de savoir si Donnacona poursuivit la discussion, en faisant observer que ces habitudes françaises ne conviennent pas nécessairement à Stadaconé et ne sont, dans ce cas-ci, sûrement pas empreintes de diplomatie. Les récits de Domagaya et de Taignoagny attisent la curiosité autour de l'artillerie qui hérisse les sabords des navires français, et les Stadaconiens demandent à Cartier de tirer du canon. Résultat, la terreur se répand naturellement sur les villageois, et une fausse rumeur raconte que deux Amérindiens perdirent la vie dans l'incident.

Le fait que Cartier et ses hommes ne soient pas invités, dès leur arrivée, à visiter le village situé à près d'une demi-lieue à l'écart du fleuve, est révélateur de l'attitude stadaconienne. En réalité, cette invitation ne se présentera pas avant le retour de Cartier d'Hochelaga ; et encore là, la visite s'effectue avec une retenue et une sobriété qui contrastent brutalement avec la réception de Cartier par les habitants d'Hochelaga. À Stadaconé, Cartier est accompagné d'une escorte armée de cinquante hommes « ayant reçu des ordres formels[10] ».

En attendant, les Stadaconiens font preuve d'un esprit de conciliation dans leurs efforts d'adaptation à ces nouveaux alliés peu commodes. Au cours d'une présentation destinée à dissuader Cartier de se rendre à Hochelaga, ils lui offrent une fille, enfant de la sœur de Donnacona, et deux jeunes garçons, dont l'un est le frère de Taignoagny. La gravité du geste est évidente, compte tenu de l'attachement considé-

10. Verreau, « Jacques Cartier ».

rable que portent les Amérindiens à leurs enfants. D'ailleurs, plus tard, lorsque la fille se sera enfuie, Donnacona, poussé un peu par les Français, la ramène, soulignant ainsi l'importance de son cadeau. L'échange d'enfants constitue l'un des moyens traditionnels par lesquels les Hurons-Iroquois, ainsi que d'autres Amérindiens, consolident leurs alliances. Cartier n'accepte les enfants qu'à condition que cela ne l'engage pas à renoncer à sa visite à Hochelaga. Les Stadaconiens persistent à faire ce geste tout en connaissant sa position ; ils tentent tout ce qu'ils peuvent pour gagner les Français à leurs intérêts. À la manière caractéristique des Amérindiens en général, les Stadaconiens essaient de se concilier les esprits en colère (ou les humains peu commodes) à l'aide de cadeaux.

Les efforts des Stadaconiens en vue de conclure un accord avec les Français ne s'arrêtent pas là ; ils offrent de laisser Taignoagny et Domagaya guider Cartier jusqu'à Hochelaga, à condition que le Français laisse aussi un otage à Stadaconé. Mais, peu enclin à la négociation, Cartier refuse de se soumettre à cette exigence, ne tient aucun compte des autres tentatives de dissuasion des Stadaconiens et remonte le fleuve sans guide. L'impression croissante qu'il a de ne pouvoir se fier aux Stadaconiens, pour ne pas dire plus, est renforcée par les mises en garde que lui fait le chef d'Achelacy (Hochelay, aujourd'hui Portneuf) contre Donnacona et ses deux fils.

La réception que reçoit Cartier en amont corrobore ce que sous-entendent ces mises en garde, c'est-à-dire la rivalité qui oppose les Stadaconiens aux gens d'Achelacy et d'Hochelaga. Le chef d'Achelacy cherche à établir immédiatement une alliance avec les Français en leur présentant une petite fille de huit ans, après le refus par Cartier d'un petit garçon de deux ou trois ans, à son avis trop jeune. Le geste de Cartier, qui, au cours de son troisième voyage, en 1541, donne au « Seigneur d'Hochelay » deux jeunes garçons et d'autres cadeaux, laisse supposer qu'il en comprend au moins en partie les tenants et aboutissants. Il veut par là que ces garçons apprennent la langue et les coutumes des Amérindiens et puissent agir comme interprètes et intermédiaires lors de futures relations. Il a des objectifs plus limités que ceux des Amérindiens qui, eux, cherchent à créer des liens de sang devant servir à tisser une alliance globale. Rien n'indique que Cartier ait laissé un enfant chez les Stadaconiens.

De la même façon, la chaleur de l'accueil que reçoit Cartier de la part des habitants d'Hochelaga et la réponse qu'il leur fait contrastent vivement avec ce qui s'est produit à Stadaconé. À un endroit au cours de la remontée du fleuve, un Amérindien grand et fort « print ledict cappitaine [Cartier] entre ses braz, et le port à terre aussi [lergierement] qu'il eust faict ung enffant de six ans[11] ». À leur arrivée à Hochelaga, les Français sont encore transportés à terre. Ce geste, mal interprété, pourrait avoir été pris par les visiteurs pour une reconnaissance, par les Amérindiens, de la supériorité des Français, alors qu'il semble avoir constitué un cérémonial de déférence en usage partout dans les Amériques. Dans la région qu'on appelait alors la Floride, Laudonnière et quelques-uns de ses hommes furent aussi transportés sur les épaules de leurs alliés amérindiens à l'occasion d'un défilé de guerre. Au sujet des Sud-Américains, Vespucci rapporte : « Puis-je vous dire plus merveilleuse chose que le fait qu'ils se sentaient heureux lorsque, traversant une rivière, ils pouvaient nous porter sur leurs dos[12] ? »

Au cours de l'hiver de 1541-1542, à Stadaconé, ce que font les Amérindiens à l'égard de Français peu accoutumés au froid et limités dans leurs déplacements démontre bien que ce geste physique de respect n'est pas un signe de soumission. « Les Barbares gros, grands, forts et puissans ayans pitié d'eux les portoient sur leur col ès lieux où ils désiroient et vouloient aller. » L'un des Français, un gentilhomme d'Anjou, demande plusieurs fois à un Amérindien de faire une promenade de cette manière. La dernière fois, l'Amérindien, qui porte l'Angevin sur son épaule, glisse dans un sentier caillouteux et se fait battre à coups de canne par le gentilhomme. L'Amérindien s'approche du rivage, prend l'Angevin par le col, l'étouffe et le jette à l'eau. Un autre Français tire son épée, mais l'Amérindien lui fait subir le même traitement. Cela effraie la compagnie, aux dires de Thevet qui affirme avoir reçu ces renseignements de Cartier, dans sa maison de Saint-Malo[13].

L'histoire du premier hiver de Cartier à Stadaconé (1535-1536) n'est qu'une suite de tensions croissantes. En matière de commerce, les Stadaconiens se font plus exigeants quand Domagaya et Taignoagny leur disent qu'ils peuvent tirer un meilleur profit de leurs articles. Tous les deux ont probablement entendu en France des histoires sur les gros profits qu'on peut faire dans le Nouveau Monde puisque les Amérindiens se contentent de si peu en échange de leurs articles de com-

11. Cartier, *Voyage*.
12. Vespucci, *Letters*.
13. Thevet, « Grand Insulaire ».

merce. Par conséquent, les Français sont contraints de payer des prix plus élevés pour leurs besoins quotidiens, comme la viande et le poisson frais, sans quoi les Amérindiens refusent de faire du commerce. Cartier se plaint d'ailleurs de la pingrerie des Stadaconiens. Le récit de cette mauvaise humeur, lorsqu'on le compare aux histoires habituelles sur l'hospitalité des Amérindiens durant cette période, laisse fortement supposer que les Français ont déplu à leurs hôtes.

En une autre occasion, c'est au tour des Français de devenir soupçonneux. Peu au fait du déroulement des activités hivernales des Amérindiens, ils refusent de croire Donnacona qui leur annonce son départ pour la chasse d'hiver et lui demandent s'il sera longtemps absent. Domagaya leur répond, avec l'imprécision amérindienne habituelle sur la durée des événements, que cela durera environ quinze jours. Après une absence de deux mois du chef, Cartier commence à se demander si Donnacona n'est pas en train de rassembler des effectifs en vue d'attaquer les Français en état de faiblesse. Au retour de Donnacona, les Français se rendent compte d'un nombre inhabituel d'Amérindiens dans le village. Alors que les Amérindiens ne se sont réunis que pour les cérémonies d'hiver, qui servent à la reconstitution rituelle des mythes, Cartier conclut, à tort, qu'il y a de l'orage dans l'air pour les Français.

La présence des Français peut, de fait, avoir exacerbé l'action des factieux qui sont apparemment actifs à Stadaconé. C'est bien ce que sous-entend Taignoagny lorsqu'il prie Cartier d'emmener en France un chef rival, Agona, une requête qui, soit dit en passant, démontre le sentiment du jeune homme à l'égard de ce voyage en Europe. Le refus de Cartier ne facilite pas les rapports entre Français et Stadaconiens. Ce jeu de défiance croissante réciproque atteint son comble en 1536 quand Cartier, à la veille de son départ, s'empare de Donnacona, de ses deux fils et de deux autres capitaines. Ironiquement, l'occasion est de nouveau marquée par l'érection d'une croix. En apparence, les Français célèbrent l'Invention de la sainte croix (3 mai), mais il est évident que l'événement recèle une signification politique, compte tenu de la dimension de la croix (haute de trente pieds) et de la présence d'un blason aux armes de France et porteur de la devise « *Franciscus Primus Dei Gratia Francorum Rex Regnat* » (« Longue vie à François Premier, roi de France par la grâce de Dieu »).

Quels que soient les sentiments des Stadaconiens à l'égard des Français dans le Nouveau Monde, François Ier, lui, est suffisamment satisfait des résultats de ces deux voyages pour offrir à Cartier un des navires de la seconde expédition. En outre, les rapports de Cartier donnent en résumé les projets de colonisation auxquels la reconnaissance du fleuve Saint-Laurent est en majeure partie imputable. La guerre entre Charles Quint et François Ier retarde le départ de Cartier qui ne remet à la voile qu'en 1541, avec 250 personnes, dans le cadre d'une entreprise de colonisation française en Amérique du Nord, dirigée par Roberval. Cartier mène la première partie de l'expédition, qui passe l'hiver de 1541-1542 à Charlesbourg-Royal, établissement français à proximité de Stadaconé, et Roberval la seconde, qui hiverne au même endroit l'année suivante.

Le peu qu'on sait du séjour de Cartier indique que le capitaine français ne parvient jamais à un modus vivendi satisfaisant avec les Stadaconiens. Il leur déclare que, à l'exception de Donnacona, mort depuis environ deux ans, les Iroquois qu'il ramena en France lors de son précédent voyage sont heureux là-bas, qu'ils vivent comme des grands seigneurs et n'ont pas voulu revenir dans leur pays d'origine. Même si Cartier relate qu'ils acceptent cette explication, on peut se demander si les Stadaconiens furent aussi facilement dupés, surtout après ce que devaient leur avoir raconté Taignoagny et Domagaya. Le témoignage de Cartier révèle qu'il avait lui-même de sérieux doutes à ce sujet :

> Et quand nous arrivâmes à notre fort [Charlesbourg-Royal, à l'embouchure de la rivière du Cap-Rouge], nous comprîmes par nos gens que les sauvages du pays ne venaient plus alentour de notre fort comme ils en avaient l'habitude pour nous apporter du poisson et qu'ils avaient à notre égard des doutes et des craintes étonnantes[14].

Les hostilités se déclarent vraiment lorsque les Français tentent de s'établir, et que les Amérindiens tuent des charpentiers descendus à terre pour commencer la construction. La conspiration qu'organisent les Stadaconiens en vue d'incendier les navires français et que déjoue Cartier donne une idée des représailles qui suivent. Selon Thevet, les Amérindiens ont été provoqués :

> C'est qu'estans les nostres descenduz en terre, aucuns ieunes folastres par passetemps, vicieus toutefois et irraisonnables, comme par une manière de tyrannie couppoient bras et iambes à quelques uns de ces pauvres

14. Cartier, *Voyage*.

> gens, seulement disoient-ils pour essayer, si leurs espées trenchoient bien, nonobstant que ces pauvres Barbares les eussent receu humainement, avecques toute douceur et amytié[15].

Christopher Carlysle laisse sous-entendre quelque chose de semblable en disant que l'enlèvement de Donnacona, ainsi que des querelles survenues durant le deuxième séjour hivernal de Cartier et pendant le séjour de Roberval, a « mené le pays entier à une telle aversion envers les Français, qu'ils [les habitants] n'admettent dorénavant plus aucune conversation ni aucunes familiarités avec eux[16] ». Durant son retour en France, Cartier mentionne à Roberval qu'il ne peut plus supporter les Amérindiens qui vont çà et là tous les jours pour l'importuner. Un cosmographe du XVIIe siècle écrit que Cartier abandonna le rôle qu'il avait dans l'entreprise de colonisation « parce qu'il ne voyait aucun espoir d'assujettir les sauvages avec des forces aussi peu nombreuses que celles qu'il amena avec lui de France[17] ». Thevet s'exprime encore plus directement : « Et par ainsi depuis n'ont permis aucuns Chrestiens aborder et mettre pié à terre en leurs rivages et limites, ne faire traffique quelconque comme depuis lon a bien congneu par expérience[18]. » Les Amérindiens racontent à des pêcheurs qu'ils ont tué 35 des hommes de Cartier à son fort sur le Saint-Laurent.

Le fait que Roberval ne rencontre aucune hostilité ouverte à son arrivée à Charlesbourg-Royal en 1542 laisse penser que cette inimitié ne s'adresse qu'à Cartier et ses compagnons plutôt qu'aux Français en général. De fait, le commerce débute, et, à une occasion, les Amérindiens apportent une « grande provision » de poisson. Cependant, Roberval semble avoir été aussi peu diplomate que Cartier ; on raconte qu'il fait preuve d'un caractère autocratique et inflexible. L'histoire de la courageuse Marguerite (de la Roque), qu'il abandonne avec son amant dans une île du Saint-Laurent parce qu'il désapprouve sa conduite, donne une bonne idée du personnage. Sa façon de diriger les hommes, suivant la description de Montchrestien, ne peut mener qu'au désordre, aux querelles et à l'épuisement. Il fait amplement usage du fouet, tant pour les hommes que pour les femmes, n'hésite pas à mettre

15. Thevet, *Singularitez*.
16. Hakluyt, *Principal Navigations*.
17. Ogilby, *America*.
18. Thevet, *Singularitez*.

les gens aux fers et va même jusqu'à la pendaison. Le lieutenant général estime évidemment que ces mesures sont nécessaires pour tenir la main haute à ses forçats-colons. Par contre, chez les Amérindiens, qui ne peuvent supporter la moindre contrainte physique et qui tuent leurs ennemis plutôt que leurs propres compatriotes, ces mesures doivent avoir paru choquantes.

Roberval aggrave la situation en maltraitant aussi les Amérindiens, ce qui, combiné avec d'autres facteurs, mène à « la ruine de tout son dessein[19] ». Des rumeurs de son insuccès peuvent avoir causé son rappel en France, bien qu'on évoque habituellement « les importantes affaires du Roi ». Aussi coûteux qu'ait été le projet de colonisation de Cartier et Roberval, sa poursuite exige un renforcement et un ravitaillement supplémentaires. Le roi étant incapable de fournir plus, le projet n'aboutit à rien. La désillusion qui s'installe chez les autorités se lit dans cette inscription qui accompagne une carte de Descellier, datée de 1550 : « Et pource que Ilz na este possible (Avec les gentz dudict pays) faire trafique a raison de Leur austerite intemperance dudict pays et petit proffit son retournes en France esperant y retourner quand il plaira au Roy[20]. »

Ce que vécurent Cartier et Roberval laisse supposer que la capacité de parvenir à des arrangements avec les Amérindiens, qu'on a largement reconnue aux Français et qui atteignit en Nouvelle-France son plein développement vers la fin du XVIIe siècle et durant la première moitié du XVIIIe, est le résultat d'une aptitude dont l'acquisition passa parfois par de douloureuses expériences.

L'échec de cette tentative de colonisation fait hésiter la France. Puisque les succès de l'Espagne et du Portugal prouvent que les Européens peuvent établir des colonies sur ces nouvelles terres, s'agit-il d'une mauvaise planification de l'expédition française, comme le proclame Champlain ? Les accusations de mauvaise administration portées par Montchrestien sont-elles fondées, tant en ce qui touche la colonie elle-même qu'à l'égard des relations avec les Amérindiens ? Et s'il faut rejeter la responsabilité sur l'emplacement choisi pour la colonie, serait-ce parce que le Saint-Laurent est situé trop au nord pour garantir le succès d'une implantation européenne ?

---

19. Montchrestien, *Traicté*.
20. Ganong, *Crucial Maps*.

Les accusations de mauvaise conception ou planification de ses premiers projets de colonisation, portées contre la France, relèvent bien sûr aujourd'hui de la sagesse rétrospective. À l'époque, ses buts paraissent suffisamment clairs. Le principal objectif de l'entreprise de Cartier et Roberval, selon une déclaration faite au stade de la planification, consiste à

> établir la Religion Chrestienne dans un pays de Sauvages éloignés de la France [...] où il sçavoit bien qu'il n'y avoit point de mines d'or & argent, ny autre gain à esperer, que la conqueste d'infinies ames pour Dieu leur délivrance de la domination et tyrannie du Démon infernal auquels elles sacrifioient jusqu'à leurs propres Enfans[21].

La teneur éminemment politique de cette déclaration révèle la portée des intentions de François Ier : défiant la démarcation papale du Nouveau Monde, il insiste sur le droit de la France, puissance catholique, de participer aux travaux d'évangélisation. D'un seul coup, le roi cherche à déjouer l'Espagne dans le Nouveau Monde, à faire de la France une puissance missionnaire et à créer une nouvelle France d'outre-mer.

Toutefois, si François Ier exprime ses objectifs politiques avec clarté, il ne précise rien sur le mode de colonisation. D'une part, il ne ménage ni ressources matérielles ni argent pour préparer l'expédition, et, d'autre part, il ne possède aucun modèle approprié qui lui permette d'orienter ses efforts. Ni les colonies espagnoles ni les portugaises n'offrent de prototypes convenables, d'abord parce qu'elles sont situées dans des régions dont le climat n'exige aucune adaptation d'importance, et ensuite (du moins dans le cas des Espagnols) parce que l'établissement de l'empire, dans le Nouveau Monde, s'est fait en majeure partie sur la conquête de grandes civilisations. Il reste encore un dernier point : il n'est jamais arrivé aux Français, non plus qu'aux autres puissances colonisatrices européennes d'ailleurs, de s'interroger sur la justesse du modèle culturel qu'ils cherchent à établir dans l'environnement offert par le Nouveau Monde.

Les façons de faire manquent aussi d'efficacité. Par exemple, l'habitude d'enlever des Amérindiens pour les emmener en France afin d'en tirer des renseignements sur le pays à coloniser aboutit à une accumu-

21. Cartier, *Collection of Documents*.

lation de données qui se révèlent pour le moins suspectes. Les Amérindiens détectent très vite ce que les Européens veulent entendre et font ce qu'ils peuvent pour leur rendre service. Si des renseignements reposant sur des fondements sérieux finissent par se savoir, c'est plus en dépit de cette méthode singulière de collecte de données que grâce à elle.

Dire que la planification et les préparatifs ne conviennent pas ou sont inadéquats ne sous-entend pas nécessairement que de grands efforts ne sont pas faits. Ce qui apparaît en 1538 comme des recommandations officielles pour une expédition de colonisation française au Canada, apparemment celle de Cartier et Roberval, suggère qu'elle comporte 6 navires et 276 hommes : 120 marins, 40 soldats, et le reste, des membres des corps de métier perçus comme nécessaires pour une telle entreprise. Il faut prévoir des provisions pour deux ans, et les membres d'équipage doivent recevoir leur solde avant l'embarquement, pour subvenir aux besoins des familles qu'ils laissent derrière eux en France. L'expédition doit quitter les rivages de France au plus tard à la mi-mars, afin d'accorder aux colons le plus de temps possible pour s'installer dans leurs nouvelles habitations avant la venue de l'hiver. Les frais globaux s'élèvent à 33 120 livres, une somme relativement importante pour l'époque. Pendant que se prépare l'expédition, un espion espagnol rapporte que six navires sont réservés à Cartier à Saint-Malo, et quatre autres pour Roberval à Rouen et à Honfleur. Cartier appareille enfin en mai 1541, avec cinq navires ravitaillés pour deux ans ; Roberval le suit, un an plus tard, avec trois bâtiments et deux cents colons. On dit que le coût définitif de l'expédition atteint 45 000 livres.

On trouve dans les descriptions de Cartier les premiers détails sur les Amérindiens de la vallée du Saint-Laurent. L'explorateur est un observateur précis, sinon profond, qui ne se laisse qu'occasionnellement aller à la propagande dans le but de promouvoir son projet de colonisation. Dans la dédicace au roi de son *Brief Recit*, il fait allusion à la « bonté & paisibleté » des Amérindiens[22]. On est en droit de se demander s'il ne se sert pas du stéréotype du bon sauvage. Quoi qu'il en soit, le ton de son propos insinuant contredit la rudesse qui transparaît dans le récit de ses rapports avec les Stadaconiens. Il donne l'im-

22. Cartier, *Bref Récit et Succincte Narration*.

pression d'avoir d'abord cru que, à l'instar d'autres Amérindiens, ils étaient « aisé[s] à dompter, en telle façon et manière que l'on vouldroict[23] », puis de s'être finalement rendu à l'évidence que leur complaisance était trompeuse. Pour Cartier, tout comme pour plusieurs de ses contemporains, cette malléabilité apparente semble avoir masqué leur perfidie ; ce pourrait aussi avoir été un mécanisme de défense masquant plutôt l'angoisse de celui qui craint de blesser. Dans ce monde d'incertitude où il dépend principalement de ses propres capacités, l'Amérindien ne s'estime pas dans une situation qui l'amène à courir ce genre de risques inutiles qu'entraîne le fait de contredire ouvertement les autres.

Les expressions de courtoisie compliquées des Français, souvent étalées en face d'ennemis avérés, n'impressionnent pas favorablement les Amérindiens. Les hypocrisies classiques ne sont acceptables que dans la mesure où la personne connaît les usages ; ni l'Amérindien ni le Français n'est suffisamment familier avec le code de relations sociales de l'autre pour en comprendre les nuances. Règle générale, Cartier, par son ton, indique qu'il a adhéré au consensus des Européens de son époque, suivant lequel les connaissances techniques des Amérindiens, dignes de l'âge de pierre, sous-entendent qu'ils sont des êtres humains inférieurs. Il maintient, sur un point, ses distances à l'égard des croyances populaires : il n'existe aucun monstre dans son bestiaire. Cela ne l'empêche pas de rendre compte, sans les commenter, des histoires amérindiennes sur les pygmées, les unipodes et les gens qui ne mangent jamais.

La naïveté du pilote de Roberval, le célèbre Jean Fonteneau, originaire de Saintonge, est plus grande encore. En 1559, il publie ses *Voyages avantureux*, le premier guide des routes maritimes ou de navigation qui présentait certaines parties de Terre-Neuve. Moins talentueux comme ethnographe que comme marin, il attribue aux gens du Labrador des traits porcins, apparemment un reflet de l'antipathie générale des Européens à l'égard des Béothuks et des Inuit de la côte. De la même façon, lorsque, dans *La Cosmographie*, il traite des habitants des rives du Saint-Laurent, son attitude reflète celle de Cartier dans ses rapports :

23. Cartier, *Voyage*.

> Ochelaga est terre beaucoup meilleure que celle de Canada et sont les habitans d'icelle plus raisonnables. Toutes foys on ne sçait que c'est qu'ilz croyent ny quel Dieu ilz adorent, tant les ungs que les aultres. En icelle terre se cueulle force milz duquelz ilz se nourrissent avec le poisson qu'ilz prenent en la riviere et en la mer. Car se sont grandz pescheurs de toutes sortes de poisson, comme anguilles, loups marins, saulmons, alonses, marsoins, grandz quasy comme ballaines, et d'aultres plus petitz[24].

Vers la fin du XVIe siècle, une foison de publications de cosmographes présentent des renseignements sur les voyages de Cartier et de Roberval. Les plus instructives sont *Les Singularitez de la France antarctique* (1557) et la *Cosmographie universelle* (1575) de Thevet. « Le Grand Insulaire et Pilotage », jamais paru comme tel, peut avoir été écrit avant les deux précédents, peut-être même dès 1550.

Thevet, bien qu'il soit moine cordelier, trouve plus d'intérêt dans les voyages que dans la pratique de la vie monastique des franciscains. Le cosmographe du roi tire avantage de sa position pour rencontrer autant de voyageurs et d'explorateurs qu'il peut. Sa façon de colliger les informations en fait en réalité une sorte de journaliste. Son empressement n'impressionne pas tous ses contemporains, et Léry le traite d'ailleurs de menteur. L'historien de Thou se montre également cassant, déclarant qu'une « ridicule vanité » motive Thevet à compiler des extraits d'auteurs divers et de guides facilement disponibles :

> En réalité, il est ignorant plus que tout ce qu'on peut imaginer, ne possédant aucune connaissance de la littérature ou de l'antiquité [...] il mélange l'incertain avec le certain, le faux avec le vrai, avec une assurance étonnante [...] je ne peux faire autrement que de me plaindre des nombreuses personnes qui, malgré qu'elles soient versées en sciences, ne perçoivent rien de la bêtise de ce charlatan, mais le citent avec honneur dans leurs écrits[25].

L'ennui, avec ce genre de critique, c'est qu'elle peut tout aussi facilement se retourner contre son auteur. De Thou, en dépit de son éminente érudition, n'échappe pas plus à son époque que Thevet. Dans ses ouvrages, de Thou fait observer une pluie de grains, en Carinthie (région de l'Empire catholique romain, au nord et à l'est de Venise), en mars 1548 ; il répertorie, pour l'année 1560, des signes comme des

24. Fonteneau, « La Cosmographie ».
25. De Thou, *Histoire universelle*.

feux et des cavaliers dans le ciel, ainsi qu'une comète qu'il qualifie de « plus sûr présage de mort pour le roi ». Pour l'année 1572, il fait état d'un dragon volant. Ces énoncés pourraient faire croire que de Thou partage la naïveté dont Thevet fut si souvent accusé. Il faut bien sûr admettre que Thevet ajoute sa propre vision à toutes les faiblesses qu'il partage avec son époque. Il peut aller jusqu'à truquer des témoignages, comme lorsqu'il invente une conversation avec des mots empruntés au vocabulaire iroquois de Cartier et en attribue la paternité aux gens de Pentagouet ; il prétend aussi avoir visité des terres où, peut-on déduire d'après ses propres descriptions, il ne se rendit jamais. Il tenta probablement de justifier ses propres déclarations en statuant que le témoignage de celui qui a fait la traversée a plus de valeur, dans un écrit sur le Nouveau Monde, que les spéculations de quelques érudits sédentaires. « L'expérience est maistresse de toutes choses[26] », affirme-t-il, à l'instar de Cartier. C'était là un des clichés de l'époque.

Thevet, malgré ses nombreux voyages et sa fonction officielle, n'est ni érudit ni raffiné, et il ne peut résister à l'envie de passer pour une autorité plus crédible qu'il ne l'est en réalité. Pour lui rendre justice, il faut souligner que ses contemporains ne furent pas tous aussi sévères envers lui que ses propres compatriotes. Martin Frobisher, par exemple, lorsqu'il s'embarque pour son premier voyage vers l'Arctique en 1576, emporte des exemplaires de deux ouvrages de Thevet. Ajoutons encore que la collecte de renseignements auprès des explorateurs et des voyageurs constitue une pratique normale chez les cosmographes et les géographes qui, à cette époque, connaissent rarement de première main les régions qu'ils décrivent. C'est le cas de Belleforest, qui, tout comme Thevet, se fonde sur la documentation de Cartier. Il y a naturellement une différence : Belleforest ne prétend pas être allé lui-même en Nouvelle-France.

La version de Thevet de sa première visite en Nouvelle-France est une combinaison de réalité et de fantaisie :

> à mon premier voyage au retour des terres australles nous faisions difficulté d'acoster ces Barbares. Un Roytelet du pays tout vestu de peau de beste sauvage accompaigné de quelques autres estimant que nous estions faschés et que nous le craignions nous dit assés amiablement en sa langue [...] « Allons allons en terre mes frères et amis. Venez boire et manger de

26. Thevet, *Cosmographie* (L'Huillier).

> ce que nous avons. Nous vous jurons par le ciel, la terre, la lune et les étoiles que vous n'aurez non plus de mal que nos propres personnes. » [...] Voyant la bonne affection et volonté de ce vieillard, fusmes avec luy un jour entier, le lendemain prismes la route de goulfe de Canada[27].

On peut, de plus, se demander s'il ne s'agit pas de la version de Donnacona de sa première rencontre avec Cartier. Thevet ayant rencontré le chef amérindien en France, il peut très bien ne pas avoir résisté à l'envie de reprendre à son compte l'histoire de Donnacona.

Avec des réserves de ce type en mémoire, on peut affirmer que les récits ethnographiques de Thevet traversèrent bien l'épreuve du temps. Non seulement ses descriptions des Topinambous du Brésil sont-elles comparables à celles du réputé Jean de Léry, mais elles leur sont complémentaires. Lorsqu'il s'agit de la Nouvelle-France, Thevet représente une source de renseignements qui ne se trouvent nulle part ailleurs. Il décrit les planches porte-bébés, les raquettes qu'on utilise d'après lui pour chasser, et la fabrication du sirop d'érable, qu'il tient apparemment pour une innovation française. Il rapporte que les maisons amérindiennes sont couvertes de neige et de glace pendant l'hiver et qu'elles s'effondrent parfois sous leur poids, des calamités qu'il tient pour des signes de mauvaise construction. Les Canadiens, en état de guerre, enfument leurs ennemis et tirent des flèches empoisonnées (Thevet fait-il allusion aux Topinambous du Brésil ? Les jésuites attribueront plus tard la même pratique aux Ériés, mais l'origine du récit est considérée comme douteuse). Avec les armes dont ils se servent, les Canadiens font la guerre à la manière des anciens. Thevet cite la vengeance comme principale cause d'hostilités, puisque les Amérindiens ne se battent pas pour acquérir des terres. Il ne s'aperçoit pas qu'ils pourraient être blâmés pour se laisser aller à la vengeance, tandis que les chrétiens eux-mêmes n'y résistent pas. De plus, il ne pense pas que les populations nordiques pratiquent le cannibalisme.

Thevet, dans l'ensemble, fera plus rapidement confiance aux Amérindiens qu'aux Maures ou aux Turcs. Il ajoute que, en ce qui a trait à la politesse envers les étrangers, il désirerait souligner que personne n'est plus hospitalier que les peuples du Nouveau Monde. On cherche en vain une telle appréciation de l'hospitalité amérindienne dans les écrits de Cartier, et le silence de Fonteneau est aussi éloquent.

---

27. Thevet, « Grand Insulaire ».

Thevet se classe sur le même pied que Léry et Staden comme principale source de documentation ethnographique sur le Nouveau Monde au cours de cette période. Ses observations couvrent un plus grand territoire que celles des deux autres, dont l'attention se concentre sur les Brésiliens. Non seulement Thevet rend plus attrayantes les observations sèches publiées par Cartier, mais il réfléchit sur les perspectives commerciales et industrielles de la Nouvelle-France, que Cartier dut prendre en considération, mais sans les décrire.

Du côté des Amérindiens de la Nouvelle-France, l'augmentation du volume et de l'importance de la pelleterie crée des problèmes. Tout au long du XVIe siècle, Tadoussac constitue, pour les Européens et peut-être même pour les Amérindiens, le principal centre de traite donnant sur le golfe du Saint-Laurent. Pourtant, à mesure que les articles européens atteignent l'intérieur des terres, les rivalités pour avoir directement accès au commerce s'intensifient. Elles pourraient avoir constitué un des facteurs responsables de la disparition des Iroquois « laurentiens » des abords du Saint-Laurent, peut-être aussi tard qu'en 1600, si on se fie au récit de Lescarbot. Ces Iroquois peuvent avoir été chassés par les Algonquins, qui furent à leur tour repoussés à l'intérieur des terres par les Cinq-Nations. La dispersion des Stadaconiens peut s'être produite avant celle des habitants d'Hochelaga, peut-être vers 1580, justifiant ainsi la pénétration des commerçants français jusqu'aux rapides de Lachine après cette date. La présence continuelle du nom Hochelaga sur les cartes de la fin du XVIe siècle peut signifier que le village existe encore à cette époque. D'un autre côté, certains expliquent le fait que Cartier ne le mentionne pas dans son compte rendu fragmentaire de 1541 par sa disparition avant cette date. Mais ni le silence de Cartier ni la prudence des cartographes ne fournissent de preuves définitives à cet égard. Des histoires de conflits sur les rives du Saint-Laurent apparaissent chez d'Avity, qui tire ses informations de Lescarbot :

> les Hurons, qui estoient en guerre avec les habitans les en ont chassez, il y avoit des bourgades remplies de quantité de sauvages, mais à cause des courses de leurs ennemis, ils se retirerent vers les pays des Abnaquiois, les autres aux pays des Hiroquois, & une partie vers les Hurons mesme[28].

---

28. D'Avity, *Description*.

On trouve aussi des récits de guerre dans les légendes micmaques et dans les *Relations* des jésuites.

Durant la même période, la Nouvelle-France attire l'attention. Une fois remis du choc des longs hivers et des basses températures qui les caractérisent, les Français commencent à y trouver des avantages pour l'agriculture et l'exploitation minière et forestière. Thevet se montre enthousiaste : « La terre Canadienne est bien temperée et fertile comme est celle de Gascoigne propre à produire toutes sortes de grains. » Telle est sa richesse naturelle que « si cette terre canadienne estoit habitée il pourroient autant ou plus reçevoir le profit que les Roys d'Ecosse et d'Annemark reçoivent de leurs isles Hebrides et Orchades[29] ». Dans le domaine minier, il existe des raisons d'être optimiste, étant donné que Thevet recopie des rapports sur des mines de cuivre, de fer et de plomb à Norumbega (en gros, la Nouvelle-Angleterre). On prévoit une abondance de sel dans le nouveau pays « attendu que le pays est plat et fort propre[30] ». Il est possible de constituer des réserves de poisson, parce que c'est un véritable pays pour la pêche ; et les forêts rendent possible l'approvisionnement de chantiers maritimes. L'air est doux, et le climat permet d'habiter le pays, même s'il est loin au nord. Toutefois, l'endroit est exposé à des tremblements de terre, laquelle ne semble renfermer ni or ni argent. En résumé, aux yeux de Montchrestien, son potentiel dépasse largement ses inconvénients ; l'économiste presse ses compatriotes de travailler « à bon escient » afin d'appuyer les entreprises commerciales et de justifier les octrois royaux qu'exige la réalisation du rêve colonial.

La personnalité des indigènes est aussi présentée comme un avantage, malgré les ennuis de Cartier : « Les peuples y sont bons, bénins et gracieux qui ne taschent qu'à tirer l'amitié de l'étranger. » Néanmoins, Thevet admet tacitement des difficultés quand il recommande la fortification de l'île Assomption (d'Anticosti) pour « qu'ils tien[nent] en bride tous les Sauvages du pays de Bacchaleos, Norombegue, Canadiens et autres ». Les Français ont des relations hostiles avec les Béothuks de Terre-Neuve (Baccalaos), les Armouchiquois de la Nouvelle-Angleterre (Norumbega) et les Stadaconiens (du Canada). Thevet pense apparemment aux difficultés de Cartier et de Roberval, lorsqu'il

29. Thevet, « Grand Insulaire », 155v et 152v.

30. *Ibid.*, 150v.

fait remarquer que n'importe quel prince ou grand seigneur désireux d'implanter une colonie serait obligé de construire un fort en plus de prendre possession du pays. Les Français qui pêchent sur les côtes de l'Atlantique et dans le golfe sont parvenus, à l'inverse de Cartier et de Roberval, à établir un *modus vivendi* avec des populations de marins établies sur le littoral, comme les Pesmocodys. Suivant un observateur impressionné, leurs résultats furent salutaires pour les Amérindiens qui, maintenant, « observent non seulement une bonne police, mais ils vivent aussi selon notre religion, et ne mangent de chair humaine si ce n'est fort secrètement[31] ». Les Anglais témoignent d'une appréciation pleine d'entrain à propos des avantages économiques pouvant être tirés de ces arrangements :

> Les Français et les Basques rapportent qu'ils [Amérindiens] sont gens ingénieux et accommodants (s'ils sont bien traités) : ils sont prêts à leur prêter assistance avec grand-peine et patience et à tuer, à choisir et à faire bouillir les baleines ; et à extraire l'huile de baleine sans attendre d'autre récompense qu'un peu de pain, ou de petits gages de même nature[32].

Montchrestien reste d'avis que, tout compte fait, les Amérindiens éprouvent une sympathie naturelle pour les Français. Il conseille à ses compatriotes d'apprendre de leurs expériences passées, de ne pas mépriser les Amérindiens et de faire œuvre utile en les changeant en Français. Il ajoute que c'est ce que les Grecs et les Romains auraient fait.

---

31. Girava, dans Apianus, *Cosmographie*.
32. Whitbourne, *Discourse and Discovery*.

CHAPITRE IX

LES FRANÇAIS AU BRÉSIL ET EN FLORIDE

La France fait sa prochaine tentative majeure de colonisation au Brésil, entre 1555 et 1560, sur des terres revendiquées par les Portugais. À cette époque, le pays fait un florissant commerce de brésil, qu'il a étendu à d'autres produits tels que les poivres, les peaux de jaguar et les perroquets ; en outre, ses alliances avec des associés commerciaux, principalement les Topinambous et les Potiguars, reposent sur une base solide[1]. Les Français réussissent alors à se retrancher dans le pays, aidés par son immensité ; et les Portugais, bien qu'ils soient arrivés rapidement à établir leur souveraineté, ne peuvent faire mieux que les harceler. La situation paraît taillée sur mesure pour, à la fois, défier la démarcation papale et l'expansion portugaise et établir la présence française en Amérique.

Le chevalier Nicolas Durand de Villegaignon (v. 1510-1571), qui a reçu l'approbation royale, dirige le projet du Brésil et quitte la France avec deux navires armés, de 200 tonneaux chacun, et dont les capitaines ont signé des contrats d'engagement. Ses talents de propagandiste, renforcés par les tensions religieuses qui affectent la France à l'époque, font en sorte que plusieurs personnes s'intéressent au projet, d'autant plus qu'il est placé sous la protection du drapeau français. En

1. Un guide de navigation publié par le Rouennais Jean Cordier en 1547 renfermait un guide de conversation pour les Français au Brésil. Les phrases choisies rappellent celles des guides touristiques d'aujourd'hui (BN, ms. franç., 24269).

effet, le roi donne son approbation, soucieux de soulager ces tensions et ayant l'espoir de voir l'expédition apporter « honneur, gloire et profit » à son royaume.

Le fait que le Brésil est devenu une sorte de terre promise, surtout pour les marchands et les membres de la petite noblesse, alimente ces attentes et ces espoirs. Pour certains d'entre eux, le Nouveau Monde se résume au Brésil. L'entrée d'Henri II dans Rouen, en 1550, sert de motif à la présentation d'un poème qui s'adresse au roi et lui demande d'expulser les Portugais du Brésil. Dans les livres de géographie publiés en français durant le XVIe siècle, presque toutes les illustrations d'habitants du Nouveau Monde représentent des Brésiliens. En font d'ailleurs autant d'autres sortes de publications, comme le manuel de dévotion *Les Heures à l'usage de Paris* (1551), à marges dorées et à reliure en cuir marron repoussé formant un motif de têtes de Brésiliens parées de coiffures de plumes peintes en vert, rose et noir[2].

Le premier Amérindien connu qui soit venu en France, Essomericq, est un Carijó, de la famille des Topinambous-Guaranis, qui occupent la majeure partie des côtes du Brésil à l'arrivée des Européens. Les Amérindiens avec qui Montaigne s'entretient à Rouen vers la fin du XVIe siècle sont des Topinambous, dont les tribus occupent les terres situées au nord de la région de São Paulo. Bien que leur population soit morcelée en une diversité ahurissante de tribus en guerre, tous les Topinambous-Guaranis parlent des langues apparentées (famille linguistique tupi-guaranie) et ont un mode de vie semblable, ce qui témoigne de leur occupation récente des régions côtières. Ces semi-nomades, qui pratiquent une agriculture de défrichage et de brûlis, récoltent principalement du manioc (une racine à suc vénéneux, comestible après une longue préparation). La production du maïs reste secondaire ; ils font aussi pousser du coton et du tabac (le « tabac du Brésil » deviendra plus tard un article très apprécié dans le commerce des fourrures au Canada). Ils déménagent leurs villages tous les cinq ans environ et vivent dans des habitations communes pouvant abriter jusqu'à 30 familles, soit peut-être 200 personnes. À l'instar des agriculteurs des tribus huronnes-iroquoises laurentiennes, ils exploitent à la fois les ressources des eaux intérieures et celles de l'océan. Même s'ils

2. Ce livre fait partie de la collection de la bibliothèque de Versailles. Les écrivains français du XVIe siècle citèrent fréquemment les Topinambous comme des exemples de bonté naturelle, malgré leurs habitudes cannibales.

ont eux-mêmes domestiqué des oiseaux de basse-cour, les Brésiliens acceptent rapidement ceux que les Européens apportent. Ils adoptent aussi les chiens, pour la chasse. Les migrations des Topinambous, en particulier, semblent avoir appartenu à un mouvement messianique, sorte de recherche du paradis, auquel l'apparition des Européens met fin. Ce mouvement se poursuit en partie par la suite, comme le démontre, par exemple, la descente des Tupis dans l'île de Maranhão, vers la fin du XVIe siècle. Plusieurs tribus de Topinambous établissent bientôt des rapports commerciaux avec les Français, principalement à titre de fournisseurs de brésil.

Le succès commercial de ces relations est en partie responsable du grand attrait qu'exerce le Brésil sur la France de l'époque. La langue française s'enrichit rapidement de nouveaux mots brésiliens tels que *ananas*, *hamac* et *tapir*, qui désignent tous des réalités du Nouveau Monde inconnues jusqu'alors en France. François Ier peut très bien s'être tourné vers le Nord, par le biais de la tentative de Cartier et Roberval, pour des motifs politiques, il n'en reste pas moins que l'attention de ses sujets demeure, en majeure partie, fermement fixée sur les nobles perspectives des côtes du Brésil.

La personnalité charismatique de Villegaignon n'est pas étrangère à l'intérêt suscité par le projet brésilien. Il avait été fait chevalier de Malte après s'être distingué en combattant les Turcs au nom du roi. À titre de vice-amiral de Bretagne, il était du nombre de ceux qui furent sélectionnés pour escorter Marie Stuart d'Écosse jusqu'en France, où elle devait épouser François II. Sa dispute avec le gouverneur de Brest attire l'attention d'Henri II, qui accorde son appui au gouverneur, et non pas à Villegaignon. La rebuffade conduit l'impétueux vice-amiral à établir le plan de sa colonie, qu'il envisage comme un refuge pour tous les persécutés de France et d'ailleurs, un havre où régnerait la tolérance religieuse. Sa vision parvient à recueillir un appui sympathique auprès d'un échantillon influent de la société ; apparemment, l'intérêt du public est très marqué.

Villegaignon cherche à garantir le caractère œcuménique de son entreprise en invitant des ecclésiastiques catholiques (l'un d'eux, Thevet, revient après seulement trois mois) et, plus tard, en emmenant des ministres protestants (parmi lesquels se trouve Léry, qui reste environ neuf mois). Comme la majorité des colons volontaires sont protestants et que Gaspard de Chatillon, comte de Coligny (1519-1572), devient plus tard un de ses principaux commanditaires, le projet est finalement associé au protestantisme[3]. Belleforest accuse Villegaignon d'avoir vraiment tenté d'implanter le calvinisme « dans les cœurs de ces barbares [les Brésiliens] qui ne connaissent ni Dieu, ni la loi, ni la raison » et d'apporter sur ces terres la discorde. Quand le gouverneur portugais Mem de Sá s'empare de Fort-Coligny (nom que donnaient les Français à leur colonie), en 1560, le seul objet catholique qu'il y découvre est un missel barbouillé.

Même le déjà célèbre cannibalisme des Brésiliens n'éteint nullement l'enthousiasme pour l'expédition. Dans sa campagne de promotion, Villegaignon raconte que, si des Européens sont parfois mangés par des Amérindiens, c'est parce que leur avarice et leur ambition sans limite les offensent et les outragent. Le fait que le cannibalisme continue d'être pratiqué est présenté comme une preuve du manque de zèle missionnaire de la part des Français et des Portugais, qui « n'ont jamais parlé un seul mot de nostre Seigneur Jésus Christ aux pauvres gens de ce païs là[4] ». Toutefois, hormis dans sa campagne de recrutement, Villegaignon ne montre qu'un intérêt minime pour les âmes des indigènes ; et deux des plus célèbres personnages religieux à avoir eu des liens avec la colonie, Thevet et Léry, consacrent plus de temps à écrire sur les Amérindiens qu'à les convertir.

Dans un domaine pourtant vital, celui du recrutement de colons parmi les gens ordinaires, les flatteries du chevalier restent vaines : malgré des efforts considérables, il n'attire presque aucun volontaire chez les marchands et les travailleurs. En désespoir de cause, il doit se rabattre sur des forçats pour compléter les effectifs coloniaux qui s'embarquent en 1555. La peur de se retrouver abandonné dans le Nouveau Monde sans possibilité de retour apparaît comme une des raisons de ce manque d'intérêt. Apparemment, les éventuels colonisateurs préfèrent affronter au pays les ennuis de tous les jours plutôt que les périls imaginaires du Nouveau Monde, surtout si c'est pour s'y établir à demeure. Villegaignon, qui tente de résoudre le problème lors de sa seconde campagne de recrutement, en 1556, charge ses agents de promettre les subsistances aux colons jusqu'à leur établissement et de garantir leur retour en France au besoin. Cette fois, les volontaires sont si nombreux

3. Il est toutefois évident que les protestants avaient tous plus de motifs d'émigrer que les catholiques, en particulier quand Henri II prit des mesures pour extirper l'« hérésie ».

4. *Histoire des choses memorables*.

que les trois navires fournis par le roi ne parviennent pas à tous les accueillir. Mais il n'y a là que des hommes, si on excepte la demi-douzaine de femmes qui traversent avec le deuxième groupe. Peu intéressés à s'établir outre-mer en permanence, ils arrivent là-bas sans le matériel approprié ou suffisant ; la plupart d'entre eux sont attirés par la possibilité de faire fortune rapidement dans le Nouveau Monde, avant de revenir vers les femmes et les enfants laissés derrière eux. Le havre des persécutés se transforme plutôt en haut lieu des aventuriers. Non seulement ces attitudes ambivalentes viennent contrecarrer les plans de Villegaignon, mais elles tourmenteront incessamment les projets ultérieurs de colonisation.

Les hommes du premier groupe, rendus pâlots par les rigueurs de la traversée, arrivent dans la baie de Guanabara où des Topinambous les accueillent joyeusement, allumant des feux de joie et s'amenant « en grand nombre pour les recevoir avec bon recueil : leur faisant present de vivres de leur terre & autre choses singulières, pour traiter avec eux une alliance perpetuelle[5] ». Cependant, Villegaignon est intéressé à maintenir autant de distance que possible entre ses colons et les Amérindiens et il choisit donc d'installer son groupe dans une île, au large de l'actuelle Rio de Janeiro. Une peste, qu'apportent les colons et qui se répand parmi les Brésiliens, tuant plus de huit cents d'entre eux, semble venir corroborer son raisonnement. Chose plutôt normale, les Brésiliens blâment les Français, et leur amitié se transforme en belligérance. La situation insulaire de la colonie la met toutefois à l'abri de toute action hostile.

L'état de services de Villegaignon l'administrateur n'égale pas le succès du propagandiste. Il ne pourvoit pas suffisamment aux besoins de sa colonie en matière d'agriculture, et son deuxième convoi arrive sans les outils nécessaires. Villegaignon négocie des arrangements avec les indigènes pour qu'ils fournissent des aliments aux colons, en les payant avec des couteaux, des hameçons et d'autres articles de troc. Toutefois, lorsqu'il se met à insister pour que les Brésiliens aident à construire le fort français, au lieu de les laisser apporter volontairement leur aide comme auparavant, ils s'évanouissent dans la forêt. Les réserves de pain et de vin apportées d'Europe par les colons s'amenuisent, et leurs rations deviennent si réduites que c'est « pitoyable à

5. *Bref Recueil de l'affliction*.

voir[6] ». En modifiant ses exigences, Villegaignon parvient à renégocier sa fourniture de vivres par les Brésiliens, mais l'entente reste très peu satisfaisante et les difficultés d'adaptation des Français à la nourriture indigène ne la facilitent pas.

Les efforts que fait le chevalier pour maintenir l'isolement de ses gens s'avèrent tout aussi peu sages. Le choix de l'île complique les problèmes de ravitaillement et n'encourage nullement les colons à se mettre à l'agriculture. La peine capitale prescrite par Villegaignon en cas d'union extraconjugale avec une Brésilienne parvient plus à inciter les conspirations et les désertions chez les Amérindiens qu'à sauvegarder la moralité des Français. Résultat : 25 interprètes normands décampent ; il s'agit uniquement d'hommes établis au pays avant l'arrivée des colons, et l'un d'entre eux vit là depuis au moins neuf ans. La désertion représente un très dur coup pour la colonie, puisque les interprètes avaient assuré la principale liaison entre les Français et les Brésiliens.

Tout comme Roberval, Villegaignon maintient une discipline de fer, probablement avec moins de raisons puisqu'il s'agit d'une majorité de volontaires. Il surchage de travail et sous-alimente ses engagés, parfois jusqu'à ce qu'ils rendent leur dernier soupir, en les traitant avec la dureté caractéristique d'une époque où les masses sont méprisées. Lorsque des disputes religieuses s'ajoutent aux dissensions qui déchirent la colonie, Villegaignon cherche à affermir son autorité au moyen d'exécutions, y compris la noyade de quelques dissidents. Ces désordres et ces répressions, associés au fait que Villegaignon n'est plus dans les bonnes grâces du roi et repart en France en 1558, laissent la colonie à la merci de l'attaque menée par les Portugais en 1560. Il est surprenant que Fort-Coligny ait survécu si longtemps, puisque les Portugais ont, en permanence, l'ordre de couler tous les navires français qui s'aventurent dans les eaux brésiliennes. Villegaignon fait bien des efforts pour lever un corps expéditionnaire destiné à mener des représailles contre les établissements portugais du Brésil, mais il échoue parce que les catholiques ne manifestent qu'un minimum d'intérêt pour la colonie et que les protestants se sentent trahis. Des gens se plaignent, prétendant que la destruction de la colonie est l'œuvre de Dieu, qui fait savoir par là son opposition à l'implantation d'une foi mensongère au Brésil.

6. *Bref Recueil de l'affliction.*

Par malheur, Villegaignon n'obtient pas plus de succès avec les Amérindiens qui se retrouvent sous son autorité qu'avec ses propres colons. À court de bras pour le travail au fort, il achète aux indigènes des prisonniers de guerre. Lorsqu'ils rechignent à porter des vêtements, il les fait fouetter. Les prisonniers réagissent en déclarant qu'ils préfèrent être mangés par leurs ravisseurs plutôt que d'être achetés comme esclaves par les Français. Villegaignon indispose aussi ses alliés, tant les Topinambous que les Tamoyos, en insistant pour qu'ils mettent leurs captifs à rançon, les privant ainsi de plus de la moitié de ceux qu'ils auraient normalement mangés. Les seuls qui se trouvent heureux de ce nouvel arrangement sont les prisonniers portugais, que le chef de la colonie française tente, consciencieusement, de localiser pour les racheter aux Amérindiens. Malgré tous les dérangements qu'ils causent, Pay Cola (c'est ainsi que les Brésiliens prononcent le prénom de Villegaignon, Nicolas) et sa colonie finissent par créer un certain commerce avec les indigènes, ce qui entraîne la création d'un village brésilien près du fort français.

Malgré l'image sympathique qu'il fait des Amérindiens dans sa propagande de recrutement, Villegaignon n'a pas une haute opinion de ses alliés brésiliens. En 1557, voici ce qu'il écrit à John Calvin : « Il y avoit des gens farouches & sauvages, esloignez de toute courtoisie & humanité, du tout differens de nous en façon de faire & instruction [...] en sorte qu'il me venoit en pensee, assavoir si nous estions tombez entre des bestes portans la figure humaine[7]. » Il prend malgré tout bien soin de ne pas pousser les choses au point de briser l'alliance des Français avec les Topinambous et les Tamoyos, une association qui dure déjà depuis longtemps à l'époque de Villegaignon. Un incident, qui a trait à l'Allemand Hans Staden, prisonnier des Topinambous de 1547 à 1555, soit juste avant l'arrivée des colons français, illustre bien l'importance de cette association pour les Français. Dans son récit, Staden rapporte que les marins français le repoussèrent quand il tenta de s'enfuir à bord de leur navire ; ils lui dirent qu'en l'accueillant sans l'approbation des Amérindiens, ces derniers les prendraient en grippe et se révolteraient contre eux. Par la suite, lorsqu'un autre vaisseau français eut finalement accepté de le recueillir, l'équipage se livra à un manège compliqué pour convaincre les Brésiliens qu'il s'agissait d'un parent et parvint

7. Léry, *Histoire d'un voyage* (1580).

grâce à ce stratagème à ne pas se faire prendre en grippe. Réciproquement, le fait que Staden survive à sa captivité, à cause de certains doutes sur sa nationalité, même s'il se trouve parmi des Portugais lors de sa capture (il porte une barbe rousse et non noire et il proteste en affirmant que son Allemagne natale est une nation amie de la France), indique bien l'importance que les Topinambous accordent à leur alliance avec les Français. Les Amérindiens ne sont d'ailleurs pas encore au point de regretter les avantages de la civilisation que leur apportent les Français, comme Ronsard s'était demandé s'ils le feraient un jour[8].

Pour leur part, les Français se servent de l'occasion que leur fournit la colonie de Villegaignon pour continuer d'envoyer des jeunes garçons vivre chez les Brésiliens et y apprendre leurs langues et leurs modes de vie. Six jeunes font donc la traversée, dans ce but précis, avec le deuxième convoi de colons. On ne sait pas quand les Français commencèrent ces expériences, mais à l'arrivée de Villegaignon et de ses hommes, au moins deux douzaines d'« interprètes » vivent dans la seule région de Rio de Janeiro, certains d'entre eux depuis de nombreuses années. Dans les Amériques, la coutume peut probablement remonter jusqu'à Cabral qui, vers 1500, laisse derrière lui des forçats pour qu'ils vivent parmi les Brésiliens qu'on vient de découvrir. Bien qu'un de ces hommes s'avérera plus tard très utile aux commerçants Portugais, on imagine sans peine que la plupart éveillèrent l'hostilité de leurs hôtes au point de se faire manger. Les Français se montrent très actifs dans la formation d'intermédiaires ; au Canada, ils porteront plus tard le nom de *coureurs de bois*.

Que les Français aient pu continuer de faire du commerce au Brésil jusqu'à la fin du XVIe siècle, en dépit de la dispersion de Fort-Coligny, témoigne de l'habileté qu'ils mirent au maintien de leurs alliances. Cinq ans après cet événement, il se trouve encore une trentaine d'hommes vivant dans les environs de Rio de Janeiro, « des hommes de basse condition, habitant chez les Indiens sauvages[9] ». Le commerce avec la France se poursuit aussi. Les jésuites portugais José de Anchieta (1533 ?-1597) et Manoel de Nóbrega (1517-1570), organisateurs de la première mission brésilienne, s'aperçoivent d'ailleurs que des mar-

8. Gaffarel, *Histoire du Brésil*.

9. Hauser, « Les Huguenots français » (Retraduction) ; Léry, *Histoire d'un voyage* (1580).

chands français fort généreux les ont souvent précédés dans les villages amérindiens.

La colonie de Villegaignon sert d'inspiration à deux ouvrages français majeurs traitant des Brésiliens : *Les Singularitez de la France Antarctique*, d'André Thevet (1557), et l'*Histoire d'un voyage*, de Jean de Léry, qui ne paraît qu'en 1578, vingt ans après sa rédaction. Si les Topinambous y sont décrits à peu près de la même manière, les deux ouvrages restent toutefois complémentaires à certains égards. Des deux auteurs, Léry fait le plus preuve de profondeur ; son ouvrage est aujourd'hui tenu pour le classique sur les Topinambous à l'époque des premiers contacts. Malgré les cinq éditions de l'*Histoire* entre 1578 et 1609, à l'époque de Léry, un grand nombre d'auteurs sur les pays lointains sont plus lus que lui. Atkinson fait observer que les lecteurs préfèrent Villamont, qui écrit sur les voyages au Proche-Orient.

Tandis qu'il partage l'étonnement de ses contemporains devant le fait de savoir que des hommes, des femmes et des enfants passent leur vie entière nus comme à leur naissance, Léry présente cette habitude comme si elle originait de la simplicité et de l'innocence, au lieu de la malédiction de Cham, qu'il avait tendance à considérer comme l'ancêtre des habitants du Nouveau Monde. Il admire leur belle apparence et leur bonne santé, ainsi que leurs habitudes de modération dans leur alimentation, faisant état du fait qu'ils commencent par manger avant de boire ; cela amène les Européens à s'interroger : « Sont-ils donc comme des chevaux ? » Les Amérindiens, de leur côté, se moquent des Européens qui boivent durant les repas. En règle générale, Léry trouve que les aliments amérindiens sont bons, et que les maisons sont tenues avec propreté. Il laisse entendre que les mères européennes devraient suivre l'exemple des Amérindiennes quand elles prennent soin de leur bébé ; ensuite, faisant remarquer que les Amérindiens ont les jambes droites malgré le fait qu'ils n'emmaillotent jamais leurs nourrissons, il suggère aux Européens de les imiter, tout au moins en été, vu que l'emmaillotage doit être un enfer pour les bébés. En près d'une année au Brésil, Léry n'assiste que deux fois à des disputes entre Amérindiens. Les risques que peuvent faire encourir les Amérindiens aux Européens sont souvent le résultat de l'ignorance de leurs coutumes. Léry écrit que, personnellement, il se confierait beaucoup plus volontiers à des Amérindiens qu'aux Français de certaines régions de France ; Thevet exprime aussi des sentiments semblables. Tous ces Européens qui se révoltent contre la cruauté des « sauvages » devraient s'arrêter devant les pratiques des usuriers d'Europe ; du reste, les Amérindiens méprisent l'avarice et la pingrerie de l'Ancien Monde. Quant au cannibalisme, Léry l'avait déjà fait remarquer en Europe, après le massacre de la Saint-Barthélemy. Les Amérindiens ne guerroyaient que contre leurs ennemis.

Même si Léry est d'accord avec ses contemporains sur l'absence de religion chez les Amérindiens, il ne s'en sert pas comme argument pour prétendre qu'ils sont dénués de raison. Tout au contraire, il rapporte qu'ils parlent mieux que la plupart des paysans et que quelques-uns peuvent s'exprimer avec une grande éloquence. Il illustre ses dires par une anecdote ; ayant observé que le tonnerre effrayait les Amérindiens, les Européens profitent de l'occasion pour leur dire que c'est Dieu qui parle, afin de prouver qu'il possède assez de force et de puissance pour éblanler la Terre et les Cieux. Ce à quoi les Amérindiens répondent que s'Il doit les effrayer pour prouver cela, Sa situation doit manquer d'assurance.

Si le mode de vie amérindien ressemble à celui de l'Antiquité classique, alors ces gens doivent pouvoir atteindre la civilité, à l'instar des Européens ; il suffit qu'on leur enseigne. L'éducation, toutefois, peut-elle être efficace si, comme a tendance à croire Léry, ils descendent de Cham, le fils maudit ? Léry n'ose rien affirmer à ce sujet, mais il ne cache aucunement son appréciation des réalisations culturelles des Topinambous qui lui paraissent dignes d'intérêt. Par exemple, il recueille et transcrit la musique amérindienne et va jusqu'à inclure certaines mélodies dans les éditions genevoises de son livre, publiées en 1585 et 1586[10]. Il illustre par là le courant de tolérance envers les Amérindiens et leurs mœurs qui traverse la pensée européenne du XVIe siècle et culmine chez Montaigne. Sans jamais dominer vraiment, ce point de vue ne disparaîtra pas non plus ; exprimé par Lahontan au début du XVIIIe siècle, il sera porté à son raffinement ultime par Rousseau.

Sans tenir le moindrement compte des écrits de Léry et de Thevet, la tentative d'établissement de « La France Antarctique », par Villegaignon, au Brésil, suscite un intérêt considérable. On publie des exposés sur la colonie elle-même ainsi que sur les questions religieuses mises en cause. Un seul autre effort colonial français parviendra, pendant le

10. Stevenson remarque que Hector Villa-Lobos incorpore deux de ces mélodies dans ses *Trois Poèmes indiens*.

XVIe siècle, à soulever un intérêt comparable et à inspirer de nombreux récits : celui de Ribault et de Laudonnière en « Floride » (qui incluait alors une portion de la Caroline du Sud actuelle), de 1562 à 1565. Ce n'est pas tant la religion qui est ici au cœur des discussions, mais plutôt la politique et, plus spécifiquement, la rivalité avec l'Espagne.

Les expéditions de Ribault et de Laudonnière, lancées deux années après la dispersion de la colonie de Fort-Coligny, ont pour théâtre un territoire revendiqué, sans être effectivement occupé, par l'Espagne. En prenant position contre ces prétentions territoriales, le roi de France encourage les huguenots à essayer d'établir des colonies dans les régions « inoccupées ». Roberval, Villegaignon (un instant calviniste non convaincu), Ribault, Laudonnière, La Roche de Mesgouez, Chauvin de Tonnetuit, de Monts, tous sont protestants. Devant la politique du roi, Belleforest en vient à faire remarquer, avec aigreur, que les premières forteresses françaises d'outre-mer furent établies pour protéger des colonies qui ne furent que des refuges pour hérétiques. Lors de sa seconde tentative d'établissement d'une nouvelle France outre-Atlantique, Coligny est, quant à lui, beaucoup plus motivé par une rivalité patriotique avec l'Espagne que par des préoccupations religieuses. S'il choisit la Floride, c'est du moins en partie parce que les Espagnols sont si bien arrivés à se mettre les Amérindiens à dos qu'on en parle comme de leur « cimetière[11] », et qu'il souhaite tourner la situation à l'avantage des Français. L'Anglais Sir John Hawkins rapporte plus tard que les Espagnols surnomment les Amérindiens de la région *gente triste* (les gens malheureux), « tandis que les Français trouvent leurs réponses si pleines d'esprit que, d'après le rapport même du capitaine, un de nos conseillers ne pouvait donner une raison plus profonde[12] ». Il s'agit des Timucuans ou « Thimogoas », ou des « Tymangouas » des Français.

Ces tribus de langue moskégone forment une sorte d'avant-poste oriental des constructeurs de tumuli du Mississippi. Vivant dans des collectivités organisées autour de places publiques, ils pratiquent l'agriculture, cultivant principalement le maïs, les haricots et les courges. Leurs sociétés sont habituellement considérées comme des chefferies, même si certains prétendent qu'elles possèdent les caractéristiques des États. Quoi qu'il en soit, par leur orientation culturelle, elles démontrent une affiliation avec les villes-États du Mexique. Le cérémonial

11. Belleforest, *Cosmographie universelle*.
12. Hakluyt, *Principal Navigations*.

complexe des enterrements atteste de leur hiérarchie sociale, les terre-pleins des tumuli des rituels qu'ils mettent en scène, et les grandes places centrales de leurs systèmes administratifs organisés. Leurs croyances partagent avec les religions du Nouveau Monde en général un certain nombre de caractéristiques, comme par exemple une division quadripartite du monde et l'importance des phénomènes célestes. Elles semblent de plus maintenir des réseaux commerciaux actifs et très étendus.

Il s'agit des mêmes tribus qui se montrent hostiles à l'Espagnol Juan Ponce de León, qui explore ces côtes en 1513 et est suivi de Pánfilo de Narváez, en 1528, puis de Hernando de Soto, onze ans plus tard, tous deux menés, en partie, par la recherche des Sept Cités fabuleuses de Cibola.

Par ce nouveau projet, Coligny prouve que l'échec de Villegaignon lui a servi de leçon. Planifiée avec plus de soin que la tentative précédente, l'entreprise comprend trois traversées. Le navigateur dieppois Jean Ribault (v. 1520-1565) dirige la première (1562), destinée à la reconnaissance et à la prise de possession du territoire ; en 1564, René de Goulaine de Laudonnière mène la deuxième qui vise l'établissement d'une présence française ; et le troisième voyage (1565) doit servir au renforcement de la colonie par l'apport d'un « grand nombre » de familles entières.

Alors qu'ils arrivent en vue de la « Nouvelle-France », nom qu'ils donnent alors à la Floride, les Français sont accueillis par d'agréables odeurs portées par les vents frais du large. Ils trouvent les Amérindiens hospitaliers et désireux de faire de ces nouveaux arrivants des alliés qui combattraient à leurs côtés contre les tribus voisines. Les Français, qui ont reçu de Coligny l'ordre d'entretenir de bons rapports avec les caciques, espèrent, d'une part, obtenir des renseignements sur l'emplacement des mines d'or et d'argent et, d'autre part, se procurer des aliments (les gens de la côte floridienne sont réputés pour leur générosité lorsqu'ils commercent de la nourriture avec les navires de passage). Une note d'arrogance est perceptible chez les deux groupes : le plus humble des valets français se considérant comme supérieur au plus prestigieux des caciques, on peut présumer que cette attitude trouvait presque assurément son pendant chez les Floridiens, comme le laissent entendre des écrits sur le comportement des Amérindiens à Versailles. Malgré leurs convictions cachées, les deux camps cherchent un appui contre les Espagnols.

Les rapports diplomatiques entre les Français et les Amérindiens comportent l'envoi et la réception d'ambassades ainsi que l'assistance à de longs discours qui souvent ne manquent pas d'être ennuyants à cause des problèmes de langue. La beauté des présents est frappante : en une occasion typique, le cacique Satouriona offre aux Français une huppe de plumes d'aigrettes, un panier finement tressé et une grande peau sur laquelle des animaux sauvages sont peints avec tant de précision qu'ils ont l'air vivants. La résidence d'un autre cacique, Onadé, impressionne les Français par ses murs tendus de tapisseries de plumes. Devant l'admiration que manifestent ses visiteurs à la vue de ces œuvres, Onadé leur offre six tapisseries faites de plumes blanches tissées, ingénieusement compartimentées et ornées d'une frange écarlate.

Lorsque Ribault prend symboliquement possession du pays en érigeant des colonnes aux armes de France, les Amérindiens sont présents, même s'ils n'ont pas conscience de la signification profonde de la cérémonie. Pourtant, après l'incendie de l'habitation des Français, les Amérindiens, qui se perçoivent eux-mêmes comme des alliés, décident tout normalement de leur construire une nouvelle maison. Puis, quand Ribault doit repartir en France pour y chercher des renforts, les Floridiens continuent de ravitailler et d'inviter à leurs festivités les hommes restés sur place. Arrivé en Europe, Ribault rapporte que les Amérindiens sont

> [...] de nature bonne et agréable, qui obéiront spontanément, voire seront contents de servir ceux qui, avec gentillesse et humanité, se mettront à les attirer, comme devront dorénavant le faire ceux qui seront envoyés là et comme en ont reçu charge de le faire ceux que j'ai laissés là, afin de pouvoir les interroger et apprendre où ils prennent leur or, leur cuivre et leurs turquoises, et d'autres choses encore inconnues de nous [...] Parce que si des manières rudes et rigoureuses étaient utilisées contre ces gens, ils s'enfuiraient çà et là par les bois et les forêts et abandonneraient leurs habitations et pays[13].

Pourtant, l'*entente cordiale* connaît rapidement des complications. Quelques-uns des Français acceptent l'hospitalité des indigènes un peu cavalièrement ; un cacique se voit même contraint de demander à certains de quitter les lieux durant une cérémonie amérindienne parce qu'ils en rient.

---

13. Hakluyt, *Divers Voyages*.

Plus sérieusement, les Français découvrent que, parce qu'ils dépendent des Amérindiens pour leur nourriture et divers services, aux yeux mêmes de ces hôtes, cela signifie qu'ils sont alliés et qu'ils devraient se comporter en alliés dans les conflits locaux. Cette situation se révèle inacceptable pour Laudonnière qui n'imagine pas les Français en train de jouer un rôle secondaire dans la politique amérindienne. Il exprime d'ailleurs clairement, trop peut-être, cette position quand, à l'annonce faite par Satouriona d'effectuer une visite officielle aux Français, il réagit en refusant de lui rendre les honneurs attendus. Le Français rompt ensuite la promesse faite à Satouriona, en rejetant sa requête d'aide à sa campagne contre un autre cacique du nom d'Outina. Victorieux à son retour d'expédition, Satouriona est contraint par Laudonnière de lui livrer ses prisonniers. Et comme si cela ne suffisait pas, le chef français ramène les prisonniers à Outina et conclut une alliance avec lui, croyant que ses terres recèlent des gisements d'or et d'argent. Cette alliance de fraîche date ne fait pas long feu elle non plus, puisque les Amérindiens se fatiguent des incessantes requêtes des Français pour de la nourriture et ont la mauvaise grâce de se moquer d'eux lorsqu'ils ont des ennuis. Les Français réagissent en prenant Outina en otage, afin de donner plus de force à leurs exigences. Laudonnière se défendra plus tard en affirmant que cela ne se serait jamais produit si les Français avaient été approvisionnés correctement. Sir John Hawkins, tombant sur le fort de Laudonnière, s'aperçoit que les Français, « à l'extrême limite » du besoin,

> [...] rendirent les habitants tellement las de leur présence avec leur insatiable besoin de maïs, mais n'ayant plus aucune marchandise pour les accommoder en même temps, et furent contraints de les voler et de s'emparer par la force de leurs victuailles, ce qui servit de prétexte aux Floridiens (fort peu contents de cela) pour emmener des hommes de leur troupe dans la forêt et les tuer, faisant naître de grands conflits entre eux et les Français[14].

Plus d'un demi-siècle plus tard, Lescarbot, à la vue des bons résultats obtenus dans les jardins de Port-Royal, en Acadie, écrit : « Je ne peux pas encore comprendre comment il est possible que ceux qui se rendirent en Floride aient pu souffrir d'une telle famine[15]. »

14. Hakluyt, *Principal Navigations*.
15. Lescarbot, *Nova Francia*.

Malgré le fait qu'ils viennent cette fois avec tout l'équipement nécessaire à l'établissement d'une colonie agricole, les Français ne s'habituent pas à travailler une terre que Laudonnière reconnaît pourtant comme fertile. Hawkins attribue cet échec en matière d'agriculture au fait que la majorité des hommes étaient des soldats qui « désiraient vivre à la sueur du front des autres hommes ». Ils ne font même pas l'effort de pêcher : aussi longtemps qu'ils peuvent dépendre de leurs alliés floridiens, cela leur suffit ; mais dès la première brouillerie, « les Français ne se [donnent] alors même pas le mal » de reconstruire des barrages pour remplacer ceux pris par les Amérindiens[16].

Pierre Gambye constitue un bon exemple de Français obsédé par l'idée de devenir riche : établi dans un village, il épouse la fille d'un cacique et se met à faire des pieds et des mains pour se procurer de l'or et de l'argent. Toutefois, tout ce qu'il arrive à trouver chez les Amérindiens provient d'épaves jetées à la côte : aucun des métaux précieux ne se trouve à l'état naturel dans la région. Finalement, il est tué par les Amérindiens qui, désillusionnés, ont commencé à se demander si Français et Espagnols ne se valent pas. L'influence néfaste de l'or des galions espagnols de la mer des Antilles s'exerce encore, comme elle le fit pour Roberval et Villegaignon. Et jamais la fièvre de l'or qui atteignait les colons ne put être vaincue ni par le patriotisme de Coligny ni par son aptitude à se servir des erreurs passées pour mieux planifier l'avenir. Cette incapacité, jointe au soutien insuffisant d'une France aux prises avec la guerre civile, fait en sorte que les colons ne parviennent pas à s'accommoder aux conditions du Nouveau Monde.

Laudonnière, sur la défensive après son rappel en France où il doit rendre compte de ses actions, rapporte :

> Nous n'eûmes pas non plus raison d'offenser les Indiens, qu'avec toutes les peines du monde j'entretenais en bonne amitié [...] lors même que je fus parfois contraint de prendre des vivres dans quelques rares villages, cela ne détruisit jamais l'alliance de huit Rois et Seigneurs voisins [...] Oui, c'était le principal but de tous mes desseins, de les gagner et d'entretenir avec eux des relations. Sachant dans quelle grande mesure leur amitié pouvait avancer notre entreprise[17].

Comme chef, Laudonnière n'est pas toujours conséquent dans ses actions ; devant les Amérindiens, il oscille entre le désir d'être leur ami

16. Hakluyt, *Principal Navigations*.
17. *Ibid*.

et celui de les dominer, sans compter qu'il ne parvient pas à leur faire confiance. Il les décrit comme traîtres et dissimulateurs et exprime son mécontentement à l'égard des prix élevés qu'ils demandent pour leurs aliments. Laudonnière n'arrive pas non plus à discipliner ses propres hommes. Des attentes irréalistes finissent par créer un fort mécontentement, si bien que, en 1564, un groupe d'hommes désertent pour se faire corsaires contre les Espagnols. À court de vivres, ils mangent un des leurs, avant de revenir au fort français où les meneurs sont pendus. Si on parvint à rétablir ainsi la discipline, cela n'eut sûrement que peu d'effet sur l'esprit de corps. À l'instar du Brésil, la destruction de la colonie était presque prévue.

Et pourtant, malgré tout, le commentaire pessimiste de Le Challeux, selon qui les Amérindiens préféraient les Espagnols, ne se confirmera pas. Un jeune Français, natif du Havre-de-Grâce, échappe au massacre des colons par le gouverneur colonial espagnol Pedro Menéndez de Avilés en 1565 et se réfugie chez Satouriona ; il compte parmi les quelque 200 survivants français recueillis par des Amérindiens.

Le même garçon sert d'interprète lors de négociations entre les Amérindiens et les Français quand, en 1567-1568, le capitaine gascon Dominique de Gourgues (v. 1530-1583), de sa propre initiative et à ses frais, vient tenter de venger l'honneur de sa patrie. La réception que font les Amérindiens aux Français à cette occasion reflète probablement le fait que les motifs de Gourgues coïncident avec leurs propres désirs de vengeance. Les Espagnols, une fois qu'ils eurent éliminé les Français en Floride, s'étaient ensuite consacrés à l'aliénation des Timucuans, en enlevant quarante d'entre eux pour les expédier aux travaux forcés dans les mines. Tous les membres d'un de ces groupes, sauf un seul homme, connu des Espagnols sous le nom de Charles de Ciquola et qui fut baptisé et présenté à Charles Quint, décident de se laisser mourir de faim. Au moment où se présente Gourgues, Satouriona, qui vient de traverser ces épreuves, est prêt à passer l'éponge sur ses divergences avec les Français ; une alliance est officiellement conclue à la faveur d'un échange de présents. Gourgues offre entre autres des poignards, des couteaux, des miroirs, des haches, des anneaux, des clochettes et des chemises pour les cérémonies et pour les enterrements ; Satouriona donne au Français deux cordons de grains d'argent qu'il passe au cou de Gourgues, et chacun des chefs présente des peaux de cerf décorées. Au cours de l'échange d'otages qui suit, Satouriona offre un fils et sa femme préférée, âgée de 18 ans, parée de mousse d'arbre.

Pour conclure leur pacte, Amérindiens et Français boivent du thé des Apalaches (apalachine ou cassine), une infusion de feuilles qui a la qualité d'apaiser la soif et la faim pendant 24 heures. Gourgues, toutefois, fait seulement semblant de boire. Ribault, au début de son entreprise, s'était servi de cette façon de sceller une entente, à la mode amérindienne, et elle s'était depuis généralisée dans les rapports diplomatiques franco-amérindiens. D'ailleurs, Gravé du Pont, au Canada, suivra la coutume amérindienne pour confirmer l'alliance française avec Anadabijou, à Tadoussac en 1603. Dans la pratique, cette procédure repose sur le fait qu'une alliance, pour fonctionner, doit se conclure suivant un rituel que les Amérindiens peuvent comprendre.

La docilité de Gourgues devant la coutume amérindienne porte rapidement ses fruits : ses récents alliés le mettent au courant de la disposition des forces espagnoles dans leurs trois forts, précisant les points faibles des fortifications. Gourgues détruit les forts, et les Espagnols, mis en déroute, préfèrent être tués par les Français plutôt que par les Amérindiens. Les libérateurs français sont acclamés par les Floridiens ; un si grand nombre d'entre eux se pressent autour des Français que Gourgues, mal à l'aise, fait appel à quarante marins armés de piques pour assurer la sécurité de ses hommes jusqu'à leur retour à bord. Comme cela s'est produit avec Cartier, Villegaignon ainsi que Ribault et Laudonnière, la méfiance reparaît vite sous le couvert de la diplomatie des Français, alors qu'ils se retrouvent dans ces contrées lointaines. Peut-être était-ce à prévoir, vu la conscience qu'ils ont du fait que les Amérindiens les surpassent invariablement en nombre. En leur faisant ses adieux, Gourgues leur promet d'être de retour dans douze mois avec des présents, une promesse qu'il ne tiendra pas. Plus aventurier que colonisateur ou constructeur d'empire, Gourgues, un ancien forçat qui connut les galères d'Espagne et de Turquie, se trouve en 1582 à la solde de Portugais combattant les Espagnols.

L'aventure de Ribault et de Laudonnière marque la fin des tentatives françaises de colonisation dans des régions activement revendiquées par les Espagnols et les Portugais. Le Challeux en fait un résumé succinct :

Qui veut aller à la Floride,
Qu'il y aille j'y ay esté[18].

---

18. Le Challeux, *Discours et Histoire*, page de titre (verso).

Les Britanniques ne résistent pas à l'occasion de railler leurs rivaux :

> Il n'est pas surprenant que les Français, si légèrement installés, ne s'enracinèrent pas plus profondément en Amérique [...] parce que [...] ayant plus de propension à l'ostentation inutile, et à faire savoir au Monde qu'ils s'étaient trouvés là et qu'ensuite ils avaient continué encore d'habiter là suivant leurs coutumes ; ils étaient plus amoureux de la gloire que de la vertu ; il était impossible qu'ils puissent subsister, étant constamment sujets à des divisions entre eux, qui venaient parfois de l'émulation ou de la haine, et en d'autres occasions de la faiblesse de caractère de certains qui (répugnant à travailler) ne pouvaient être commandés par personne ; quiconque leur en imposait encore plus pouvait se compter heureux de la médiocrité de leurs bonnes dispositions et de leurs efforts superficiels[19].

L'introduction du sassafras dans la pharmacopée européenne représente un des rares résultats positifs de la tentative de Ribault et Laudonnière. Le Challeux, moralisateur, affirme que les événements de Floride sont probablement une punition divine pour avoir encouragé tant d'hommes à abandonner leur famille et à partir au loin chercher fortune. Quant aux Espagnols, ils répondent au défi des Français en fondant la première colonie européenne en Amérique du Nord, San Augustín (Saint Augustine), en 1565.

En dehors d'avoir hâté la colonisation espagnole dans leur région, le principal héritage que laissent les Français aux Timucuans semble être des chants calvinistes. Le Challeux dit que les Français leur montrèrent à chanter des psaumes dont ils se servirent plus tard comme « accueil sympathique », une sorte de « mot de passe [pour] “ êtes-vous Français ou non ? ” ». Deux siècles plus tard, des colons rapporteront que les indigènes chantaient encore les airs avec fidélité.

Dans l'intervalle, les Timucuans ne cessent de harceler les Espagnols, en dévorant leurs missionnaires. Ces derniers rapportent que les Floridiens, « pires que des hérétiques, puisqu'ils n'éprouvaient aucun scrupule à manger de la viande pendant le Carême, même celle d'un missionnaire qu'ils traitaient sans plus de respect que celle d'une bête sauvage[20] ». La réaction des Espagnols consiste à les réprimer davantage, accusant comme d'habitude les indigènes d'être bestiaux, sans rai-

---

19. Alexander, *American Colonization*.
20. Le Challeux, *Brief Discours*.

son, et incapables d'apprendre les coutumes chrétiennes. Ces points de vue prédominent dans l'opinion, et on finit par admettre en Europe que les Floridiens « sont barbares, sales sauvages par dessus tout ce qui est de genre humain. Ils vivent de venins, de serpens et d'autres especes de bestes venneneuse & infectes. C'est pourquoy les Espagnols & les François ont souvent essayer de peupler cette region, mais en vain[21] ».

L'avortement de l'aventure floridienne incite les Français à réévaluer en profondeur leurs techniques de colonisation. Montchrestien croit que les Français obtinrent des résultats médiocres parce que leur comportement « dur et tyrannique » avait risqué de transformer leurs alliés amérindiens en ennemis irréconciliables ; ils avaient néanmoins accueilli Gourgues à bras ouverts en plus de rendre possible sa mission punitive contre les Espagnols. Ce que veut dire Montchrestien est clair : la condition du succès dans ces nouveaux pays, c'est la coopération avec les indigènes. Un autre point de vue fait valoir que cette coopération, malgré son efficacité, n'est pas suffisante. Plus exactement, la colonisation, pour réussir, dépend d'un commandement cohésif appuyé par des forces militaires et navales suffisantes. Des manquements à ces conditions menèrent à des échecs au Canada, au Brésil et en Floride. Là où les deux lignes de conduite n'apparaissaient pas incompatibles, les Français les adoptèrent toutes deux. La douceur, c'est-à-dire la coopération avec les Amérindiens, fut mise de l'avant ; mais les armes, toujours à portée, tonnèrent parfois plus fort que les intentions premières des hommes.

L'autopsie de l'échec colonial s'avère plus simple que l'élaboration d'un nouveau recueil de règles de conduite en matière de colonisation. Les Français continuaient de s'attendre à ce que le modèle européen de civilisation fonctionne en toute circonstance, une attitude qui réclamait un lourd tribut en vies humaines et en argent. Les espoirs des Français étaient particulièrement évidents en agriculture, un domaine qui n'exigeait pas autant de compromis immédiats avec les coutumes amérindiennes que ne le faisait le commerce. Les colons français eurent tendance à ignorer les techniques amérindiennes, avec le résultat qu'ils souffrirent souvent de famine alors qu'ils baignaient virtuellement dans l'abondance. La difficulté ne provenait pas tant du fait que les colons se

21. Cluvier, *Introduction à la géographie universelle*.

montraient hostiles aux Amérindiens que de ce qu'ils n'en tenaient aucun compte : il n'y avait, dans les collectivités de style européen qu'ils entendaient construire, pas de place pour les Amérindiens, non plus que pour la masse de leurs connaissances particulières. Cette attitude allait plus tard être poussée à son extrême limite par les colons agriculteurs anglais.

En matière de guerre et de commerce, la situation se présenta sous un jour plutôt différent, même si, à cet égard, une seule des deux tentatives de colonisation, soit celle de Ribault et de Laudonnière, esquissa un mouvement vers une vraie collaboration avec les Amérindiens. Tandis que Villegaignon s'était tenu loin à l'écart des affaires amérindiennes, les deux Français s'y trouvèrent entraînés à fond ; mais en aucun cas les rapports franco-amérindiens ne firent pencher la balance en faveur de la survie des colonies. Pourtant, l'épisode floridien marque une étape précise dans l'aventure coloniale de la France : pour la première fois, une de ses colonies se trouvait engagée dans la politique amérindienne au point de participer à ses conflits. Dans le cas de Gourgues, les Français recherchaient activement une alliance amérindienne afin de faire la guerre à d'autres Européens, en l'occurrence les Espagnols. La politique de la douceur avait ici pris une nouvelle dimension. Non seulement l'amitié des Amérindiens était perçue comme utile pour fournir une assise de pouvoir dans le Nouveau Monde, mais elle pouvait servir pour attaquer les rivaux européens. Ce ne serait bientôt plus suffisant de s'entendre avec les Amérindiens : leur collaboration active allait être requise partout où ce serait possible. Dans les régions nordiques où s'installa définitivement la Nouvelle-France, elle deviendrait essentielle à la survie de la colonie.

CHAPITRE X

DES AMÉRINDIENS EN EUROPE

Les premiers contacts entre la majorité des Européens du XVIe siècle et des Amérindiens ne se produisent pas dans le Nouveau Monde, mais dans l'Ancien. Une étude des cosmographies et des récits de voyage de cette période, ainsi que du siècle suivant, donne la nette impression qu'on voit des Amérindiens en Europe plus souvent que ne le révéleraient les cas documentés. Cela peut, du moins en partie, s'expliquer par le fait qu'on les voit d'abord avec un peu plus de considération que des curiosités, et qu'on fait état de leurs visites, quand on les remarque, dans le même esprit que l'arrivée, à bord d'un bateau hollandais, d'un morse vivant du Canada destiné à être montré dans les villes flamandes !

Ces voyages en Europe, surtout au début, ne sont habituellement pas volontaires de la part des Amérindiens. Les premiers explorateurs ont coutume d'emmener en Europe des hommes enlevés dans le Nouveau Monde, pour prouver qu'ils s'y sont rendus. De là vient l'habitude de ramener au pays des Amérindiens qui, une fois formés comme interprètes ou guides, serviront pour les voyages suivants. Très vite, les Français ajoutent leur propre point de vue à cet usage et cherchent à circonvenir les prétentions espagnoles et portugaises en amenant les Amérindiens à demander la protection de sa Très Grande Majesté chrétienne.

De même, la France fait valoir ses droits à l'évangélisation et, par extension, à la colonisation, en organisant quelques cérémonies spectaculaires pour le baptême des visiteurs du Nouveau Monde. Sur une plus petite échelle, des missionnaires amènent en Europe des Amérindiens qu'ils exhibent en public pour assurer un soutien financier à leurs projets particuliers. À mesure que la colonisation se développe, des enfants et des jeunes gens doivent traverser l'Atlantique pour se faire inculquer les manières françaises. La France se montre particulièrement active dans ce domaine. Elle encourage aussi des chefs amérindiens à venir à la cour pour renforcer leurs alliances et cherche à tourner leurs ennemis en amis en expédiant outre-mer les prisonniers de guerre. Quand, pour résoudre un problème de main-d'œuvre, la France décide d'utiliser un groupe de ces prisonniers comme galériens, il s'élève un tel tollé que le projet tombe. Par rapport aux résultats obtenus, le coût de ces visites se révèle très élevé, et on finit par les décourager. Elles se font rares durant la dernière partie du XVIIe siècle, et toutes cessent pendant le XVIIIe siècle.

Colomb est le tout premier à amener des Amérindiens en Europe lorsqu'il se présente à la cour d'Espagne avec six insulaires. Sur les dix dont il s'est emparé, un est mort en mer, et trois autres sont trop malades pour aller plus loin que Séville où ils débarquent ; les six survivants sont baptisés à Barcelone. L'un d'eux reste en Espagne chez don Juan d'Aragon où il apprend le castillan ; il meurt toutefois deux ans plus tard. Trois des autres vivent assez longtemps pour rembarquer avec Colomb lors de son deuxième voyage. À son arrivée aux Antilles, l'amiral en relâche un dans l'espoir qu'il servira d'ambassadeur. Les deux autres se sauvent. À son deuxième retour, Colomb rapporte d'Hispaniola 30 prisonniers de guerre qui seront vendus comme esclaves à Séville. L'envoi de 600 autres prisonniers de guerre, la même année (1494), donne une bonne indication de l'ampleur de la résistance qu'opposent les Amérindiens aux Espagnols, dans les Antilles ; eux aussi sont vendus comme esclaves à Séville. En 1495, on en compte quelque 500 autres. En 1496, le frère de l'amiral Colomb, Barthélemy, envoie en Espagne 300 insulaires accusés d'avoir pris les armes contre les Espagnols ; la même année, Barthélemy estime pouvoir exporter autant d'esclaves qu'il peut s'en vendre, soit 4 000. Vespucci rapporte qu'à son premier voyage aux Antilles, 250 Amérindiens sont faits prisonniers de guerre, et que 222 d'entre eux, ayant survécu à la traversée, sont vendus à Cadix.

Ce commerce fond toutefois comme peau de chagrin, compte tenu, semble-t-il, de la rapidité à laquelle succombent les Amérindiens dans l'Ancien Monde. Ils se laissent parfois mourir de faim après leur capture et plusieurs autres ne survivent pas à la traversée de l'Atlantique. Aussi, la source d'approvisionnement se tarit : quelques années seulement après la conquête espagnole, il ne reste plus qu'un tiers des 300 000 Amérindiens que comptait approximativement Hispaniola. Compte tenu de ces considérations, le sentiment officiel en Espagne se retourne contre l'importation des Amérindiens. L'accueil froid que reçoit Estevão Gomes, en 1525, lorsqu'il ramène de son voyage sur les côtes de la Nouvelle-Angleterre et de l'île du Cap-Breton des cales pleines d'Amérindiens, « gens des deux sexes, tous innocents et à demi-nus, qui avaient vécu sans se plaindre dans leurs huttes », illustre bien ce phénomène. Gomes contrevenait à des instructions expresses reçues avant son départ à la recherche du Passage du Nord-Ouest. Un incident, qui connaîtra beaucoup de succès chez les chroniqueurs du XVIe et du XVIIe siècle, marque son retour en Espagne. Dans la confusion causée par son arrivée, la rumeur qui se répand jusqu'à la cour raconte que Gomes a ramené des « *cloves* » (clous de girofles), au lieu des « *esclavos* » (esclaves). En apprenant la vérité, Charles Quint se montre très mécontent et ordonne la remise en liberté des prisonniers. On ne sait rien de ce qu'il advient d'eux. Ce n'est pourtant qu'en 1550 que sera émise une ordonnance interdisant de ramener en Espagne des captifs amérindiens.

Entre-temps, un groupe à grand spectacle, comprenant des musiciens, des chanteurs et des danseurs, huit jongleurs et douze joueurs de balle, accompagnés de deux princes, est arrivé dans l'entourage de Cortés, en 1528, pour être présenté à la cour de Charles Quint. Ils connaissent un tel succès que le hardi conquistador, désireux de légitimer ses enfants naturels, envoie les jongleurs divertir le pape. Ils sont tellement sensationnels qu'un magnat polonais, renommé pour sa vanité et sa prédilection pour l'exotisme, demande au diplomate Jan Dantiscus d'intervenir auprès de Cortés pour qu'il lui offre un cadeau du Nouveau Monde — quand bien même ce ne serait qu'un Amérindien. En une autre occasion, d'Anghiera invite à sa table l'Amérindien Francisco Chicorana, et ne le trouve pas dépourvu d'intelligence. Pour sa part, Chicorana raconte à son hôte d'ingénieuses recettes de fabrication de géants, une coutume qui a cours dans le Nouveau Monde pour créer des rois qui pourront être respectés. Malgré ses propres doutes, d'Anghiera relate l'histoire quand même.

Le tout premier récit sur des Amérindiens des régions septentrionales d'Amérique du Nord à venir dans l'Ancien Monde se rapporte au

Portugais Gaspard Corte-Real (v. 1450-1501) qui disparaîtra plus tard au cours d'une traversée vers la Terre-Verte et la côte continentale en 1501. Ces Amérindiens causent un intérêt considérable auquel prend part, entre autres, un diplomate italien de Lisbonne :

> Les cheveux des hommes sont longs, comme ceux que nous portons, et ils les portent bouclés, et ils ont des visages marqués de grands signes, comme ceux des habitants des Grandes-Indes [...] Leurs manières et leurs gestes sont très doux ; ils rient considérablement et manifestent le plus grand plaisir [...] Enfin, à l'exception de l'apparence terriblement rude des hommes, ils m'apparaissent posséder autrement la même forme et la même image que nous[1].

Un autre observateur mentionne que le roi du Portugal se réjouira de cette nouvelle source d'esclaves, aptes à toutes sortes de travaux, puisque selon les récits leur pays est très populeux. Deux ans plus tard, le 13 juillet 1503, quatre navires portugais rentrent à Lisbonne, chargés de bois tinctorial et d'Amérindiens.

Auparavant, trois hommes ont été amenés de Terre-Neuve en Angleterre, si l'on en croit un article du *Chronicle*, de Stow, qui débute par « 18. En l'an de grâce 1502 du règne d'Henri VII » :

> Cette année nous amenâmes au Roi trois hommes pris dans l'île nouvellement découverte par le susnommé Sébastien Cabot, en l'an 1498. Ces hommes étaient vêtus de peaux de bêtes et mangeaient de la chair crue, et la langue qu'ils parlaient était telle que nul ne pouvait la comprendre ; deux de ces trois hommes furent vus à la cour du roi, à Westminster, deux ans plus tard, vêtus comme des Anglais, et ne purent être distingués des Anglais[2].

S'il faut ajouter foi à ce témoignage, la capacité d'adaptation de ces hommes du Nouveau Monde doit avoir été vraiment remarquable. En une autre occasion, l'adaptation se fait en sens inverse : lorsque Sir Martin Frobisher (1535 ?-1594) ramène des Inuit et un kayak en Angleterre en 1577, la reine Élisabeth les autorise à chasser sur la Tamise, sans leur interdire de poursuivre les cygnes, au grand plaisir du public anglais. Auparavant, Henri VIII avait reçu la visite d'un cacique brésilien qui avait accepté de suivre William Hawkins, en

1. Alberto Cantino, de Lisbonne, à Hercule d'Este, duc de Ferrare, le 17 octobre 1501 (reproduction par Biggar dans *Precursors*).

2. Stow, *Annales*.

1531, à la condition qu'un des hommes du capitaine anglais reste au Brésil pour garantir son retour sain et sauf. À la vue du cacique, le roi

> [...] et toute la noblesse s'émerveillèrent beaucoup, non sans raison : parce qu'il avait dans les joues des trous faits à la manière des sauvages, et que de petits os y étaient plantés, sortant d'au moins un pouce à l'extérieur de ces trous, qui dans leur propre pays passent pour une preuve de grande bravoure [...] leurs vêtements, leur comportement et leurs gestes paraissaient très étranges aux spectateurs[3].

Après une année en Angleterre, le cacique repart en bateau vers son pays, mais il meurt en mer, à cause, dit-on, du changement d'air et d'alimentation. Au Brésil, les gens de son peuple croient l'explication de Hawkins et laissent l'otage retourner en Angleterre.

Le premier visiteur du Nouveau Monde dont le passage ait été rapporté en France semble s'y être plu. Essomericq arrive du Brésil en 1505, avec le capitaine honfleurais Binot Paulmier de Gonneville. Celui-ci, parti faire du commerce dans le Nouveau Monde en 1503, transporte une sélection de marchandises montrant bien qu'il a une idée précise des articles pouvant intéresser les indigènes. Il vit avec les Carijós (Guaranis) dans le sud du Brésil durant six mois ; à son départ, son hôte, Arosca accepte qu'il emmène son fils, à condition qu'il soit de retour dans quelque vingt mois. De Gonneville ne parvient pas à remplir sa promesse parce qu'il perd tout ce qu'il possède à la suite de deux attaques de pirates dans la Manche. Lorsqu'il arrive enfin en France, le jeune Brésilien prend apparemment goût à sa nouvelle vie. D'ailleurs, il a déjà manifesté durant la traversée le désir d'adopter les manières françaises en acceptant d'être baptisé après avoir failli mourir du scorbut. La maladie a emporté son parent et compagnon Namoa, tout comme plusieurs membres d'équipage. Quoi qu'il en soit, Essomericq aurait épousé une parente de de Gonneville, ſondé ensuite une famille et vécu en France jusqu'en 1538.

L'abbé Jean Paulmier de Courtonne (décédé v. 1669), chanoine de Lisieux et arrière-petit-fils d'Essomericq, écrit au pape Alexandre VII un mémoire dans lequel il soutient l'établissement d'une mission française dans le « tiers monde » (ainsi qu'il appelle les Amériques) qu'on nomme aussi « Terres Australes[4] ». Il demande à y être envoyé comme

3. Hakluyt, *Third and Last Volume*.
4. Paulmier, *Mémoire*.

missionnaire, autant à cause de sa naissance que de sa vocation. L'abbé Paulmier, en racontant l'histoire de son aïeul, mentionne que de Gonneville arrangea le mariage d'Essomericq « qui fit de lui un allié », de manière à le récompenser pour le bon traitement dont fut l'objet le capitaine français chez les Amérindiens[5]. Dans son argumentation en faveur d'une entreprise missionnaire, l'abbé fait valoir qu'il est bien renseigné sur le Nouveau Monde ainsi que sur la marche à suivre pour fonder des missions.

On ne possède aucun renseignement écrit sur le sort des Amérindiens dont on sait avec certitude qu'ils vinrent par la suite en France, soit sept *homines sylvestres* qui, en 1509, arrivent à Rouen avec un canot d'écorce si léger qu'un homme peut aisément le soulever sur son épaule. Les Français remarquent que ces hommes mangent de la viande séchée, boivent de l'eau et ne connaissent ni le vin, ni le pain, ni l'argent. Il est habituellement admis que le capitaine Thomas Aubert, un des pilotes de Jean Ango, qui appareilla effectivement de Dieppe en 1508, les a emmenés en France. Le missionnaire jésuite Biard écrit que le capitaine Aubert ramena quelques indigènes « lesquels il fit voir avec admiration & applaudissement à la France[6] ». Rien ne prouve toutefois qu'il s'agit là des sept mêmes hommes que dans le récit d'Eusebius. Un curieux rapport contemporain fait état d'un navire français qui croise, au large de la côte anglaise, un canot d'écorce à bord duquel se trouvent sept hommes dont les visages larges, bronzés, portent des tatouages semblables à des « veines blêmes » soulignant le contour de leurs mâchoires. Ils portent des vêtements en peau de phoque, et leurs « coiffures multicolores » sont conçues de manière à ressembler à sept oreilles. Ces hommes mangent de la viande crue et boivent du sang[7]. Six de ces hommes succombent peu après leur arrivée en Normandie, alors que le septième, envoyé à la cour de Louis XII, devient un objet de curiosité.

Quelques années plus tard, on raconte l'histoire d'une jeune Amérindienne qui parvient à éviter d'être capturée. L'incident se produit durant le voyage de Giovanni da Verrazzano sur les côtes de l'Amérique

---

5. Voltaire avait cette histoire en tête lorsqu'il écrivit *L'Ingénue*, une pièce sur un Huron — en réalité un Français élevé par les Hurons — venu en Europe.

6. *JR*, Thwaites, édit., 3 :39.

7. *Raccolta di documenti e studi*. Citation tirée de l'*Historia Veneziana* (1530) de Bembo.

du Nord en 1524. La jeune femme fait un tel tapage que les marins la laissent partir ; toutefois, ils gardent un garçon qu'ils ramènent en France. Chez les Français, des incidents de ce type semblent avoir continué de se produire, de façon irrégulière et individuelle, malgré certaines exceptions occasionnelles, Cartier en fournissant un des exemples les plus notables. À l'occasion de sa traversée de 1534, il ramène les Stadaconiens Domagaya et Taignoagny. Comme l'indiquent leurs noms, ils ne sont pas baptisés ; on peut supposer que Cartier les a pris pour qu'ils lui servent de guides et d'intermédiaires lors du deuxième voyage qu'il espère déjà faire. Son projet réussit : les deux apprennent le français et sont capables d'agir comme interprètes à leur retour à Stadaconé. Il est possible aussi que Cartier soit parvenu à s'en servir pour obtenir sa deuxième commission. De toute manière, il n'en est pas à sa première action de ce genre. En 1527, sans que, même aujourd'hui, on en connaisse la raison, il ramène du Brésil une fille qui sera baptisée le 30 juillet 1528 à Saint-Malo et à qui sa femme, Catherine Des Granches, servira de marraine.

Lors de son deuxième voyage au Canada, Cartier enlève encore plus de gens, ramenant non seulement Domagaya et Taignoagny, mais aussi leur père Donnacona et d'autres chefs, soit environ six personnes en tout. Cartier paraît à ce moment-là avoir voulu présenter au roi de France des porte-parole de calibre, pour lui parler de leur pays. Il y a apparemment un projet de colonisation dans l'air. Donnacona est partiellement responsable de son propre enlèvement, ayant raconté à Cartier des histoires d'hommes blancs qui, dans la région du Saguenay, portent des habits de laine et possèdent d'immenses quantités d'or. Donnacona peut avoir essayé de dire à Cartier ce qu'il pensait que l'explorateur voulait entendre ; mais il a aussi pu répéter des rumeurs qui ont filtré par les routes commerciales amérindiennes, au sujet des Espagnols, plus au sud. Le chef n'a que trop bien réussi : Cartier l'emmène raconter ses histoires à François Ier. L'historien espagnol Barcia rapporte que Cartier arrive à Saint-Malo le 9 juillet 1536, avec ses invités « qui voyagent sans se plaindre, espérant retourner rapidement au Canada avec une grande portion de richesses[8] ». Environ deux ans plus tard, trois des hommes reçoivent le baptême à Saint-Malo. Néanmoins, aucun des Amérindiens ne survit assez longtemps pour accompagner

8. Barcia, *Chronological History*.

les Français lors de leur première tentative de colonisation en Amérique du Nord. Une petite fille, en apparence un des enfants qui furent présentés à Cartier, semble avoir vécu jusqu'à l'âge adulte, mais comme rien ne nous indique qu'elle fut jamais ramenée dans son pays d'origine, on peut raisonnablement présumer qu'elle passa sa vie en France.

Le paiement de 50 écus pour subvenir aux besoins des Amérindiens, durant deux années, à Saint-Malo, montre que François Ier approuve l'action de Cartier. Le libellé de la commission royale du 17 octobre 1540, qui prévoit l'établissement d'une colonie au Canada, laisse aussi entendre indirectement la même chose :

> [...] qui d'iceux pays nous auroient amené divers hommes que nous avons par longtemps tenu en nostre Royaume, les faisant instruire en l'amour et crainte de Dieu, et de la sainte loi et doctrine chrétienne, en intention de les faire remener ès dits pays en compagnie de bon nombre de nos sujets de bonne volonté, afin de plus facilement induire les autres peuples d'iceux pays à croire en notre sainte foi [...] en considération de quoi [...] nous avons avisé et délibéré de renvoyer le dit Quartier[9]...

Saint-Malo est devenu un centre d'activité où l'on emmène des Amérindiens, peut-être une sorte de complément au commerce des fourrures qui se développe. Quand ils survivent, ils retournent habituellement chez eux, après quelques mois, pour servir d'intermédiaires commerciaux. Un indigène de la Terre Neuve est baptisé là en 1553 et reçoit le prénom de Jehan. Un neveu de Cartier, Jacques Noël, est un de ceux qui poursuivent cette activité. Lorsque lui-même et le capitaine de marine marchande Étienne Chaton de la Jannaye demandent en 1587 le monopole des pelleteries du Canada, Noël fait valoir qu'il a emmené en France plusieurs Amérindiens pour qu'ils reçoivent une formation d'interprète. La coutume de se préparer pour la colonisation en emmenant des indigènes de la région visée dans la métropole afin qu'ils acquièrent des manières européennes et, par-dessus tout, la langue, était déjà bien établie avant la fondation de la Nouvelle-France. La formule se révèle aussi fructueuse pour sir Ferdinando Gorges et les colonies anglaises.

Rouen, centre du commerce de brésil, reçoit de nombreux visiteurs du Nouveau Monde ; une maison, sise au 17 de la rue Malpalu, mais aujourd'hui démolie, peut leur avoir servi de résidence. L'un des plus

---

9. *Edits, Ordonnances royaux.*

étranges visiteurs brésiliens n'est pas un indigène, mais plutôt un naufragé portugais adopté par les Topinambous de Bahia. Il s'agit de Diogo Alvares, connu sous le nom tupi de « Caramaru ». Marié à Paraguaçu, fille d'un grand chef, il avait acquis de l'importance autant dans les milieux amérindiens que portugais. En 1547, il accepte une invitation des Français et amène sa femme à la cour d'Henri II et de Catherine de Médicis. Le couple est comblé d'honneurs, et la reine donne son nom à la femme. Le couple maintient sa loyauté au Portugal, et, deux ans plus tard, de retour à Bahia, fonde la ville de Salvador.

Au milieu du XVIe siècle, il est de bon ton, en France, dans la royauté et la riche noblesse, d'avoir des Amérindiens dans son entourage, une coutume qui se poursuivra jusque tard dans le siècle suivant. Par exemple, quelques garçons faits captifs par les Topinambous sont vendus à Villegaignon qui les envoie à Henri II ; ce dernier en fait pour sa part cadeau à divers nobles. De même, en 1602, François Gravé Du Pont, capitaine de la marine devenu marchand et ancien associé de Champlain, présente à Henri IV des Amérindiens du Canada. L'un d'eux est le jeune fils du chef montagnais Begourat, envoyé sur la recommandation de deux membres de la tribu qui avaient précédemment accompagné Gravé Du Pont en France. Le jeune garçon vient servir de compagnon au dauphin, au château de Saint-Germain, où il meurt l'année suivante.

Un bulletin de nouvelles de Paris, daté du 23 mars 1668, portant sur une visite de Louis XIV à Versailles « où il entend se divertir sur le lac avec plusieurs bateaux dorés qui lui ont été fournis, indique bien le rôle des Amérindiens à la cour ; il y a aussi là des Hiroquois avec leurs gondoles rapportées des Indes, faites entièrement d'un seul morceau d'écorce, dans lesquelles ils pagaient avec une extraordinaire rapidité[10] ». Même si les Amérindiens sont plutôt tenus pour des curiosités, il existe un certain intérêt pour leurs talents singuliers. On admire beaucoup leur dextérité de canoteurs, tout comme leur technique qui leur permet de faire du feu avec deux bâtonnets ; Mocquet relate une démonstration qu'ils font devant Henri IV, à Fontainebleau, en 1605[11].

La passion des reconstitutions historiques à l'époque de la Renaissance constituera toutefois le moyen le plus efficace d'attirer l'attention

---

10. *The London Gazette*, n° 348 (1668), information datée « Paris March 23 », dans la Collection de journaux Burney, au British Museum.
11. Mocquet, *Voyages en Afrique*.

du public sur les Amérindiens. En réalité, à l'occasion, on les fait traverser expressément pour participer à de tels événements, comme dans le cas des célébrations marquant l'entrée d'Henri II et de Catherine dans Rouen en 1550. Le spectacle est si somptueux qu'il entraîne l'édition de livres dont l'un est publié dès l'année suivante[12]. Un des plus importants tableaux vivants illustre la vie au Brésil : à 50 indigènes s'ajoutent 150 marins qui fréquentèrent le Nouveau Monde suffisamment pour pouvoir parler une langue d'Amérique ainsi que pour pouvoir imiter certaines coutumes et manières tribales. Malgré la saison tardive (le début d'octobre), un parc sur les bords de la Seine est transformé en forêt du Brésil, en ajoutant des arbres artificiels dont les troncs peints en rouge font croire à du brésil, bien que l'écorce de ce bois soit en réalité grise. Il y a des fruits brésiliens *imitans le naturel*, des oiseaux, des singes, des écureuils et d'autres animaux brésiliens. Des maisons de style indigène sont construites au centre de ce décor sylvestre. Les Brésiliens et les marins pseudo-brésiliens vaquent à des activités quotidiennes, chassant des oiseaux et des animaux, se reposant dans des hamacs, coupant du bois de teinture et le transportant à un fort, près du fleuve, où un navire, toutes voiles dehors, attend la précieuse cargaison. On organise une bataille au cours de laquelle le dépôt mortuaire et la « forteresse » des vaincus sont incendiés. Certains des marins ont vécu si longtemps au Brésil que leurs imitations semblent vraies. D'autres personnes, ayant séjourné au Brésil, attestent de la justesse de la représentation[13]. Catherine de Médicis trouve tant de plaisir au spectacle qu'elle vient y assister une seconde fois.

L'entrée de Charles IX dans Troyes, le 23 mars 1564, met aussi en vedette des Amérindiens, dont le chef monte un cheval déguisé en unicorne. Le 9 avril 1565, Bordeaux honore le même monarque avec une procession de prisonniers originaires d'une douzaine de pays, y inclus des « sauvages américains et brésiliens[14] ». Chaque groupe fait, dans sa propre langue, sa soumission au roi que des interprètes traduisent

---

12. Il s'agit d'un manuscrit qui décrit l'événement, enluminé en couleur et relié en velours, et qui se trouve à la bibliothèque municipale de Rouen.
13. À l'époque, Rouen était un grand centre de commerce de brésil depuis un demi-siècle. Encore aujourd'hui, Rouen se rappelle ses liens avec le Brésil. En 1969, les ballets « Brasiliana » faisaient partie des attractions majeures de la Foire de Rouen.
14. Gaffarel, *Histoire du Brésil*.

ensuite pour le monarque. La motivation politique qui sous-tend ces déploiements est évidente : la France cherche à établir son droit à la colonisation dans le Nouveau Monde. En 1619, à l'occasion de la reconstitution historique d'un mariage royal, dont le thème serait, plus pertinemment, l'amour plutôt que la conquête, l'entrée américaine est intitulée « [Les] Heureux de l'Amérique[15] ». Les déguisements *à l'amériquaine* ont aussi beaucoup de succès dans des circonstances extraordinaires. En 1524, par exemple, le gouverneur de Cracovie, Seweryn Boner, envoie deux trompettistes vêtus à la mode amérindienne, avec des plumes de perroquet, pour saluer Élisabeth de Habsbourg, femme du roi de Pologne Sigismond II.

Non sans qu'on s'y attende, l'Europe de la Renaissance combine sa prédilection pour la parade avec sa préoccupation pour les âmes. Habituellement, les hommes du Nouveau Monde amenés en France reçoivent le baptême aussi tôt que possible. On peut voir comme un symbole l'expérience de cet Amérindien dont la première rencontre avec Louis XIII a lieu dans « la maison de prière » ; le roi réagit en demandant au visiteur s'il est baptisé. Cet intérêt pour les âmes, assez sincère en soi, devient un instrument dans la campagne menée par la France en vue d'établir son droit à l'évangélisation (et par conséquent à la colonisation) dans les Amériques ; les baptêmes des visiteurs amérindiens tendent donc à se transformer en affaires d'État. Le plus spectaculaire de ces événements, s'il faut en juger par le succès qui entoure la cérémonie, a lieu en 1613, quand François de Razilly (1578-1622) ramène en France un groupe de six Topinambous sous la surveillance du capucin Claude. Les Amérindiens ont convenu de venir, en délégation, rendre hommage au roi de France, et de demander de l'aide sous forme de missionnaires, de soldats, d'artisans et de marchandises ; on estime que l'affaire est importante vu que les Français tentent d'implanter une colonie dans l'île de Maranhão, sur la côte nord du Brésil, en plein territoire réclamé par les Portugais. La tentative est éphémère, les Portugais détruisant la colonie en 1615.

Pendant ce temps, l'arrivée de la délégation crée une intense excitation. Leur accueil, au Havre-de-Grâce, est marqué par un service religieux au cours duquel les Topinambous récitent le Pater Noster et l'Ave Maria dans leur propre langue. Presque un mois plus tard, l'entrée des

15. *Cinquième Tome du Mercure françois.*

Amérindiens dans Paris, habillés de plumes et agitant des maracas, prend des allures de triomphe. Trente-six capucins les accompagnent. Les notables de Paris viennent en si grand nombre à l'événement que la pression de la foule oblige les capucins à se retirer dans leur couvent avec leurs ouailles exotiques. Toutefois, les visiteurs affluant toujours, le roi est contraint d'envoyer des gardes de sécurité ; et là encore, les calmes allées du couvent prennent l'air d'un hall public. « Mais qui eust iamais pensé, écrit Claude d'un ton songeur, que le peuple de Paris tant acoustumé à voir des choses rare nouvelles se fust esmeu comme il a faict pour la venuë de ces Indiens[16] ? » On compte néanmoins un Français de l'époque qui n'est pas aussi impressionné ; François de Malherbe (1555-1628), poète et critique, observe ces personnages exotiques, plus tard, à Rouen où on

> les fit habiller à la française ; car, selon la coutume du pays, ils vont tout nus, hormis quelques haillons noirs qu'ils mettent devant leurs parties honteuses : les femmes ne portent du tout rien. Ils ont dansé une espèce de branle sans se tenir par les mains et sans bouger d'une place ; leur violon était une courge comme celle dont les pèlerins se servent pour boire, et dedans il y avait quelque chose comme des clous ou des épingles. L'un d'eux en avoit un, et leur truchement, qui est un Normand de Dieppe, en avoit un autre. Je crois que ce butin ne fera pas grande envie à ceux qui n'y ont point été d'y aller[17].

Les cérémonies qui entourent l'entrée des Topinambous dans Paris incluent une soumission officielle au roi. Ils font allusion à leur peuple qui vivait, avant l'arrivée des Français, « une vie misérable, sans loy & sans foy[18] ». Il faut se demander si les Brésiliens prêtent foi à ces paroles que les entreprenants capucins leur mettent dans la bouche ; quoi qu'il en soit, ils fournissent au roi l'occasion de consentir publiquement à l'envoi de 12 capucins, avec des soldats, dans le Nouveau Monde, comme le rapporte en effet *Le Mercure françois*[19]. Trois Topinambous meurent rapidement, sous les pressions d'un mode de vie inhabituel ; les trois autres sont préparés au baptême, prévu pour le jour de la Saint-Jean-Baptiste, dans l'église des capucins, richement décorée pour l'événement. On habille les Topinambous de taffetas blanc ; deux

16. Claude, *Maragnan*.
17. Malherbe, *Lettres*.
18. Claude, *Maragnan*.
19. *Troisième Tome du Mercure françois*.

prêtres en soutane blanche mènent chacun d'eux vers les fonts baptismaux assombris par des mètres de taffetas blanc ondulant jusqu'au sol, sur un fond de scène fait de tapisseries de soie et d'or. L'évêque de Paris officie en personne ; le roi et la reine régente sont parrain et marraine ; et Claude sert d'interprète. Le rituel se déroule au son de la musique et des chants sacrés. Durant la procession finale, les Brésiliens portent des lis et des chapeaux ornés de plumes. Des sœurs cloîtrées reçoivent l'autorisation de les voir. Claude inclut dans son livre (1614) sur l'expédition de Maragnan la description de l'entrée dans Paris ; elle sera reprise fréquemment dans des anthologies, qui connaissent à cette époque une grande vogue. Les Brésiliens deviendront aussi pour les illustrateurs un sujet de prédilection, particulièrement dans leur parure de baptême ou habillés à la française.

En 1637, on organise un autre spectacle à l'occasion du baptême de deux filles montagnaises, au grand couvent des carmélites de Paris. Comme pour les Topinambous, l'événement attire une foule de participants et d'invités en vue ou importants, parmi lesquels se trouve la marraine, la princesse de Condé. L'éclat mondain de ces événements souligne l'importance du bénéfice politique qu'on en retire, même s'il ne s'exprime pas ouvertement.

Des Amérindiens à l'école en France

L'établissement de colonies en Acadie et sur les bords du Saint-Laurent, au tout début du XVIIe siècle, donne à ces visites une nouvelle dimension, à mesure qu'on met maintenant plus l'accent sur l'envoi d'enfants amérindiens pour les faire éduquer à la française et les transformer ainsi en vrais Français et Françaises. Les jésuites, lorsqu'ils adoptent cette politique en Nouvelle-France en 1634, ne font que suivre les pas des récollets qui s'étaient mis à envoyer des jeunes garçons en 1620. Bien que les missionnaires soient conscients de précédents échecs avec des Amérindiens qui, ayant vécu en France et ayant été baptisés, ne firent que revenir à leurs coutumes traditionnelles dès leur retour chez eux, leur foi n'est toujours pas ébranlée quant à la validité fondamentale du programme. Non seulement, suivant la théorie, ces enfants devaient parvenir à vivre comme les Français en France, mais, avec un conditionnement approprié, ils devaient aussi pouvoir réussir la prouesse, de l'aveu de tous beaucoup plus difficile, de continuer à vivre ainsi en Amérique. Aux dires mêmes du père Le Jeune :

> Je n'y voy point d'autre moyen que celuy que touche V. R. d'envoyer un enfant tous les ans en France : ayant esté là deux ans, il y reviendra sçachant la langue ; estant desjà accoustumé à nos façons de faire, il ne nous quittera point et retiendra ses petits compatriotes[20].

En 1635, le missionnaire note avec optimisme que « [les] Sauvages commencent à ouvrir les yeux, & à connaistre que les enfans sont bien instruits avec nous ». L'année suivante, en 1636, il écrit, au sujet d'un jeune garçon qu'il envoie en « cadeau » à M. De Noyers, secrétaire d'État : « [I]'ay bonne espérance qu'une si bonne main nous le rendra un iour si bien instruit, qu'il pourra servir d'exemple à ceux de sa nation[21]. » En 1637, cinq Amérindiens, dont une jeune femme iroquoise, sont envoyés en France.

Même si le programme s'amorce avec des garçons, les *Relations* des jésuites donnent l'impression qu'il y eut dans l'ensemble plus de filles. Le Jeune explique le raisonnement que cela sous-entend, lors de l'envoi d'une fille à Madame la Princesse :

> Si on luy vouloit donner son mariage, quand elle sera dans l'aage nubile, & puis la faire repasser en ces contrées, ie croy qu'on feroit beaucoup pour la gloire de nostre Seigneur : pource qu'une petite fille Sauvage estant icy à son aise mariée à quelque François, ou Sauvage Chrestien, seroit une puissante chaisne pour arrester quelques unes de ses compatriotes errantes, c'est où il faut viser, si on veut puissamment accourir cette nation[22].

Ce qu'on sait du comportement des enfants durant leur séjour en France semble appuyer ces attentes élevées. La description d'une fille qu'on envoie vivre, en 1635, chez les hospitalières de Dieppe mentionne qu'elle

> [...] se faisoit aimer d'un chacun, elle estoit fort officieuse, tres-obeyssante, aussi exacte à ne point entrer aux lieux defendus qu'une Religieuse ; & quand on luy vouloit faire entrer, soir par mégarde, ou pour fair preuve de son obeyssance, elle respondoit fort gentilement, « [I]e n'ay point permission ; la Mere Superieure ne le veut pas ». Elle sçavoit desia plusieurs leçons de son Catechisme, & entendoit beaucoup de la langue Françoise [...] Elle sçavoit fort bien dire que le Manitou ne valoit rien, qu'elle ne vouloit plus retourner en Canada[23].

---

20. *JR*, Thwaites, édit., 6 :85.
21. *Ibid.*, 9 :105.
22. *Ibid.*, 11 :53. Voir aussi 5 :145 ; 7 :227.
23. *Ibid.*, 7 :287.

Un garçon, baptisé sous le nom de Bonaventure, aurait été transformé, en France, devenant « tout autre qu'il n'estoit [...] En vérité il m'estonne [...] et se rend fort obéissant[24] ». Plus surprenant encore, « il n'estoit ny menteur, ny acariatre, ny gourmand, ny paresseux ». Ce changement chez Bonaventure confirme la croyance de Le Jeune, selon qui « [...] la seule éducation manque aux Sauvages [...] », en plus de réveiller ses attentes : « I'espere qu'il nous servira grandement pour nostre Seminaire[25]. » Pourtant, les dangers qui parsèment la voie choisie restent nombreux : la fille meurt de la petite vérole, et Bonaventure périt lorsqu'on le perd en forêt après un accident qui fait craindre au missionnaire des représailles de sa parenté, même si ses parents sont morts. Toutefois, comme des fonctionnaires coloniaux offrent des cadeaux afin de retrouver le jeune garçon, cela apaise les gens de sa tribu. Les Français agissent sensiblement de la même manière quand meurt, en France, la jeune Iroquoise. Des parents implorent son retour avec des présents ; le premier gouverneur et lieutenant général de la Nouvelle-France de 1636 à 1648, Charles Huault de Montmagny, lorsqu'il apprend sa mort, répond aux Iroquois par des présents, « pour reposer ses os en son païs, ou pour la faire revivre, faisant porter son nom à quelque autre femme[26] ».

Les premiers échecs d'insertion des Amérindiens dans le moule français s'avèrent plus dérangeants. Les raisons qu'on donne comme premières explications font état d'Amérindiens qui « insuffisamment instruits et se trouvant eux-mêmes sans bergers, aussitôt qu'ils reviennent vers ces rivages, retournent immédiatement à leurs anciennes mœurs et traditions[27] ». La pilule de l'échec est particulièrement amère à avaler en ce qui concerne le Huron Louis Amantacha et le Montagnais Pierre-Antoine Pastedechouan. Amantacha, envoyé en France en 1626 et baptisé sous le nom de Louis de Sainte-Foy, revient en Amérique un peu plus de deux ans après. Pour sa part, Pastedechouan a presque grandi en France, au point où il a pour ainsi dire oublié sa langue maternelle. Les deux hommes se trouvent en Nouvelle-France lors de sa chute aux mains des Anglais, en 1629. Après la reprise de possession de leur colonie en 1632, les Français constatent que leurs

24. *JR*, Thwaites, édit., 6 :85.
25. *Ibid.*, 9 :223-225.
26. *Ibid.*, 27 :285-287, 293.
27. *Ibid.*, 2 :87 (original en latin).

deux néophytes sont retournés à leurs modes de vie traditionnels. Amantacha, de son côté, manifeste encore quelque intérêt pour sa nouvelle religion, et il s'efforce d'aider Champlain et les jésuites à promouvoir l'alliance franco-huronne. Il finit par être capturé par les Iroquois au cours d'une expédition dans leur pays et on n'entend plus parler de lui. Pastedechouan est devenu aussi inadapté à la société européenne qu'à l'amérindienne. Le Jeune se permet d'ailleurs d'observer avec aigreur : « Adjouté que je n'ay point veu sauvage si sauvage et si barbare que luy », et il met l'échec sur le dos de ses contacts avec les Anglais. À la fin, seuls les prêtres sont prêts à supporter Pastedechouan et, même là, dans le seul but d'apprendre sa langue maternelle. On rapporte qu'il serait mort de faim, seul dans les bois, en 1636. Ainsi s'éteignent les grands espoirs qu'avaient entretenus les Français à son baptême, lorsque le prince de Guéménée lui servit de parrain. La déception qui transparaît dans les aveux des Français prouve amplement qu'ils trouvèrent le travail de remodelage des Sauvages beaucoup moins simple qu'ils ne l'avaient d'abord anticipé. Le Jeune fait observer, en 1633, qu'« on [les Français] a esté 38 ans à que i'ay ouy dire, avant que de rien faire au Brasil[28] ». Ces espérances irréalistes reflètent la croyance française persistante qui met les Amérindiens dans un état de nature « incorrigé » et les prépare à accepter les enseignements de la civilisation française. Lorsqu'il se révèle que ça ne fonctionne pas, les échecs sont facilement attribuables à la perversité des Amérindiens ou, peut-être, à leur supposée dévotion envers le diable.

Quand même, les Amérindiens peuvent et vont coopérer avec les Français. Par exemple, une Montagnaise, Louise, écrit qu'elle fut heureuse d'être en France ; et la supérieure de l'hôpital de Dieppe, où elle séjourna, rapporte :

> Nostre petite Louise fait tres-bien, elle est extrement douce, souple, abeïssante & devote, quand il y a quelque petite devotion à faire dans la classe des petites Seminaristes, c'est la premiere à la demander, elle est tellement modeste & attentive [...] qu'elle fait honte à nos petites Françoises, pour moy elle me donne de la devotion[29].

Louise affirme qu'elle ne veut pas retourner au Canada sauf comme religieuse ; rien ne nous indique toutefois que son ambition se réalisa.

---

28. *JR*, Thwaites, édit. 5 : 107-109 ; 6 : 87 ; 7 : 67-71 ; 9 : 69-71.
29. *JR*, Thwaites, édit., 11 :95.

On profite aussi parfois de la collaboration des parents, comme dans le cas d'une autre fille, élevée à la française, qui revient visiter ses parents dans leur cabane d'écorce à proximité de Québec. « Extremement aise de voir sa fille bien couverte, & en fort bon point [...] », Mantoueabeouichit, son père, ne l'autorise pas à rester longtemps et la renvoie[30]. Il faut souligner à ce sujet que rien ne permet de mesurer le taux de réussite de ces efforts d'assimilation ; aucun document n'en fait état. On peut, avec raison, présumer que les individus assimilés perdent toute visibilité puisqu'ils passent pour des Français, tandis que les rebelles, qui attirent l'attention, ont plus de chance de faire parler d'eux.

Lorsque des hommes ou des garçons sont envoyés en France, l'occasion prend parfois des allures de mission diplomatique, comme dans le cas des Brésiliens de Claude d'Abbeville. En 1638, le fils du capitaine montagnais Iouanchon dépose sa « Couronne de Porcelaine » (wampum) aux pieds du roi de France « pour marquer qu'il reconnoissoit ce grand Prince au nom de tous ces peuples pour leur vrais & legitime Monarque ». Le roi et la reine répondent en lui présentant leur dauphin et en lui faisant cadeau de six tenues qui « [... ne sont] que toile d'or, velours, satin, panne de soye, écarlattes, & le reste à l'advenant ». De retour à Québec, le jeune homme montre ces présents à Montmagny qui « [...] jugea à propos [de les distribuer] pour répandre l'honneur du Roy parmi ces peuples [...] On donna donc trois habits magnifiques à ce jeune Sauvage, l'un pour luy, l'autre pour sons fils, & le troisième pour son Pere. Comme on songeoit à qui on distribuëroit les trois autres, Monsieur nostre Gouverneur dit qu'il falloit choisir trois Chrestiens Sauvages de trois nations... » À l'occasion d'une procession de la fête de l'Assomption de la Vierge les six hommes portent les habits et marchent en tête de la section amérindienne. Ces chefs, qui expédient en retour un costume amérindien à l'intention du dauphin, expliquent : « Ce n'est pas un présent que nous luy faisons, car il a bien d'autres richesses que les nostres, mais c'est un *metawagan*, un petit joüet pour recreer son petit Fils qui prendra peut-être plaisir de voir comme nos enfants sont vestus[31]. »

S'il faut en juger d'après la collection « Les Enfants de France » de la bibliothèque de Versailles, les échanges de cadeaux se poursuivent

30. *JR*, Thwaites, édit., 11 :93.
31. *Ibid.*, 15 :223-227, 237.

durant toute la période de la Nouvelle-France. Deux « colliers de porcelaine », dans la cathédrale de Chartres, témoignent en silence d'un autre échange, de nature religieuse celui-là.

Les prisonniers de guerre

Un Anglais a décrit la coutume française qui consistait à envoyer en France des prisonniers de guerre comme « le meilleur et le plus efficace moyen qu'ils trouvèrent pour s'assurer de leurs Indiens et pour pervertir et corrompre les nôtres ». Suivant le marchand écossais John Nelson, qui est à une époque prisonnier à Québec et qui fait part de ses observations,

> [...] ils ont au besoin transporté en France certains des plus éminents et entreprenants Indiens (pas seulement les leurs, mais aussi les nôtres qu'ils se sont trouvé à faire prisonniers), dans l'unique but de les ébahir et les éblouir par la grandeur et la splendeur de la cour et de l'armée de France où le roi avait cru bon pour sa protection de les envoyer, en Flandre, où les armées, expressément rassemblées pour eux, [devaient] leur montrer leur grandeur.

De fait, ajoute Nelson, « il y a effectivement, en cet instant présent, à Versailles, six sagamos ou chefs venus du Canada, de la baie d'Hudson et de la Nouvelle-Écosse pour solliciter une telle aide et assistance contre nous[32] ».

À l'époque où Nelson rédige ses observations, les Français envoient des prisonniers de guerre amérindiens en France depuis plus d'un demi-siècle. Parmi les plus célèbres se trouve l'Agnier Honatteniate qui arrive au Havre-de-Grâce le 7 décembre 1649. Connu des Français sous le nom du « Berger », cet Agnier avait été racheté contre rançon par Montmagny, de Pieskaret, le capitaine algonquin qui menait sa propre guerre contre les Iroquois avec un tel succès qu'il était devenu, de son temps, une légende. Honatteniate, une fois rentré chez lui, n'oubliera jamais qu'il doit la vie aux Français. Il s'oppose d'ailleurs à l'assassinat du père Isaac Jogues, en 1646. Il décide, deux ans plus tard, de se livrer lui-même aux Français, à l'occasion d'une expédition de chasse près de Trois-Rivières. Convaincus qu'il est venu pour les espionner, les Français ne lui font pas confiance, même lorsqu'il

32. *NYCD*, O'Callaghan and Brodhead, édit.

montre une blessure au bras qu'il déclare provenir d'un coup destiné au père Jogues ; on lui met des entraves aux jambes. Afin de prouver sa sincérité, il organise la capture de compatriotes iroquois par les Français. Tandis que tous les prisonniers parviennent à s'enfuir, Honatteniate, bien déterminé, reste. Les Français, de crainte qu'il ne retourne un jour chez les siens avec des renseignements recueillis pendant son séjour à Trois-Rivières, décident de l'envoyer en France. Sur le bateau, les marins l'attachent pour éviter qu'il ne s'enfuie ; au petit matin, il s'est libéré de ses liens. Comme l'affaire se reproduit plusieurs fois, les marins en viennent à se demander s'il n'est pas sorcier. À la vue du Havre-de-Grâce, l'étonnement qui le saisit est si grand qu'il ne peut prononcer un seul mot pendant deux heures. Malgré le froid de décembre, il refuse de porter un chapeau et préfère marcher nu-pieds plutôt que d'enserrer ses pieds dans des chaussures et des bas français. Après s'être gravement blessé aux pieds, il est admis à l'hôpital de Dieppe où les religieuses racontent qu'« [il] prenoit son repas, non en Barbare, mais en homme temperant ; car encore qu'il fut grand puissant, il mangeoit assez mediocrement ». Il est finalement emmené à Paris où il loge dans une maison pour de nouveaux convertis. Il y meurt peu après. Une toute dernière observation au sujet de Honatteniate : on estime qu'il avait mangé 50 hommes au cours de sa vie.

Pendant l'histoire de la Nouvelle-France, le plus célèbre incident ayant trait à des Amérindiens en Europe met en cause le transport, par Denonville, de 30 à 60 prisonniers de guerre iroquois devant servir sur les galères. Le *Mercure Galant*, mentionne, avec laconisme, l'arrivée des Iroquois promis au travail des galères, en se demandant s'ils y seront aptes[33]. L'expérience — puisqu'il faut l'appeler ainsi — suscite d'acerbes critiques à l'époque. Pour sa part, le jésuite Jean de Lamberville (1663-1714) a la sensation que cela menace son travail chez les Iroquois, d'autant plus que se trouvaient parmi les prisonniers « quelques un qui avoient esté en France nommoient souvent[34] ». Lahontan fait à ce sujet quelques remarques cinglantes. Dès 1663, on a proposé la destruction des Iroquois soit en les tuant, soit en envoyant leurs meilleurs hommes servir sur les galères. Trois ans plus tard, Talon s'exprime dans le même sens ; et, en 1684, La Barre est pressé de

33. *Le Mercure Galant* (nov. 1687).

34. *JR*, Thwaites, édit., 64 :249.

prendre autant de prisonniers iroquois qu'il le peut pour les emmener aux galères. On ne peut que s'interroger sur le sort des Iroquois après leur arrivée en France. Un compte, qui a trait aux dépenses de quatre Iroquois voyageant de Bordeaux et Castelnaudary jusqu'à Marseille, suggère que certains d'entre eux furent envoyés dans cette dernière ville. Peut-être les cris de scandale venus des colonies font-ils leur effet, ou peut-être les Iroquois meurent-ils trop vite pour être vraiment employables comme galériens, peut-être encore les alliés exercent-ils des pressions, mais toujours est-il que les survivants sont libérés un peu plus d'un an après, soit en 1689. De Lamberville rapporte que 13 seulement reviennent au Canada et il prétend que les autres sont morts d'« indigence ». Un historien du XIXe siècle dresse la liste de 21 Iroquois qui, déclare-t-il, furent expédiés à Rochefort pour être renvoyés au Canada. Il s'agit d'un épisode unique dans l'histoire de la Nouvelle-France. Lorsqu'il revient à Québec pour un second mandat, Frontenac ramène avec lui trois des Iroquois, « pour annoncer à toutes les nations Iroquoises que SM leur avoit fait le grace de Leur rendre la Liberté[35]... ». L'un d'entre eux, Ourehouare (dont le nom varie, suivant l'orthographe française vacillante du XVIIe siècle, d'Orehaoue à Orecone, en passant par Oreacona, Orcoué, Oréouache et Horehouasse), devient un inséparable compagnon de Frontenac. Les exploits qu'il accomplit pour la cause française le rendent célèbre ; il explique « avec une rare modestie chez les Indiens, qu'il n'a pas encore assez fait pour payer de retour son père Onontio[36] ».

Dans l'intervalle, les Anglais restent convaincus que la politique française d'envoi d'Amérindiens influents en France produit de meilleurs résultats que dans la réalité. Nelson explicite :

> En ce qui concerne nos Indiens, on ne peut adopter de meilleures méthodes que celles des Français, tant pour en tirer des encouragements dans le pays que pour avoir quelques chefs des diverses nations indiennes qui, envoyés en Angleterre, permettraient de faire contrepoids à la réputation et la grandeur des Français[37].

Pourtant, les Français sont lentement arrivés à la conclusion que la politique n'est jamais rien de plus qu'une dépense inutile, du moins en

35. ANC, $C^{11}A$, 10 :220v, Frontenac au ministre, le 15 nov. 1689.
36. ANC, AC, F3, 6 :401-1v, « Relation de ce qui s'est passé [...] », le 27 nov. jusqu'au 15 oct.1691, (original en anglais).
37. *NYCD*, O'Callaghan and Broadhead, édit.

ce qui a trait aux chefs amérindiens. Tout d'abord, les délégués amérindiens montrent une tendance à se considérer comme des égaux, même vis-à-vis du roi, malgré toute la pompe et la cérémonie qui l'entourent. En second lieu, même quand ils sont convenablement impressionnés par la puissance française, ils sont rarement capables de convaincre pleinement leurs compatriotes du Nouveau Monde de ce qu'ils ont vu dans l'Ancien. C'est ainsi qu'exprimées en gains de nouvelles alliances ou en consolidations des alliances existantes, ces visites se révèlent inefficaces et amènent les Français à en décourager la pratique. Les visites non officielles ou occasionnelles subissent le même sort, surtout durant le XVIIIe siècle. En 1740, le passage non autorisé, en France, d'un Micmac et de son interprète attire sur la tête du capitaine un profond mécontentement public. Le Micmac Denis d'Esdain reçoit des vêtements rouges, du galon, une crépine dorée, des perles et des rubans de couleurs assorties, pendant que le missionnaire Jean-Louis Le Loutre reçoit l'ordre de bien lui faire comprendre la valeur du cadeau du roi et de l'assurer que Sa Majesté l'aurait beaucoup mieux traité s'il était venu en France avec l'autorisation appropriée.

Ces réactions chez les Français sont en accord avec les attitudes des Amérindiens qui, aux XVIe et XVIIe siècles, manifestent rarement un enthousiasme particulier, c'est le moins qu'on puisse dire, à l'idée d'aller en Europe. Les explorateurs et colonisateurs européens, apparemment surpris, rapportaient d'ailleurs que les Amérindiens, qui voyageaient beaucoup dans leurs propres pays, n'éprouvaient aucun désir d'aller en Europe. Ribault avait découvert cela en « Floride » après que la reine de France lui eut ordonné de ramener deux Amérindiens, probablement pour sa cour. Ribault obtient le consentement d'un « roi » amérindien, qui nomme deux hommes ; ceux-ci, qui sentent d'abord qu'ils sont un honneur pour leurs compatriotes, acceptent donc avec joie. Mais ils changent vite d'idée en constatant qu'ils devront quitter leur mère patrie. Tous les efforts des Français pour les persuader d'accepter leur sort restent vains, et ils se sauvent, en prenant soin de laisser sur place les vêtements et les autres articles que leurs hôtes leur avaient donnés. De même, le géographe du roi Jean Mocquet mentionne le cas d'un jeune Indien caraïbe qui manifeste l'intention d'aller en France, ayant l'impression qu'il s'agit du bateau sur lequel les Français naviguent. Apprenant la vérité, il cherche à s'enfuir ; les Français l'attachent, mais il se libère de ses liens. Pendant ce temps, le navire s'est trop éloigné de la côte pour qu'il regagne le rivage à la nage. Une fois repris, le jeune homme frustré passe sa colère sur un compagnon de bord, Amérindien aussi, mais d'une tribu ennemie. Condamné par le capitaine à être fouetté, le jeune récalcitrant subit la peine en se raidissant les épaules et en s'enfermant dans le silence même lorsque le fouet soulève la peau de son dos. Mocquet le présentera plus tard au roi.

L'histoire de Yapoco, racontée par Mocquet qui le rencontre à Paris dans le groupe de Claude, permet d'imaginer la solitude dont souffrirent probablement les Amérindiens en Europe. Mocquet avait connu Yapoco au Brésil ; ce dernier, à la vue d'un visage familier de son pays d'origine court vers lui et l'embrasse dans le cou, puis se met à lui raconter ses aventures. Certains Amérindiens poussent les choses extraordinairement loin pour retourner chez eux. À l'occasion, des circonstances particulières modifient cette attitude, du moins dans le cas de quelques individus ; une petite fille pleure tant et tant pour rejoindre ses compagnons qu'on envoie en France, qu'on lui permet de faire elle aussi le voyage. Le capitaine montagnais Noël Negabamat (v. 1600-1666), un fidèle allié des Français, exprime le souhait de traverser en France, mais il est plutôt expédié en ambassade — infructueuse — à Boston, en 1650, en compagnie du jésuite Gabriel Druillettes (1607-1685), afin de chercher appui auprès des Anglais contre les Iroquois[38].

L'Europe vue à travers des yeux amérindiens

Hormis la célèbre entrevue de Montaigne, à Rouen, avec trois Brésiliens qui expriment leur surprise devant les inégalités sociales qu'ils constatent dans la société française, il n'existe que peu d'écrits sur les impressions des Amérindiens à l'égard de l'Europe durant le XVIe et même le XVIIe siècle. Nous avons déjà noté les récits d'Amérindiens qui, ayant traversé avec Gravé Du Pont, influencèrent la décision de Bégourat de laisser son fils partir. Ces impressions doivent manifestement s'être exprimées en fonction des antécédents culturels ; ce qui amène par exemple le fils d'Iouanchon à parler de « cabannes roulantes tirées par des Orignaux[39] ». En une autre occasion, un visiteur, à la vue des

38. *JR*, Thwaites, édit., 12 :125 ; 37 :77.
39. *Ibid.*, 15 :235.

échoppes de la rue des Chaudronniers, à Paris, se demande si les chaudronniers ne sont pas des parents du roi, et le commerce du cuivre un privilège des seigneurs. Dans le Nouveau Monde, les récits de masses de gens et de maisons aussi considérables semblent incroyables ; « Ils vous ont corrompus » est une réaction compréhensible[40]. Il est aussi fort possible que les Amérindiens, une fois revenus de leur étonnement initial, soient moins bouleversés par les villes d'Europe que les Européens ne veulent l'admettre. Toujours loyaux à leurs valeurs culturelles, les Amérindiens affichent une préférence pour leur propre mode de vie. Le cas de Louis, originaire de la Dominique, est typique : après quelque temps en France, il ne souhaite rien d'autre que de retourner chez les siens. Après qu'on lui eut demandé s'il était heureux de retourner au « désert » de la Dominique, à la suite d'un séjour à Paris où il avait vécu dans de belles maisons et côtoyé des princes, il répond simplement qu'il aime mieux son pays. Dès son arrivée chez lui, il prend grand plaisir à se débarrasser de ses vêtements français et à revêtir son costume du pays.

Les Européens sont induits en erreur par leurs propres idées préconçues sur des « pauvres sauvages » amérindiens qui ne peuvent rien faire d'autre qu'être impressionnés par une civilisation avancée. Il n'y a pas que les Montagnais de Tadoussac qui conçoivent les choses « qu'a leur mode ». La vérité, naturellement, c'est que les Amérindiens possèdent leur propre raffinement. Les Français commencent à percevoir cela lorsqu'ils remarquent que les Amérindiens se dévouent autant à leurs intérêts personnels qu'ils le font eux-mêmes et sont aussi désireux d'employer tous les moyens mis à leur disposition pour arriver à leurs fins. Ainsi donc, ces chefs que la puissance des Français impressionne réagissent en tentant de la mettre au service de leurs propres intérêts. Les Français se trouvent non pas en train d'intimider de simples sauvages, mais plutôt au milieu d'une négociation avec des diplomates accomplis. Ce n'est pas surprenant que leur enthousiasme initial à l'idée d'emmener des chefs en France se soit refroidi.

L'Europe qui s'offre aux yeux des visiteurs amérindiens n'est pas celle que les Européens remarquent. Les Français se concentrent avec une telle intensité sur les splendeurs de leur civilisation qu'ils tendent presque naturellement à en minimiser ses aspects moins attrayants.

---

40. *JR*, Thwaites, édit., 68 :215.

Cartier, par exemple, lorsqu'il amène ses invités iroquois peu enthousiastes à la cour de François Ier, doit raisonnablement s'attendre à ce qu'ils soient impressionnés par la magnificence royale de la France, sans tenir compte des indigents qui mendient à l'extérieur des murs du palais. La vue de ces mendiants scandalise très vraisemblablement autant les Iroquois que les Brésiliens avec qui Montaigne s'entretiendra plus tard. Le Paris où se tient la cour est une forteresse urbaine. À certaines époques, pas un jour ne se passe sans exécutions publiques, et les visiteurs amérindiens peuvent difficilement les éviter. De fait, l'année qui suit l'arrivée des Iroquois, soit 1535, est celle où la pratique des bûchers publics, des tortures et des mutilations d'hérétiques connaît sa plus forte croissance. L'horreur des récits de ces exécutions est telle qu'on peut se demander si les visiteurs des forêts du nord-est de l'Amérique du Nord, où la torture se pratique, n'apprennent pas une ou deux choses. À l'époque, pour ne donner qu'un exemple modéré, les faussaires sont littéralement bouillis dans l'huile en y étant plongés très lentement. Ceux qui s'aventurent alors dans les rues de Paris ne peuvent en éviter la saleté et le désordre, à moins d'avoir les moyens de se payer une chaise à porteurs. Par opposition, Le Jeune, qui tente d'échapper à la fumée et à l'encombrement d'un abri amérindien, trouve solitude et propreté dans un banc de neige, en dépit des conditions glaciales.

Les visiteurs amérindiens en Europe, tant au cours du XVIe que du XVIIe siècle, se retrouvent parmi une population jeune ; une étude portant sur 3 700 enfants de toutes classes, nés à Paris à la fin du XVIIe siècle, indique dans l'ensemble une espérance de vie moyenne de 23 ans. L'espérance de vie moyenne, chez les classes dirigeantes d'Europe, s'élève à 28 ans pour un homme et 34 pour une femme. Plus de la moitié des enfants nés viables meurent avant leur septième année. À la fin du XVIe siècle, la France compte 230 villes et une population de 16 000 000 d'habitants dont 90 pour 100 sont des paysans, 8 pour 100 des bourgeois (majoritairement des petits marchands), et 2 pour 100 des nobles.

La fréquence des épidémies ne connaît pas de relâche. Paris et Marseille sont frappées en 1580 ; en 1630, la peste emporte 9 habitants sur 10 à Pignerol, alors que Naples et Gênes perdent près de la moitié de leur population en 1565. D'autres maladies sont aussi dévastatrices ; en 1599, la dysenterie emporte 2 500 des 3 000 habitants de Santander, en Espagne. Des famines suivent souvent les épidémies ; quand les conditions créées par de mauvaises récoltes coïncident avec le commencement d'une maladie, les résultats peuvent être particulièrement destructeurs, comme lors des famines de 1594-1597 et de 1659-1662. En 1661, le jeune Louis XIV se fait du capital politique en apparaissant comme un dirigeant plein de bonté qui fait distribuer gratuitement du grain et du pain.

La crise économique de la première moitié du XVIIe siècle donne lieu à une série de révoltes populaires ; on pourrait de fait dire des paysans qu'ils sont perpétuellement en révolte. Il arrive que des émeutiers tuent des marchands de blé, des fonctionnaires corrompus, des usuriers. L'un de ces incidents se produit dans le Dauphiné en 1588. Son meneur, Jean Servé ou Paulmier, prend apparemment le temps de participer aux festivités carnavalesques ; il s'habille d'une peau d'ours et, assis dans le fauteuil du maire, mange ce qu'on appelle de la chair de chrétien, pendant que la foule danse dans les rues en criant « De la chair de chrétien pour douze sous ! » Suivant un historien, la consommation cérémonielle de chair humaine en de telles circonstances est représentative du renversement des valeurs sociales. En Saintonge, un percepteur de taxes est dépecé vivant en 1636. Entre 1590 et 1630, la chasse aux sorcières atteint son apogée en France. Les XVIe et XVIIe siècles voient aussi la France déchirée par des guerres de grande envergure et extrêmement dommageables. Les guerres de Religion, de 1559 à 1598, sont marquées, en 1572, par le massacre de la Saint-Barthélemy, au cours duquel 3 000 protestants meurent à Paris, et 20 000 dans toute la France. Dans certaines régions, la population décroît jusqu'à 20 pour 100, lors des soulèvements anarchiques appelés la Fronde, de 1648 à 1653. C'est la pire des crises de l'Ancien Régime ; Louis XVI cherchera à en éliminer toute trace, en détruisant l'ensemble des documents publics y ayant trait.

En d'autres termes, les visiteurs amérindiens ne trouvent pas en Europe une société dont les conditions de vie sont, dans l'ensemble, plus agréables que celles qu'ils connaissent déjà. Dans l'Europe de la Renaissance, les dangers du froid sont tels que les gens meurent souvent à cause des rigueurs du climat. (Le perfectionnement des cheminées, qui date de cette époque, permet d'éliminer les inconvénients de la fumée, du moins pour ceux qui peuvent se payer ce luxe.) Les Amérindiens ne découvrent pas non plus une société moins violente que la leur ; non, celle qui s'étale devant leurs yeux est plutôt, à toutes fins pratiques, la prérogative d'un groupe de privilégiés. Pour les Amérindiens, cela est inacceptable, vu qu'ils ont l'habitude de tenir chaque homme pour son maître, en matière de commerce, de guerre ou de religion. La pauvreté au cœur de l'opulence les étonne ; elle ne concorde pas avec leurs coutumes de partage qui, malgré leur manque occasionnel d'égalité, s'appliquent au moins toujours à tous.

Ce que voient les Amérindiens en Europe ne fait que confirmer la conviction qu'ils ont d'être au moins égaux, sinon supérieurs, aux Français, à la fois comme individus et comme civilisation distincte. Pour leur part, les habitants de la France continuent à prendre les Amérindiens pour des curiosités. Sauf Montaigne, peu de Français semblent avoir examiné la possibilité d'apprendre la moindre chose de ces visiteurs exotiques. Du point de vue de leur contribution au développement de la compréhension et de la sympathie entre deux mondes, ces visites ne sont jamais rien d'autre que des échecs. Quoi qu'il en soit, provoquer une compréhension reste un objectif secondaire. On accorde plus d'importance aux considérations internationales, qui mettent en cause des défis à l'Espagne, au Portugal et à l'autorité papale. Les Français font ici preuve d'un talent considérable et mettent au point des techniques diplomatiques de négociation avec les Amérindiens qui leur seront très utiles pour l'établissement de leur empire dans le Nouveau Monde.

Troisième partie

HOMMES DE FER ET VRAIS HOMMES EN NOUVELLE-FRANCE

CHAPITRE XI

LES COMMERÇANTS PRÉPARENT LE TERRAIN

Cent ans de contacts avec le Nouveau Monde culminent avec l'établissement fructueux de la Nouvelle-France dans ce pays qu'on appelle couramment le Canada. Dans ses grandes lignes, la politique de la douceur a déjà réussi et on ne la maintient que pour raffiner certains points essentiels spécifiques à l'intention des commerçants qui disséminent des biens matériels et des missionnaires venus répandre « la bonne nouvelle ».

Au début de XVIIe siècle, l'administration française connaît bien ces régions nordiques où la pêche, la chasse à la baleine et la traite avec les indigènes attirent depuis longtemps les navires du pays. Les fonctionnaires, bien que leurs idées sur les Amérindiens soient encore vagues et même confuses, comprennent très nettement combien ce commerce peut être « fructueu[x], commode, & utile » pour le pays. Ce sont littéralement les termes de la commission du roi Henri IV que reçoit, le 8 novembre 1603, l'homme qui amènera Champlain, Pierre Du Gua de Monts (1558 ?-1628). Selon la rumeur en vogue, celui-ci découvre que les Basques fréquentent la région depuis si longtemps que les Amérindiens commercent en langue basque ; un historien espagnol corrobore d'ailleurs que Montagnais et Basques peuvent converser entre eux. « Les marchands traffiquent avec les Sauvages du pays », fait plus d'une fois observer Thevet[1]. La vue d'Amérindiens vêtus de martre

1. Thevet, « Grand Insulaire », et *Cosmographie* (L'Huillier).

(même famille que la zibeline) impressionne de toute évidence des Européens toujours préoccupés de hiérarchie, pour qui le port de fourrures reste le privilège d'une classe soutenue par des lois somptuaires. D'après une description du XVIIe siècle, les habitants du Labrador « peignent leur corps pour paroistre beaux & portent des anneaux d'argent et de cuivre à leurs oreilles leurs accoustrements sont fourrures de Martres & autres especes[2] ». Verrazzano avait rapporté que certains portaient des culottes en fourrure de martre. La pelleterie a déjà été à l'origine de fortunes personnelles, comme le laisse entendre le roi lorsqu'il fait allusion au « grand et apparent proffit » amassé par ses sujets dans ces régions.

Les pelleteries ne constituent, naturellement, qu'un des articles que les Européens trouvent avantage à commercer dans le Nouveau Monde, comme en fait foi ce rapport du Brésil :

> Les traites vous serviront pour gagner l'esprit des Sauvages, qui n'ayment rien au monde tant que cela, & sans lesquelles vous seriez tres-mal receu d'eux : outre que par leur moyen vous pouvez establir un commerce avec eux d'un profit presque incroyable, attendu qu'avec ces babioles, qui consistent en sonnetes, petites bagues de leton, trompettes & trompes de laquai, rassades, grains de verre & de cristal de différentes couleurs [...] vous en pouvez tirer une infinité de marchandies tres precieuses[3].

Un siècle plus tard, les Européens sont encore étonnés devant l'attitude amérindienne qui rend possibles de tels profits :

> On sçait assez quel est le gain prodigieux qui se fait avec les sauvages sur des bagatelles de vil prix. Ces peuples [...] paroissent avoir à la vérité une singulière philosophie, consistant à calculer si la peine de se procurer certaines commodités de la vie n'est pas plus onéreuse que ces commodités mêmes ne sont agréables. En se déterminant pour l'affirmative, ils restent dans une indolence purement animale, vivans à peu près comme les lièvres & les cerfs de bois. Ils nous regardent comme des fols [...] d'essuyer tant de fatigues pour des choses frivoles, telles que des vêtements & des maisons[4]...

Une échelle de valeurs sociales différente, plutôt qu'un manque de perspicacité en affaires, crée cette situation. Comme Cartier l'a découvert

2. Denys, *Description de l'Amérique et des parties d'icelle.*
3. Boyer, *Veritable Relation.*
4. De Brosse, *Histoire des navigations.*

vert depuis longtemps, les Amérindiens sont parfaitement capables d'augmenter leurs prix s'ils jugent que la situation le justifie. Nicolas Denys témoigne du fait que les indigènes dupent souvent les équipages de navires lorsqu'ils trafiquent[5] ; pour sa part, un jésuite qui négocie une oie, pour préparer un bouillon à ses patients, se retrouve en train de payer un prix qu'il estime exorbitant. En général, les Amérindiens considèrent que les Européens manquent de jugement puisqu'ils sont prêts à prendre de si grands risques pour un commerce qui n'est même pas essentiel à la vie. L'importance que les Amérindiens accordent au commerce n'a trait qu'à l'accumulation de biens destinés à faire honneur à des obligations sociales fondées sur la condition et la réciprocité. Le commerce fait partie d'un dispositif de redistribution des biens à l'intérieur d'un groupe particulier vivant sans le moindre rapport avec les notions de coût ou de prix au sens occidental. Les institutions sociales et économiques des Amérindiens ne sont pas séparées comme elles le sont en Europe. Le commerce que ces sociétés « tribales » font avec l'extérieur ne donne pas nécessairement une indication de leur bien-être matériel. Vespucci avait perçu quelque chose de semblable lorsqu'il rapporta que les Amérindiens ne vendaient pas et n'achetaient pas, « parce qu'ils [étaient] très heureux avec ce que la nature leur offr[ait] gratuitement [...] Ils désir[aient] tout juste aussi ardemment demander à leurs amis que recevoir d'eux ». Les Amérindiens du Nord, à l'instar des Brésiliens, sont néanmoins des commerçants actifs et savent fort bien comment faire du profit dans leur commerce avec l'extérieur.

L'effet réciproque des attitudes ancrées dans ces deux modes de vie (l'amérindien et l'européen) diamétralement distincts sert d'arrière-scène à l'évolution de la traite des fourrures qui devient « la meilleure profession du monde pour s'enrichir en très peu de tems[6] ». L'exploitation débute sans attendre ; durant les premières décennies du XVIe siècle, un été normal de traite représente 15 000 à 20 000 peaux.

Tadoussac, depuis des temps préhistoriques, est un rendez-vous de traite pour les chasseurs de la baie d'Hudson tout comme pour les agriculteurs de la Nouvelle-Angleterre. Des observations comme « les Canadiens trafiquent toujours[7] » et « la plupart des sauvages du Canada

---

5. Denys, *Description and Natural History*.
6. Chatelain, *Atlas historique*.
7. Wytfliet, *Histoire universelle*, part. 1.

ont été de tout temps en commerce entre eux[8] » laissent entendre que les Européens reconnaissent l'importance de réseaux déjà existants. En 1603, Champlain rencontre, entre Tadoussac et Gaspé, une bande de Montagnais qui s'en vont troquer des flèches et de la viande d'orignal avec des Etchemins, des Algonquins et d'autres Montagnais. Des cartes du milieu du XVIe siècle mentionnent des noms micmacs dans l'île du Cap-Breton, ce qui sous-entend des contacts courants avec les populations indigènes. Un des divers noms que portent les Micmacs, « Tarrantines », peut avoir signifié « commerçants ». « [...] la plus grande richesse & thresor qui se puisse lever de la Floride, Canada, & Baccaleos, c'est la pelleterie, & la pescherie des Morues et Baleines », écrit Thevet en 1575[9]. Il y a là plus qu'une observation théorique, puisque entre 1550 et 1570 quelque 200 bateaux viennent mouiller chaque année à l'île Saint-Jean (Île-du-Prince-Édouard), probablement attirés autant par les morses et les phoques que par la pêche et le commerce des fourrures. Thevet mentionne le chiffre de cent bateaux par année, pour la pêche seulement. En 1578, on constate la présence, à Terre-Neuve, de 150 bateaux français, 100 espagnols, 50 portugais et 50 anglais. La traversée qu'effectue La Court de Pré-Ravillon, en 1591, à bord du *Bonaventure*, est destinée à ramener de l'huile de baleine, ainsi que des peaux et des défenses de morse, des îles de la Madeleine, dans le golfe du Saint-Laurent. David Ingram, qui remonte la côte atlantique à partir du Mexique en 1568-1569, prétend avoir finalement été recueilli par le capitaine Champion (ou Champaigne) du *Gagarine*, navire français venu du Havre pour faire la traite à l'île du Cap-Breton. Les Anglais manifestent énormément d'intérêt en apprenant que des navires reviennent de Nouvelle-France chargés de fourrures valant, dit-on, 8 000 livres ; ils estiment que la traite rapporte annuellement à la France 30 000 couronnes.

L'activité se concentre sur la côte et dans le golfe. Sur le cours supérieur du Saint-Laurent, les traversées de Cartier paraissent avoir été suivies d'une interruption dans l'activité commerciale, et le contact ne semble pas s'être rétabli avant 1581 :

> Attirés par ces dons de choses insignifiantes, qui avaient pour eux une grande valeur, ils furent [...] pendant ces deux ou trois années, heureux à

---

8. *Un festin de guerre.*
9. Thevet, *Cosmographie* (L'Huillier).

> nouveau de faire un trafic, qui avait débuté deux ans auparavant [1581] avec un petit trois-mâts barque de trente tonneaux, dont le revenu se révéla très profitable, comme l'année suivante, soit la dernière année, pour ces commerçants, qui avaient eu l'intention de garder ce commerce secret, entre eux, à la dérobée de tous leurs autres compatriotes.

Apparemment, ce négoce rapporte de gros profits ; les Français dit-on, en tirent « quatorze ou quinze cents pour chaque cent[10] ».

En 1583, année où Carlysle présente son rapport, « un homme de Saint-Malo » découvre la mer derrière Hochelaga. Il peut s'agir d'une version exagérée de la déclaration du neveu de Cartier, Jacques Noël, qui affirme avoir entendu parler d'un grand lac qui se trouverait à dix jours de route vers l'ouest, au-delà des rapides de Lachine. Immédiatement, on suppose qu'il peut s'agir de la mer qui mène en Orient. En 1583 toujours, Étienne Bellenger, marchand de Rouen déjà venu deux fois sur les côtes d'Acadie, mène une importante expédition française de commerce à l'île du Cap-Breton et à Norumbega. Outre son but commercial, l'expédition, entreprise sous les auspices de l'archevêque de Rouen, Charles Cardinal de Bourbon, et d'Anne de Joyeuse, duc de Joyeuse et amiral de France, s'intéresse aussi à la reconnaissance d'un emplacement pour la colonisation. À quelque cent lieues au sud du Cap-Breton, Bellenger découvre « une bourgade de quatre-vingts maisons couvertes d'écorces d'arbres, sur le bord d'une rivière[11] ». S'il s'agit d'un village estival micmac, il est plus gros que d'habitude. En général, il trouve les Amérindiens d'un commerce agréable, « mais ceux près du Cap-Breton et soixante ou quatre-vingts lieues vers l'ouest sont plus cruels et astucieux d'éducation que les autres ». Il perd, dans cette région, une petite pinasse et deux de ses hommes « que leur propre déraison amène à faire trop confiance aux sauvages[12] ». Malgré cet incident, il rapporte suffisamment de « peaux de bêtes tels castors, loutres, martres, lynx, phoques, buffles, peaux de chevreuils, toutes apprêtées et peintes, à l'intérieur, de diverses excellentes couleurs » pour rendre lucrative l'expédition. L'année suivante, soit en 1584, cinq navires de Saint-Malo, de retour du « Canada et [des] pays en amont de la baie de Saint-Laurent », ont, dit-on, « trouvé tant de bien dans ce nouveau

---

10. Discours de Carlysle, dans Hakluyt, *Principal Navigations*.
11. Ganong, *Crucial Maps*.
12. Quinn, « Voyage of Bellenger ».

commerce qu'ils [les armateurs] préparent dix navires pour retourner là en janvier prochain[13] ».

Durant les deux dernières décennies du XVIe siècle, la France, devant l'importance atteinte par le volume de la traite, décide sa monopolisation afin d'en reprendre le contrôle. Ainsi, un monopole est accordé à Jacques Noël, neveu de Cartier, et Étienne Chaton de La Jannaye. Noël fait valoir dans sa demande qu'il passa quelques années à faire la traite au Canada ; on pourrait en déduire que Cartier a reconnu le potentiel commercial de la région et encouragé son neveu à en profiter, malgré son propre échec avec les Stadaconiens. Toutefois, leurs rivaux réagissent si violemment que la liberté de commerce est rétablie quatre mois seulement après la monopolisation. La concurrence commerciale prend des allures de vraie guerre où les Français mettent presque autant d'ardeur à combattre les uns contre les autres que contre des étrangers. Néanmoins, il s'effectue une certaine séparation des zones de traite : les Rouennais et les Malouins fréquentent Tadoussac, tandis que les Rochellais vont dans la péninsule gaspésienne. Durant cette période, on peut voir jusqu'à vingt navires en rade à Tadoussac durant l'été ; puis, après l'arrivée de la Compagnie des Cent-Associés, en 1627, leur nombre se réduit à deux par année, et enfin à un seul, en été. En Europe, Amsterdam joue le rôle d'intermédiaire entre le Nouveau Monde, Moscou et l'Orient et devient le centre du commerce pelletier pendant le XVIIe siècle. Moscou constitue le principal marché, même si l'Extrême-Orient recherche constamment des peaux de loutres. Cette demande, associée au besoin des feutriers européens en castors du Nouveau Monde, vu que ceux de l'Ancien ont été chassés, crée une vogue pour les fourrures qui dure jusque dans les années 1670, au moment où une surabondance entraîne l'effondrement du marché moscovite. La pelleterie ne fait pas que donner naissance à la Nouvelle-France, elle joue aussi un rôle essentiel dans le maintien de la colonie anglaise de Plymouth durant environ trente ans. Pour la Nouvelle-France, elle constituera la principale activité commerciale pendant tout le Régime français.

Cette concurrence encourage de Monts à pétitionner l'obtention d'un monopole en Nouvelle-France, « région de longues froidures [où il y a] grand quantite de ours qui sont tous blanc[14] ». En présentant sa

13. Taylor, *Two Richard Hakluyts* ; Quinn, « Voyage of Bellenger ».
14. La Salle, *La Salade*.

demande, de Monts fait valoir qu'il ne peut imaginer meilleure façon de servir son pays

> [...] qu'en se portant candidat pour découvrir des rivages et des terres lointaines inhabités ou autrement habités par des sauvages dépourvus de religion, de loi ou de civilité. Il s'établirait et se fortifierait là-bas, attirant des chrétiens et développant le commerce, tout cela sous l'autorité du drapeau français[15].

Par son mandat de colonisation en Nouvelle-France, de Monts reçoit une commission qui descend en droite ligne de celles accordées précédemment à Roberval et Villegaignon. En d'autres mots, la pensée française à cet égard est restée constante depuis les premières tentatives de colonisation. Dans le cas de de Monts, Henri IV le nomme lieutenant général de la Nouvelle-France et propose en échange de son privilège de traite l'obligation d'établir 100 colons par année. De Monts montre moins d'optimisme ; il a vu ce qui est arrivé à Chauvin, qui s'est révélé incapable de faire honneur à une commission semblable. Et pourtant, le voyage de reconnaissance qu'a effectué de Monts, en 1603, en compagnie de Gravé du Pont et de Champlain, l'a confirmé dans son opinion que les perspectives d'établissement sont bonnes. C'est la raison pour laquelle il accepte d'amener chaque année 60 colons qu'il pense pouvoir recruter parmi les vagabonds. De Monts peut avoir été familier avec la réticence des travailleurs et paysans français devant les risques de dangers inconnus, mais qu'ils imaginent très nettement (surtout au Canada, avec son climat aussi peu français et si désagréable), ou il peut avoir cru que l'établissement dans les colonies était faisable en se servant de gens qui, pour une raison ou une autre, connaissaient des difficultés dans l'Ancien Monde. Il pourrait même avoir, en homme de toute évidence pragmatique, cru aux deux points de vue.

Le projet de de Monts suscite en France un intérêt considérable, s'il faut en juger par l'espace que lui réserve *Le Mercure françois*[16]. Ce serait là une indication de la pression croissante qu'exercent les milieux officiels français pour qu'on parvienne enfin à créer outre-mer une Nouvelle France. Pendant que l'administration se concentre sur ces nobles

---

15. Morse, *Pierre du Gua*, édit.
16. *Le Mercure françois* (1611). *Le Mercure françois* était la chronique annuelle officielle des événements et était commanditée par Richelieu ; il parut jusque dans les années 1630, lorsque *La Gazette de France* le remplaça.

desseins coloniaux, l'attention du grand public, elle, est distraite par le temps. L'Europe passe à travers une période d'hivers rudes où les rivières gèlent tellement que des charrettes chargées peuvent s'y aventurer, et où les habitants d'Anvers voient l'Escaut geler comme jamais depuis 1563. Le froid fait mourir ou rend infirmes nombre de gens (plusieurs souffrent cruellement d'engelures aux mains et aux pieds). On ne s'étonne donc pas que *Le Mercure françois* accorde une attention particulière aux hivers canadiens. Les hommes de de Monts passent leur premier hiver (1604-1605) au Canada à l'île Sainte-Croix, dans le territoire des Etchemins de l'Est ; *Le Mercure françois* rapporte que, pour les colons, les habitations de type amérindien sont les meilleures pour survivre à la froidure. Les premiers jours de la colonisation semblent avoir connu des adaptations de ce type relativement fréquentes. Le dur hiver à l'île Sainte-Croix a vu apparaître une étrange maladie, attribuée à la neige fondue venue remplacer l'eau fraîche : le scorbut[17]. Les Français, peu accoutumés à faire fondre de la neige, se montrent évidemment soupçonneux à l'égard de cette pratique. En décrivant le premier hiver, où meurent 35 des 80 hommes du groupe, Lescarbot laisse à entendre que la mauvaise qualité de l'eau serait une cause de la maladie : « Plusieurs compagnons fainéants et paresseux burent de l'eau de neige, ne voulant pas se donner la peine de traverser le fleuve[18]. » Champlain fait aussi allusion au fait qu'il fut obligé de boire de la neige fondue cet hiver-là ; mais il n'est pas convaincu que la neige est en cause, surtout après avoir noté, lors de son premier hiver à Québec, la mort d'un Amérindien vivant avec les Français et partageant leurs repas de viande salée. Plus de vingt ans après, Champlain écrit, certain de son fait, que la maladie a pour seule origine la consommation de salaisons et le manque de vivres frais. Malgré leurs réserves à l'égard de la neige, les Français semblent considérer que le climat est sain puisqu'ils lui attribuent la bonne santé et la longévité des Amérindiens. Plus tard, les colons de la deuxième génération seront considérés comme en bonne santé pour la même raison.

Si l'augmentation du commerce était l'objectif de la fondation de la Nouvelle-France, comme le note Montesquieu[19], alors nul doute que ce

---

17. Le scorbut était inconnu en Europe avant la découverte du Nouveau Monde.
18. Lescarbot, *Nova Francia* (original en anglais) ; *JR*, Thwaites, édit., 7 : 53.
19. Montesquieu, *Œuvres complètes*.

fut un succès. Tellement, en réalité, que les premiers colons préfèrent souvent faire la traite plutôt que de s'échiner à cultiver la terre. L'administration coloniale tâche de neutraliser cette tendance puisque, même si le commerce permet de pénétrer rapidement à l'intérieur des terres, il n'aide en rien le développement de cette base agricole dont a si désespérément besoin une installation permanente. Les administrateurs coloniaux français feront constamment face à ce problème. Le peu qu'on sait de l'effort de Roberval nous indique que l'homme se montre plus intéressé à la découverte du fabuleux *eldorado* du Saguenay qu'à l'établissement d'agriculteurs ; La Roche cherche avant tout à maintenir un poste destiné à repérer ceux qui portent atteinte à son monopole de traite ; et Chauvin de Tonnetuit s'intéresse si exclusivement au commerce qu'il manque à ses devoirs de ravitaillement des 16 hommes qui, devant affronter l'hiver à Tadoussac en 1600, n'ont d'autre choix que de vivre de la charité des Amérindiens. C'est bien connu qu'il ne tente rien pour honorer l'engagement pris d'établir 500 colons sur les rives du Saint-Laurent dans le but d'affermir les revendications territoriales françaises.

La fondation de Québec (en territoire montagnais, tout comme Tadoussac) modifie la structure de la traite des fourrures. À l'époque où les navires servent de base pour ce commerce, les Amérindiens partent chaque année, de loin à l'intérieur des terres, pour venir sur le littoral, à des lieux de rendez-vous comme Tadoussac, Miscou et l'embouchure du fleuve Saint-Jean. À l'arrivée des premiers bateaux, ils allument sur la côte des feux[20] qui servent de signaux pour ceux qui sillonnent la région. La création de postes permanents le long de la côte a pour effet immédiat l'extension de la période de traite offerte aux Amérindiens. Les établissements de Québec, puis de Trois-Rivières et de Montréal, déplacent les lieux de rendez-vous vers l'intérieur des terres. On organise des foires commerciales, dont celle de Montréal qui devient particulièrement importante. Les postes de traite servent de bases à partir desquelles les Français peuvent envoyer leurs agents vers l'arrière-pays, au lieu d'attendre que les Amérindiens viennent à eux, ce qui, en retour, affecte le rôle de l'intermédiaire amérindien.

Les exigences de ce commerce constituent des variations de celles qui prévalurent au Brésil où, selon Staden, les Français « furent obligés

20. On a aussi supposé qu'il s'agissait de feux faits par les Amérindiens qui défrichaient la terre pour cultiver.

de se conformer aux coutumes et manières amérindiennes[21] ». Les Français, qui comprennent l'importance du wampum pour les populations des régions boisées du Nord-Est, en adoptent très vite l'emploi dans le commerce et la diplomatie. Chez les Amérindiens, la pelleterie affecte les modes de subsistance : les chasseurs indiens du Nord, en se concentrant sur le piégeage d'hiver, deviennent plus dépendants des produits agricoles des Hurons. À leur tour, ces derniers plantent plus de blé d'Inde pour répondre à la nouvelle demande. Le passage de l'autosuffisance à une plus grande interdépendance augmente les risques de famine, une conséquence du commerce dont les Micmacs avaient très tôt fait les frais. Malgré cela, la traite apporte des bienfaits matériels qui ont pour effet immédiat d'encourager un épanouissement des cultures des régions boisées du Nord-Est américain, durant le XVIIe siècle et le début du XVIIIe, une sorte de chant du cygne avant qu'elles soient submergées par la vague de fond de l'immigration européenne.

La concurrence que se livrent les Européens pour la traite des fourrures place les Amérindiens dans une position forte, en leur fournissant la possibilité d'opposer un trafiquant à un autre. L'initiative dont jouissent les Français, du fait qu'ils arrivent les premiers, ne les libère pas de cette indésirable concurrence ; elle encourage plutôt l'empressement plein d'agressivité des Anglais et des Hollandais. Henry Hudson, qui explore la côte pour le compte des Hollandais en 1609, apprend des indigènes qu'ils commercent déjà avec les Français. Un groupe « apporta plusieurs peaux de castor, et d'autres belles fourrures qu'ils auraient voulu échanger contre des manteaux rouges. Parce que les Français traffiquent avec eux des soutanes rouges, des couteaux, des hachettes, des bouilloires en cuivre, des trépieds, des perles et d'autres bagatelles ». Un membre de l'équipage de Hudson, Robert Juet, ajoute dans son journal qu'« ils veulent des vêtements et sont très civils ». Plus tard, le *Warwick*, qui, au cours d'une expédition de traite, remonte le Potomac, rencontre des Anacostans « qui commercent avec les Indiens du Canada ». Les Anglais se trouvent alors près de l'emplacement actuel de Washington :

> Le onzième jour de juillet 1632, vinrent d'une autre direction sept hommes vigoureux. Ils portaient des broderies rouges et deux d'entre eux

21. Staden, *Histoire d'un pays*.

avaient des manteaux de castor. Ils avaient deux haches, comme celles que le capitaine Kirke échangea en Cannida, qu'il acheta chez Whits, à Whapping, et c'est là que j'achetai la mienne et je la pens[ais] aussi bonne que la sienne [...] Ils se donnaient le nom de Mostikums, mais je découvris par la suite qu'ils appartenaient à une tribu installée à trois jours de marche d'eux et qui s'appelaient Hereckeenes (Iroquois), qui, avec leur propre castor, & ce qu'ils obtiennent de d'autres qu'ils s'adjoignent en plus, font du commerce en Cannida, à la colonie, qui se trouve à quinze jours de voyage de cet endroit. Ces gens n'aiment pas les jouets, mais plutôt les marchandises utiles[22].

Environ deux ans plus tard, les Agniers, chez qui les Hollandais mènent une mission d'exploration commerciale, leur racontent que les Français sont déjà passés et leur ont offert de meilleurs prix que les Hollandais ; en outre, ils leur ont distribué des présents. En Huronie, à la même époque, les Français distribuent encore des présents, afin de préparer le terrain pour l'évangélisation. Aux dires de Jean de Brébeuf, « c'est peu de chose en détail, mais tout mis en gros fait beaucoup, & monte assez haut pour les lieux[23] ». Les Hollandais sont impressionnés par la qualité des articles français qu'ils voient chez les Amérindiens : « De très bonnes haches pour couper les taillis, et des chemises, des manteaux et des rasoirs français[24]. »

Quant aux Amérindiens, dont le territoire est en cause, ils sont prêts à suivre le projet de de Monts, pour autant qu'ils en saisissent la portée, puisqu'ils espèrent en retirer eux-mêmes des avantages. De plus, ils ont appris entre-temps à aimer les Français qui, après l'échec de Cartier et Roberval, ont fait des efforts pour observer les formalités et les façons de faire amérindiennes. Les Français ont à cette époque mis en place une politique d'ensemble à l'égard des Amérindiens :

> Si on les traicte doucement & amiablement, on les trouvera dociles & amiables, & que l'on s'accomodera facilement avec eux : ce qui est fort necessaire à observer, mesmes au commencement, afin que ces peuples puissent estre conduicts à ceste fin si saincte & si salutaire, laquelle nous devons prendre & en avoir un grand zele & soin, tant aux petites choses qu'aux grandes[25]...

22. « Fleet's Journal », dans *Founders of Maryland*, Neill, édit.
23. *JR*, Thwaites, édit., 8 :97.
24. *Narratives of New Netherland*, Jameson, édit.
25. *Cinquiesme Tome du Mercure françois*.

Il est peut-être plus important que tout, poursuit *Le Mercure françois*, de se rappeler que les Amérindiens « ne [se] soucient aucunement des choses pour laquelles nous nous tourmentons tant[26] ». Ce qui reste plus facile à dire qu'à reconnaître dans la pratique. La société qui résulte finalement de la colonisation française n'accordera jamais qu'un minimum de considération aux valeurs amérindiennes. Pourtant, au moins en Nouvelle-France, les Français respecteront l'idéal de liberté personnelle des Amérindiens. Par exemple, le commandant du premier établissement permanent fondé en Acadie, Poutrincourt, au lieu de transformer les Amérindiens en domestiques ou en esclaves, suit les ordres reçus du roi et cherche à les évangéliser. On avait prévu de supprimer les distinctions entre Français et Amérindiens en persuadant ces derniers d'adopter les manières et les coutumes françaises et de modifier « l'esprit de libertinage qui est naturel chez le sauvage en une humanité disciplinée, expression de la nature supérieure de l'Homme[27] ». Cette façon de voir, avec toute sa complaisance vertueuse, contribuera aux généreux dividendes que recevront les Français lorsque les Amérindiens combattront avec tant d'efficacité à leurs côtés pendant les guerres coloniales.

Les Hurons donnent aux Français le nom d'« hommes de fer », expression qui se dit, selon Champlain, *adoresetoüy*, et, selon Sagard, *agnonha*. À leur tour, les habitants de la côte nord-ouest appliquent le même nom d'« hommes de fer » aux Anglais et aux Yankees pendant les XVIIIe et XIXe siècles. Chez les Montagnais, le nom donné aux Français signifie « ceux qui travaillent dans la forêt » ou « ceux qui habitent un vaisseau en bois » ; selon Sagard, le nom serait *mistigoche*, canot ou bateau en bois. À l'époque de de Monts, les impressions amérindiennes venues de leurs premières visions des Français sur leurs « îles flottantes » sont toujours vivantes. Les Français, ont-ils remarqué, sont les maîtres du fer et du commerce. Les Amérindiens, qui les reçoivent avec leur hospitalité traditionnelle — « ils ne nous doivent rien, et nous habitons chez eux à leurs frais », fait observer Sagard — découvrent rapidement que les Français ne le leur rendent pas. Un Amérindien déclarera plus tard à un missionnaire ne pas vouloir aller au ciel des Français, puisqu'il n'y trouvera rien à manger.

---

26. *Cinquiesme Tome du Mercure françois*.
27. Delanglez, *Frontenac and the Jesuits*.

Plus simplement, la réaction des Amérindiens consiste à n'offrir l'hospitalité que si les Français acceptent de vivre selon leurs mœurs ; autrement, ils exigent qu'on les paye. Charles Lalemant (1587-1674), premier supérieur des jésuites à Québec, trouve que les Amérindiens manquent totalement d'hospitalité ; tout au contraire, ils attendent des Français qu'ils leur donnent de la nourriture ou les paient, même s'ils continuent à faire preuve entre eux de leur traditionnelle hospitalité. Dans le fond, chacun attend de l'autre qu'il se conforme à des règles parfaitement étrangères : les Français, par exemple, découvrant que les Amérindiens ne comprennent rien au remboursement des dettes à la façon des Européens, refusent de leur accorder le moindre crédit supplémentaire. Le phénomène d'accommodation et d'adaptation entre les « hommes de fer » et « les hommes » est déjà bien enclenché.

CHAPITRE XII

LES MISSIONNAIRES RELÈVENT LE DÉFI

Les espoirs français d'évangélisation des indigènes font particulièrement ressortir le ton très optimiste qui entoure les perspectives de colonisation de ce nouveau pays où, dit-on, le blé et l'avoine poussent aussi bien qu'en France. Les expériences françaises dans le Nouveau Monde ont enraciné encore plus fermement ses administrateurs dans leurs convictions que la conversion des Amérindiens demeure essentielle à la création d'une nouvelle France sur les rives du Saint-Laurent. Conséquemment, dès leur retour à Québec après avoir été temporairement évincés par les Anglais de 1629 à 1632, ils mettent au point une offensive sans précédent contre les croyances religieuses de leurs alliés amérindiens. La tâche incombe d'abord aux jésuites, ces soldats du Christ dont le supérieur à Québec, de 1632 à 1639, sera Paul Le Jeune.

Les premières évaluations de la facilité avec laquelle les Français peuvent espérer convertir les Amérindiens subissent déjà des modifications. Les indigènes, si désireux de constituer des alliances commerciales et militaires, montrent envers l'adoption d'une nouvelle religion un intérêt beaucoup moindre. S'ils doivent user de la persuasion plutôt que de la force, les Français devraient commencer par obtenir l'affection de ces gens en apprenant leur langue. Ce processus se révélera long ; et, de fait, prévient Charles Lalemant, les six ou sept premières années sembleront même stériles à quelques-uns. Peut-être même, poursuit-il, faudra-t-il dix ou douze ans. Le Jeune, qui fonde son jugement sur ce que vécurent les jésuites au Brésil, croit qu'une génération serait une évaluation réaliste. Il se demande si une présence « imposante » des Français faciliterait le processus. En 1642, le frère de Charles Lalemant, Jérôme (1593-1673), supérieur de la mission huronne et plus tard (1645) supérieur des jésuites du Canada, confesse que les premières impressions à l'égard d'une conversion facile des Amérindiens étaient totalement fausses :

> L'experience nous a fait voir qu'ils [les Amérindiens] sont remplis de Superstitions Diaboliques, prenans leurs Songes pour leurs Divinitez, d'où dépend le bonheur de leurs vie. Outre cela, nous voyons qu'ils reconnoissent des Genies plus puissans qui disposent des Affaires Publiques, qui causent les Famines, qui ont le maniment des Guerres, & donnent la Victoire à ceux qui se rendent plus souples à leurs volontez[1].

Dans l'intervalle, les jésuites sont arrivés à la constatation qu'un changement des croyances religieuses signifie une modification complète du mode de vie :

> La plus grande opposition que nous voyons [...] est en ce que leurs remedes contre les maladies, leur plus grandes recreations lors qu'il sont en santé, leurs pesches, leurs chasses & leurs trafic, la prosperité de leurs champs, de leurs guerres, & de leurs conseils, tout est quasi remply de cérémonies diaboliques [...] pour estre Chrestien, il faut se priver non seulement des passe-temps, qui d'ailleurs sont tout à fait dans l'innocence & des douceurs les plus aymables de la vie ; mais des choses les plus necessaires, & en un mot mourir au monde, en mesme temps qu'on veut prendre la vie de Chrestien[2].

Pourquoi donc, s'il a fallu des siècles pour convertir d'autres peuples, parfois avec l'aide de miracles, s'attend-on à des résultats immédiats, sans miracle, dans le Nouveau Monde ? C'est qu'en France, les fonctionnaires, trouvant dur de croire que de « simples sauvages » peuvent être si difficiles à convertir, continuent de faire pression. Dans le Nouveau Monde, une réaction négative se manifeste, nombre de fonctionnaires ayant de plus en plus la conviction que la prédication est inutile. Les missionnaires subissent le poids de la rencontre entre deux univers.

L'esprit qui anime les Amérindiens recevant le baptême constitue peut-être la plus belle démonstration de ce dilemme. Donnacona, par exemple, le demande officiellement à Cartier, à Stadaconé, à l'occasion

---

1. *JR*, Thwaites, édit., 8 :15.
2. *Ibid.*, 28 :53.

de sa deuxième traversée. Membertou et sa famille reçoivent avec joie cet honneur en 1610, et les Français retirent autant de satisfaction de cette cérémonie qui répond aux pressions des milieux officiels de France. La réaction des Amérindiens, qui ont remarqué l'importance accordée par les Français à leur religion, consiste à présumer que leur participation à ce rituel permettra d'affermir une alliance avec les chrétiens. À leur arrivée à Port-Royal en 1611, Pierre Biard et Énemond Massé s'aperçoivent que les Amérindiens baptisés se considèrent comme des alliés des Français « déjà presque Normands », mais ne savent pour ainsi dire rien du christianisme. Biard est particulièrement irrité de découvrir qu'un de ces « chrétiens » a huit femmes. Plus tard, le baptême apparaîtra parfois comme une cause de décès ; si, ainsi que le prétendent les jésuites, le baptême est le chemin qui mène au ciel, déduit un Huron, alors il vaut mieux mourir dès la fin de la cérémonie. Sinon, le sacrement constituera une sorte de mesure d'hygiène ; d'ailleurs, Le Jeune sera scandalisé de découvrir que certains croient que, plus il y a d'eau, plus le baptême aura des conséquences salutaires.

L'apprentissage des langues amérindiennes

Toutes ces incompréhensions, se demandent les jésuites, peuvent-elles provenir de la barrière des langues ? Les Amérindiens montrent peu de propension à l'apprentissage du français ; par conséquent, pour que se réalise le programme d'évangélisation, il appartient en premier lieu aux missionnaires d'apprendre les langues indigènes. Le Jeune en fait la priorité des priorités du plan à quatre volets qu'il établit pour prendre d'assaut le royaume de Satan. Il place l'étude des langues devant la fondation d'écoles pour les enfants amérindiens, la construction d'un hôpital et l'incitation à adopter un mode de vie sédentaire. On a constaté, longtemps avant la fondation de la Nouvelle-France, que l'utilisation d'interprètes pour l'évangélisation laisse à désirer. Le deuxième concile de Lima (1567-1568) s'est prononcé contre l'emploi d'interprètes pour prêcher et confesser, une décision qui déroge aux décrets royaux exigeant l'usage exclusif de l'espagnol dans l'enseignement. En outre, les missionnaires ne mettent pas long à percevoir l'admiration des Amérindiens pour la rhétorique, pour celui qui détient le pouvoir des mots. Par conséquent, afin d'exercer une suprématie sur les Amérindiens, il faut connaître à fond leur langue : « Qui sçauroit parfaittement leur langue, seroit puissant parmy eux[3] », note Le Jeune. Il accorde de ce fait à l'apprentissage des langues un rôle considérable et libère même les missionnaires de leurs autres fonctions pour se consacrer à l'étude. La tactique est simple, directe : « Nous faisons des courses pour aller attaquer l'ennemy sur ses terres par ses propres armes, c'est à dire, par la cognoissance des langues Montagnese, Algonquine, & Huronne[4]. »

On choisit rapidement une ligne de conduite : suivre l'exemple de Jean de Brébeuf (1593-1649), l'éminent linguiste des jésuites en Nouvelle-France qui passa l'hiver de 1625-1626 parmi les Montagnais pour connaître leurs mœurs et leur langue. Le Jeune avait aussi fait la même chose durant l'hiver de 1634-1635. À la fois Brébeuf (dont l'attention se tournera bientôt vers les Hurons) et Le Jeune constatent rapidement que l'apprentissage des langues s'avérera long et prendra plus d'une saison. Parce que, comme ne manquent pas de le découvrir les missionnaires, les langues amérindiennes, au lieu d'être simples ou peu élaborées comme on le croyait généralement, sont exactement le contraire. Ces « excellents systèmes », parfaitement constitués, sont dotés de structures complexes dont la forme est rarement compatible avec les modes d'expression de la pensée européenne. « [Chose étonnante...], écrit Brébeuf au sujet de la langue huronne, tous leurs noms universellement se coniuguent [...] nous-nous trouvons empeschez de leur faire dire proprement en leur Langue, *Au nom du Pere, & du Fils, & du sainct Esprit*[5]. » Bressani se lamentera plus tard du fait que le seul signe de la croix coûta à la mission une pleine année d'étude. Même le talentueux Brébeuf devra consacrer quatre années pour trouver la clé de la connaissance du huron.

Le penchant des Amérindiens pour la métaphore ajoute encore aux difficultés des missionnaires. « À moins de vous y accoutumer, vous ne comprendrez rien à leurs conseils », recommande le père Brébeuf. De plus, les métaphores bibliques, pleines de « bercail » et de « royaumes » sans équivalents dans les cultures indigènes, ne signifient rien pour les Amérindiens[6]. Pourtant, en dépit de toutes ces complications, les missionnaires-linguistes trouvent le montagnais moins

3. *JR*, Thwaites, édit., 5 :63.
4. *Ibid.*, 14 :125 ; 39 :49.
5. *Ibid.*, 10 :119.
6. *Ibid.*, 10 :219 ; 18 :23 ; 20 :71.

ambigu que le français ; les prêtres finissent par apprendre à manier la métaphore à la manière des Amérindiens pour faciliter leur prédication.

Les pères missionnaires, en soulignant la « pauvreté » des langues indigènes, attribuent les difficultés qu'ils éprouvent à traduire les concepts chrétiens à de prétendues imperfections de ces langues. Elles souffrent d'ailleurs d'un autre « défaut » : l'absence de mots capables d'exprimer des banalités de France et d'Europe. Pourtant, ces mêmes missionnaires en viennent vite à reconnaître la richesse des langues amérindiennes à l'intérieur des limites de leurs propres cultures : « [...] ils ont une richesse si importune qu'elle me iette quasi dans la creance que ie seray pauvre toute ma vie en leur langue », se plaint Charles Lalemant au sujet du montagnais[7]. Les sentiments de Brébeuf à l'égard du huron lui font écho, lorsqu'il écrit : « [...] me faudra-t-il aller long temps à l'escole des Sauvages, telle est la fecondité de leur langue[8]. » La lettre sur les Montagnais, parue dans la Relation de Le Jeune, datant de 1634 et attribuée à Lalemant, présente le premier échange de points de vue d'envergure sur une langue du Canada. Lalemant se montre impatient vis-à-vis de son ignorance en langue montagnaise, incapable qu'il est de dire ce qu'il veut ; Le Jeune, lui, connaît son heure de gloire à la suite du discours en montagnais qu'il donne lors d'une fête à la mode amérindienne au cours de laquelle le gouverneur distribue des cadeaux. En 1644, les jésuites font part de la facilité avec laquelle les missionnaires exposent les vérités de la foi « qui du commencement nous sembloient les plus ineffables ». À la longue, les missionnaires parviennent à améliorer grandement l'efficacité de leur prédication grâce à l'adoption de tournures idiomatiques et de manies d'orateurs renommés, employant ainsi une tactique dont s'étaient servis aussi avec succès des fonctionnaires et des représentants français[9].

On fait si fréquemment état de l'éloquence des Amérindiens dans leurs propres langues qu'elle devient une évidence. Les jésuites considèrent qu'elle est d'une qualité telle qu'elle peut faire honneur aux plus grands esprits de France. Sébastien Rale (1652-1724) fait à cet égard une observation typique : « Je suis persuadé que, si j'eusse mis par écrit ce que ce Sauvage nous dit sur-le-champ et sans préparations, vous

---

7. *JR*, Thwaites, édit., 7 :27.
8. *Ibid.*, 8 :133.
9. *Ibid.*, 11 :189-191 ; 28 :65.

conviendrez sans peine que les plus habiles Européens, après beaucoup de méditation et d'étude, ne pourraient guère composer un discours plus solide et mieux tourné. » Brébeuf remarque qu'il ne se trouve pour ainsi dire aucun Amérindien « qui ne soit capable d'entretien, & ne raisonne fort bien, & en bonne termes[10] ». Il pense que leur habitude de tenir tous les jours des conseils, au cours desquels tous et chacun ont le droit d'exprimer leurs opinions, leur permet d'acquérir cette aisance, mais aussi d'apprendre à parler avec modération, même lorsque le sujet est fortement empreint d'émotion. Ils se moquent de ceux dont la voix est hésitante, mais glissent discrètement sur les fautes de langue des missionnaires. Les bégaiements de Le Jeune en montagnais passent dans un éclat de rire.

Les jésuites, à mesure que s'accroissent leurs compétences linguistiques, prennent conscience des limites des fonctions qu'occupent même les plus respectés des orateurs. Si l'éloquence peut donner le pouvoir de persuader, elle n'accorde aucun droit de contrainte : « Toute l'authorité de leur chef est au bout de ses levres, et il est aussi puissant qu'il est eloquent ; & quand il s'est tué de parler & de haranguer, il ne sera pas obey s'il ne plaist au Sauvages[11]. » En d'autres termes, la connaissance approfondie de la langue reste seulement un puissant outil plutôt que la porte d'accès à la suprématie à laquelle aspire Le Jeune. Il soupire après quelqu'un qui « auroit pouvoir d'arrester les Sauvages & en authoriser l'un d'eux pour commander aux autres[12] ». Cela ne l'empêche pas d'être impressionné par la bonne volonté que mettent les hommes du Nouveau Monde à accepter le commandement d'une personne bien informée dans une situation particulière.

Le sauvage dénué de raison du folklore européen cède sa place au sauvage rusé que connaissent les jésuites. Aux dires de François Du Peron : « Ils sont quasi tous plus d'esprit en leurs affaires, discours, gentillesses, rencontres, soupplesses et subtilités, que les plus advisés bourgeois et marchands de France[13]. » Cela va, évidemment, beaucoup plus loin que le commentaire habituellement cité, suivant lequel l'intel-

---

10. *JR*, Thwaites, édit., 70 :99 ; 67 :163 ; 10 :213.
11. *Ibid.*, 6 :243.
12. *Ibid.*, 12 :169.
13. *Ibid.*, 15 :157.

ligence des Amérindiens vaut celle des paysans européens, sans compter que cela a des incidences troublantes en matière de maintien de l'autorité.

La séduction des jeunes esprits

Pendant qu'ils sont aux prises avec l'apprentissage des langues, les Français se lancent aussi dans la deuxième partie du plan préparé par Le Jeune : un programme d'enseignement « destiné à séduire les esprits » des jeunes. En Acadie et à Québec, des écoles de jour ont très rapidement été ouvertes par les récollets, les capucins et les jésuites. Le Jeune, en arrivant à Québec en 1632, ne tarde pas à prendre à ses côtés deux jeunes Amérindiens qu'il entreprend d'éduquer à la française. Et dès l'année suivante, plus d'une vingtaine d'élèves viennent à son école de jour. Il constate que les enfants sont capables et désireux d'apprendre et il les encourage en leur distribuant de petits cadeaux et en leur remettant des prix pour les leçons bien apprises. Pourtant, cela apparaît insuffisant ; pour gagner les enfants à l'adoption des mœurs françaises, il faudrait les mettre pensionnaires, loin de leur milieu familial. Champlain avait d'ailleurs exprimé la même idée, en 1621, lorsqu'il sollicita auprès de Louis XIII l'obtention de fonds dans un but similaire. L'aide lui avait été accordée, et une maison d'enseignement avait été construite à Notre-Dame-des-Anges ; malheureusement, avant que les récollets fussent parvenus à résoudre les problèmes de l'acquisition des enfants amérindiens et de leur maintien à l'école, ils avaient été expulsés du pays par les Anglais en 1629. Quand, en 1632, les Français reprennent possession de la Nouvelle-France, seuls les jésuites reviennent immédiatement, le retour des récollets n'étant pas autorisé avant 1670. Les jésuites s'empressent de rouvrir au plus tôt l'école abandonnée de Notre-Dame-des-Anges. Moins de cinq ans plus tard, elle doit être fermée à nouveau, parce que les élèves manquent et que les missionnaires ont choisi de se concentrer sur une autre institution qu'ils viennent d'ouvrir à Québec.

Inscrire des Amérindiens comme élèves s'était avéré un problème majeur. Mais, confrontés à la réticence des parents amérindiens à se séparer de leurs enfants, les Français recourent aux pressions diplomatiques. Une délégation amérindienne, qui cherche à obtenir l'aide militaire des Français, se fait répondre :

> [...] vous ne vous estes point alliez iusques icy de nos François vos filles se marient à toutes les Nations voisines, & non pas à nous autres [...] vous ne les [vos enfants] avez point présentez aux François pour les instruire. Si vous eussiez fait cela dés nostre premiere entrée dans le Païs, vous sçauriez tous maintenant manier les armes, comme nous, & vos ennemis ne subsisteroient pas en vostre presence, vous ne mourriez pas tous les iours comme vous faites [...] ce n'est point que nous ayons besoin de vos filles ny de vos enfants ; nous sommes peuplez comme les feüilles de vos arbres[14].

Le Jeune ajoute que, de toute évidence, les Amérindiens ne trouvent pas d'intérêt à constituer une seule nation avec les Français, puisqu'ils n'hésitent pas à envoyer leurs enfants à d'autres alliés. Cela leur attire une riposte exacerbée, vu que les Français demandent continuellement des enfants amérindiens, mais n'offrent jamais d'en donner un seul des leurs (apparemment, ils ont abandonné l'habitude d'envoyer des jeunes garçons pour qu'ils grandissent chez les Amérindiens). Les Français accordent une importance primordiale à l'acquisition d'enfants, pas seulement pour les évangéliser et leur donner une éducation à la française, mais aussi parce que les enfants constitueraient « [...] autant d'ostages, pour l'assurance des François qui sont parmy eux, & pour l'affirmissement du commerce[15] ». À cet égard, le discours des jésuites copie remarquablement celui des Amérindiens qu'ils sont censés « civiliser » : l'échange d'otages à de telles fins constitue une caractéristique de la diplomatie indigène.

En fin de compte, les prêtres doivent recourir à des cadeaux aux parents afin d'obtenir des enfants pour leur institution. En d'autres termes, au lieu de parents qui paient l'école pour l'instruction de leurs enfants, on voit l'école payer les parents pour avoir des élèves. Pour empirer les choses, les élèves qui ne s'enfuient pas ont la douloureuse tendance à tomber malades et à mourir. Après avoir constaté que le changement pour une alimentation à la française pourrait en être la cause, les prêtres choisissent un compromis et tentent de nourrir les enfants partiellement à la huronnne et partiellement à la française. Malgré une légère amélioration, deux ans plus tard, les jésuites doivent admettre à regret qu'ils ont peine à garder les enfants amérindiens vivants en dehors de la maison familiale. Comme on pouvait s'y

---

14. *JR*, Thwaites, édit., 9 :219.
15. *Ibid.*, 9 :283.

attendre, ces conséquences ont pour effet une résistance accrue des parents, renforcée encore par un facteur supplémentaire : le désarroi des Amérindiens devant l'habitude française de punir physiquement les enfants, tellement contraire à leur propre façon de ne jamais réprimander un enfant ou de lui refuser quoi que ce soit s'il pleure.

Les jésuites font une expérience à l'extérieur du collège, réservé aux garçons : ils placent des filles et des garçons dans des familles françaises. Le Jeune ne cache pas son plaisir quand il relate, en 1636, qu'un Amérindien, de son plein gré, lui apporte en cadeau une petite fille : « [...] cela nous réioüit fort, car iusques icy la difficulté d'avoir des filles a esté fort grande ». Le prêtre s'arrange pour qu'une famille la prenne en pension et qu'elle soit habillée comme une petite Française[16]. Les prêtres mettent de grands espoirs dans cette façon de procéder, surtout en ce qui a trait aux filles converties à la chrétienté qui, devant épouser des Français ou des indigènes baptisés, « retireront tant d'enfans de leur Nation que [les jésuites le voudraient][17] ». En l'absence de preuves écrites du contraire, on peut présumer que ces enfants eurent une meilleure chance de survie que leurs semblables du collège. Leur assimilation se fait aussi plus facilement. On dit même de certains qu'ils « ne regardent les Sauvages que pour les fuire, ou se moquer d'eux[18] ». De tels résultats ne sont toutefois possibles que si l'éducation des enfants s'effectue dans des agglomérations françaises. Cette prise de conscience encourage le père Le Jeune à mettre au point un programme d'éducation d'enfants amérindiens, surtout des filles, en France.

Les ursulines, qui arrivent à Québec en 1639 en compagnie des hospitalières, ont pour objectif particulier l'enseignement aux petites Amérindiennes. Elles ont pour première élève une enfant de 10 ans, Marie, fille de Noël Negabamat, chef montagnais établi à Sillery et premier néophyte d'importance de la colonie. Marie est aussi la filleule de Marie-Madeleine de Chauvigny de La Peltrie, la riche fondatrice des ursulines venue vivre avec ces dernières à Québec. Quatre jours après son arrivée au couvent, Marie met en pièces la robe que les religieuses lui ont donnée et s'enfuit pour rejoindre sa famille. Après avoir reçu de son père l'ordre de retourner, elle change complètement et devient si

16. *JR*, Thwaites, édit., 9 :201.
17. *Ibid.*, 9 :103 ; 7 :227.
18. *Ibid.*, 9 :107.

docile que « si tôt qu'elle a fait une faute, elle en vient demander pardon à genoux[19] ». La soumission complète de ce geste va de soi si l'on considère que les Amérindiens ne prennent pas la position agenouillée pour les mêmes raisons ; de fait, lorsque la méfiance à l'égard des jésuites sera à son maximum, ces gestes paraîtront extrêmement suspects.

Autant les jésuites que les ursulines relatent des exemples de changements, allant de la provocation à la servilité totale, chez leurs difficiles nouveaux protégés, surtout les filles. Il y a aussi d'autres élèves qui, ayant atteint un point particulier d'acceptation, ne font plus preuve du moindre désir de retour dans leur famille et « paraissent voir les sœurs comme des mères[20] ». Et d'autres qui ne s'adaptent pas, tombent dans une tristesse extrême, et sont autorisées à partir de peur qu'elles n'en viennent à mourir. Sagaces, les religieuses notent qu'il vaut mieux faire des concessions que d'avoir sur certains points une attitude trop obstinée ; il n'y a pas grand-chose à gagner par la force ou la peur.

Plus de vingt ans après, en 1663, le travail intense effectué et des dépenses exceptionnellement élevées permettent à Marie de l'Incarnation (Marie Guyart, 1599-1672), fondatrice des ursulines de Nouvelle-France, de faire état de certains succès dans ses efforts d'enseignement, même si elle est plutôt d'avis que les Amérindiennes ne sont pas prêtes pour la vie au couvent. Les religieuses parviennent à apprendre à quelques-unes la lecture et l'écriture, et certaines de leurs ouailles ont été mariées à des Français. Durant l'année précédente, deux filles se sont fait offrir des trousseaux ; la première venait de passer sept ans chez les ursulines, l'autre quatre ans. Ménagères accomplies toutes les deux, leur jugement et leur grâce n'a rien à envier aux Françaises. De fait, « on les prend pour françoises parce qu'en leurs prononciation elle ne diffèrent point des françoises[21] ». En 1655, la visite d'une ambassade iroquoise, venue constater comment les élèves sont « élevées à la manière des Français », constitue un moment fort dans l'œuvre des ursulines. Une des filles lit pour les visiteurs en latin, en français et en huron, en plus de chanter dans les trois langues. Marie de l'Incarnation relate que les Iroquois sont impressionnés, puisqu'ils promettent en

19. Marie de l'Incarnation, *Correspondance*.
20. *Ibid.*
21. *Ibid.*

partant de ne pas manquer d'envoyer leurs enfants à une si bonne école.

Ce résultat, malgré sa modestie, a exigé des ressources considérables, vu que la formation de 30 élèves en Nouvelle-France demande plus d'efforts que le double de ce nombre en France. Entretenir des Amérindiennes « à la française » s'avère onéreux, coûtant un minimum de 200 livres par élève, d'après une évaluation de Marie de l'Incarnation. Le conflit entre les besoins des parents et les buts poursuivis par l'institution demeure un problème insurmontable. Les religieuses voient bien que, à certaines époques, elles ne peuvent refuser de laisser leurs élèves rejoindre leurs parents à la chasse, particulièrement si les parents sont chrétiens. Cela entraîne toutefois leur éloignement des sacrements. En dépit du fait qu'elles consacrent tous leurs avoirs au projet, les religieuses n'obtiennent de succès qu'avec les enfants dont les parents accordent un appui ferme à l'école ou avec les orphelins qui n'ont aucune alternative. Vers la fin de 1668, une seule élève amérindienne réside au couvent. Parmi toutes les filles qui y reçoivent leur éducation, à peu près huit adoptent le mode de vie français et sont jugées dignes de prendre le voile ; pourtant, pour une raison ou l'autre, toutes seront empêchées de prononcer des vœux. Pendant le XVIIe siècle, pas une seule fille amérindienne ne se joindra à l'ordre des ursulines, malgré leurs efforts soutenus.

La plupart des élèves retournent à la vie traditionnelle chez les leurs, et quelques-unes demeurent de bonnes chrétiennes : « La vie sauvage leur est si charmante à cause de sa liberté, que c'est un miracle de les pouvoir captiver aux façons d'agir les François qu'ils estiment indignes d'eux [...] Jugez de là s'il est aisé de les changer après les habitudes qu'ils contractent dès l'enfance, et qui leur sont comme naturelles[22]. » De plus, les jeunes ne possèdent aucun prestige dans les collectivités amérindiennes et n'ont aucunement voix au chapitre dans les conseils. Il arrive en une occasion aux jésuites d'hésiter à baptiser un garçon à cause de son manque d'influence ; jamais le moindre doute n'aurait été soulevé s'il avait vécu au sein d'une collectivité française.

Les prêtres prennent rapidement conscience de la nécessité de traiter avec les anciens, dont la parole est écoutée dans la collectivité. De plus, la famille reste un élément important ; par conséquent, en 1638,

22. Marie de l'Incarnation, *Correspondance*.

les prêtres choisissent de viser les chefs de famille et demandent la tenue d'une réunion en Huronie pour faire connaître leurs intentions. En soi, cette réunion constitue une adaptation à la façon de faire amérindienne et elle est exigée dans le but d'engager les chefs à collaborer. Il faut plus d'une quinzaine de jours pour organiser le rassemblement de 150 capitaines au cours duquel les pères donnent un banquet. Brébeuf fait part des plans des jésuites, et un des capitaines donne un discours d'approbation. La décision porte fruit. Le résultat immédiat se traduit par une amélioration notable d'attitude dans les cabanes que vont visiter les jésuites. « Il s'est trouvé mesme qui sont fait des festins exprés, pour faire entendre que toute leur famille desiroit embrasser nostre foy[23]. » Mais de tels gestes sont plus marqués par la bonne volonté que par des résultats véritables, particulièrement au mépris des pressions sociales. Quand même, la politique de prosélytisme à l'égard des chefs de famille n'avait pas encore cessé deux ans plus tard. Par après, en se mettant au travail chez les Iroquois, les jésuites commencent par les « esclaves[24] » ; ce choix s'avère judicieux pour gagner des convertis, sinon pour influencer la collectivité. Les esclaves, évidemment, n'appartiennent pas à la collectivité et n'ont donc pas un mot à dire dans ses affaires.

La Maison des mourants

Le troisième volet du programme de Le Jeune a pour objectif de fournir des soins médicaux aux Amérindiens. Des cabanes en écorce constituent les premiers logements destinés aux patients amérindiens de l'hôpital des Français, surtout lorsque, durant les épidémies, l'espace prend beaucoup de valeur. Les installations et la connaissance médicale étant ce qu'elles sont, le taux de mortalité est si élevé que l'hôpital, vite perçu comme un endroit où l'on meurt, est en conséquence évité de prime abord par les Amérindiens, d'autant plus que leur médecine traditionnelle se révèle autant, sinon plus efficace que celle des Européens. Mais ils sont incapables de lutter contre les maladies importées, ce qui les amène, face à ces étranges épidémies, à accepter que les reli-

23. *JR*, Thwaites, édit., 15 :119.

24. Les esclaves sont des prisonniers de guerre maintenus en esclavage. Toutefois, l'esclavage que pratiquent les Amérindiens diffère de celui des Européens. La possibilité d'adoption par la tribu constitue une différence majeure entre les deux.

gieuses accordent leurs soins aux malades. En réalité, ils tirent profit de cette offre en laissant à l'hôpital les nouveau-nés, les vieillards et les infirmes, trop heureux de ne pas être contraints de tuer ou de laisser mourir derrière eux ceux qui ne peuvent les suivre dans leurs vagabondages.

Il y a pourtant des limites à l'adaptation et au compromis, comme le constatent les sœurs. En guise de cadeaux, les chasseurs rapportent à leurs bienfaitrices du boucan (viande fumée). Les sœurs feignent de s'en réjouir, « [...] mais comme [elles ne sont] pas accoutumées a cette sorte de mets, [elles seraient] plûtot morte de faim que d'en manger[25] ». Elles donnent la viande à leurs ouvriers, avec du vin pour en masquer l'odeur. Elles trouvent aussi insupportable l'odeur de fumée que dégagent les Amérindiens : « [...] l'odeur des Sauvages nous incommodoit si fort, qu'ils nous sembloit que le pain et tout ce que nous touchion en êtoit pénetré[26]. » L'augmentation du nombre de boucaniers, dans les Antilles, durant le XVIIe siècle, prouve quand même que les Français finissent par s'habituer au boucan.

Si les Amérindiens sont impressionnés par la dévotion désintéressée des hospitalières, celles-ci, en retour, admirent l'amour du prochain qui anime les Amérindiens lorsqu'ils se soignent mutuellement et la patience avec laquelle ils tolèrent la maladie. Cela attire parfois des désagréments, comme lorsqu'ils se partagent des médicaments que les religieuses ont distribué avec tant d'attention. Ce n'est pas étonnant si les hospitalières accueillent, en 1657, la première Amérindienne à entrer en religion en Nouvelle-France ; il s'agit de Geneviève-Agnès Skanudharoua, une Huronne élevée par les ursulines. Elle prononce ses derniers vœux, à l'âge de 15 ans, quelques heures avant de mourir. Les seules autres Amérindiennes à entrer en religion en Nouvelle-France au cours du XVIIe siècle sont reçues dans la congrégation de Notre-Dame, fondée en 1671, à Montréal, par Marguerite Bourgeoys (1620-1700). Elles aussi meurent jeunes. Il faut toutefois faire observer que des sang-mêlé deviendront très tôt religieuses, ce qui est le cas par exemple de deux des filles nées du premier mariage de Charles de La Tour.

Dans le cas de l'ordination d'Amérindiens à la prêtrise, il semble que les doutes de Rome à leur égard aient gêné quelque peu l'Église de la Nouvelle-France. Quoi qu'il en soit, cette possibilité n'est même pas

---

25. Marie de Saint-Ignace, *Les Annales de l'Hôtel-Dieu*.
26. *Ibid*.

évoquée dans les *Relations des jésuites*, bien qu'il soit difficile de croire qu'on n'en ait pas discuté, et probablement deux fois plutôt qu'une. Le synode du Mexique, en 1555, avait statué contre un tel sacrement, pour la raison que les Mexicains, les *mestizos* (sang-mêlé) et les Noirs se révélaient incapables d'acquérir une parfaite compréhension de la foi et n'étaient pas non plus, jugeait-on, aptes à se plier à la vie monastique. Et même si un Amérindien avait atteint une telle connaissance, il lui aurait été impossible de prêcher à ses compatriotes puisqu'il n'aurait pas disposé de l'autorité requise sur eux. Autrement dit, l'égalitarisme des Amérindiens était perçu comme incompatible avec quoi que ce soit d'autre qu'une simple acceptation du christianisme. Le synode révoquait la position d'une assemblée antérieure qui avait jugé les Amérindiens parfaitement capables de devenir prêtres, même si pas un seul n'était encore parvenu à entrer dans les ordres. En fin de compte, au XVIIe siècle, quelques Amérindiens sont admis, fortuitement, à la prêtrise au Mexique, mais ils occupent d'humbles positions dans des paroisses rurales. De fréquentes observations sur l'intelligence des Amérindiens et la ferveur profonde qui caractérise certains convertis traduisent fort bien l'ambivalence des jésuites du Canada à ce sujet. Ces derniers finissent par se servir de leurs convertis, hommes et femmes, en tant que catéchistes. L'évêque de Saint-Vallier (1653-1727) les définit comme des « maîtres de la prière et du chant » *(dogiques)*, qui aident au travail d'évangélisation, en plus de réciter les prières et certaines parties d'offices en l'absence des missionnaires. Un *dogique* huron en arrive même à fonder une église à 500 lieues de Québec. Ces catéchistes se révèlent extrêmement utiles comme intermédiaires entre convertis et non convertis.

L'incitation au sédentarisme

Le quatrième volet du programme de Le Jeune, soit l'adoption d'un mode de vie sédentaire, se transmute en une idée de création de réserves, à l'instar de ce qui se faisait en Amérique centrale et du Sud. Cette idée part de la croyance que le nomadisme est contraire aux règles de l'Église et incompatible avec le christianisme[27]. Le récollet

27. « Les métaphores amérindiennes faisaient des Algonquins des chevreuils nomades, et des Français des orignaux (élans) qui n'allaient jamais loin de leurs « ravages » (*JR*, Thwaites, édit., 29 : 221).

Denis Jamet, inspiré par cette conviction, avait imaginé un village pour anciens chasseurs nomades devenus agriculteurs à Québec, en 1615. Les jésuites, quand ils fondent Sillery en 1637, espèrent que leurs ouailles nomades s'établiront d'elles-mêmes. Le Jeune s'attend à ce que le projet se poursuive tout seul dès qu'une famille de chasseurs accepte de se consacrer à l'agriculture ; la *Relation* de 1639 fait état de deux familles établies à Sillery, alors que les Français se donnent une peine considérable et paient cher pour s'assurer qu'ils sont dans la bonne voie. Durant les six années qui suivent, les progrès sont encourageants ; en 1645, 167 Amérindiens chrétiens résident à Sillery. Pourtant, les modes de vie traditionnels reviennent bientôt s'imposer, et leur combinaison avec la guerre et la maladie empêche la réalisation des espoirs des fondateurs de Sillery. En fin de compte, tous les Amérindiens, sans exception, quittent l'établissement. Les titres de propriété sont finalement transférés des Amérindiens aux jésuites, une décision dont l'aspect moral sera mis en doute.

L'idée de faire diminuer le nomadisme survit pourtant, surtout parce que les jésuites acquièrent la conviction que l'échec est attribuable à l'installation d'Amérindiens à proximité des Français. Les contacts avec les Européens, loin d'inspirer les Amérindiens à devenir de bons Français, semblent avoir l'effet contraire. Ainsi donc, raisonnent les jésuites, il vaudrait mieux isoler autant que possible les Amérindiens. Dans ces conditions, on crée, en 1667, Prairie de la Magdelaine (Kentaké), qui sera relocalisée en 1680 au Sault-Saint-Louis (Kahnawaké) ; après deux autres déménagements, les Amérindiens s'établissent définitivement là où se trouve aujourd'hui Kahnawaké. C'est un résultat diamétralement opposé à l'idée originale d'« une nation » unique à laquelle s'accroche encore l'administration française. Le pouvoir royal se fait de plus en plus critique à l'égard de la lenteur à laquelle s'effectue l'« humanisation » des Amérindiens et il décide en fin de compte de restreindre la prédominance des jésuites sur le travail missionnaire en décrétant la réintégration des récollets en 1670. Même avant de perdre du crédit auprès de l'administration, les jésuites avaient commencé à modifier leurs idées sur le nomadisme assez pour que certains rejoignent leurs ouailles dans les forêts septentrionales, tout comme Le Jeune l'avait fait durant l'hiver de 1634-1635. Autrement, à mesure qu'augmente le nombre des établissements français, il faudrait encourager les nomades qui vagabondent à camper à proximité des villages ou des villes. Ainsi, même si les Indiens ne se sédentarisent pas, il se trouvera toujours des Français alentour pour poursuivre le travail d'enseignement. Dans l'agitation croissante des rivalités coloniales, les Français trouvent de multiples usages aux réserves, comme par exemple servir de zones tampons ou encore de refuges pour ceux que la guerre chasse de chez eux. Cette dernière raison servira de prétexte à la fondation de Saint-François-de-Bécancourt, au sud de Trois-Rivières, en 1680, à l'intention d'alliés abénaquis qui, avant l'arrivée des Européens, avaient vécu dans la région du Maine, « au pays du soleil levant ».

Les problèmes d'acculturation

Les problèmes examinés jusqu'à maintenant ne représentent qu'une petite portion de ceux qu'affronte l'Église missionnaire durant le XVIIe siècle. La pratique païenne de la polygamie et la doctrine chrétienne de la restitution constituent ses plus grandes difficultés. Le synode mexicain de 1524 a prescrit l'obligation, pour un converti possédant plus d'une femme, d'en choisir une et de renoncer aux autres, ou à défaut de les garder comme domestiques. Incapables d'en arriver à la compréhension, essentielle, des coutumes matrimoniales amérindiennes, les hommes d'Église finissent par abandonner toute tentative de déterminer par règlement quelle femme doit être choisie. Le converti reste donc parfaitement libre de faire son choix. Il est facile d'imaginer que les abus ne tardent pas à apparaître, les convertis mettant au point des façons ingénieuses de contourner la règle. En Nouvelle-France, l'Église prend conscience très tôt que la polygamie fait intégralement partie de l'édifice social amérindien ; c'est ce que reconnaît Biard en Acadie, lorsqu'il écrit qu'un chef a besoin de plusieurs femmes

> [...] à fin de retenir leur authorité & puissance ayants plusieurs enfans : car en cela gist la force des maisons, en multitudes d'alliés, consanguins : la seconde raison est leur entretien & service, qui est grand, & penible, puis qu'ils ont grande famille & suitte, partant requiert nombre de serviteurs & mesnagers : or n'ont ils autres serviteurs, esclaves, ou artisants que les femmes[28].

28. *JR*, Thwaites, édit., 3 :101-103 ; 2 :23, 79.

Dans le même ordre d'idées, en Huronie, les produits agricoles nécessaires à la maisonnée d'un chef sont le résultat du travail des femmes. Celles-ci jouent aussi un rôle considérable dans les affaires du village, en particulier lorsque leurs maris participent à des expéditions de traite ou font la guerre. Dans la région de la baie d'Hudson, Charles Albanel reçoit des indigènes une autre explication pleine de raison pour cette coutume : si une femme perd son mari, il appartient au parent mâle le plus proche de prendre soin d'elle et de « la tenir non pas en qualité d'esclave, mais de femme[29] ». Le Jeune avait d'ailleurs rapporté que la résistance était venue des femmes lorsqu'il prêcha la monogamie : « [...] puisqu'elles sont plus nombreuses que les hommes, si un homme ne peut en épouser qu'une seule d'entre elles, les autres en souffriront[30]. » Les missionnaires cherchent à s'opposer à ces situations en offrant aux convertis des privilèges particuliers, comme celui, très convoité, de posséder une arme à feu ; les convertis constituent également une forte proportion des délégations commerciales huronnes. Plus tard, en acquérant plus d'autorité, les missionnaires pourront ordonner ouvertement aux chefs d'abandonner leurs femmes de trop et exercer des pressions sociales pour qu'ils se conforment à l'idéal chrétien. Ils recourent aussi à des tactiques similaires pour combattre la monogamie périodique perçue comme un danger encore plus grand[31]. Les Amérindiens n'arrivent pas à concevoir comment une personne peut, par le mariage, se lier, sans dissolution possible, à un seul partenaire. La lutte qui s'ensuit est plus complexe qu'elle ne le paraît, puisque, tandis que les missionnaires se battent pour obliger les Amérindiens à se plier à la règle chrétienne, les négociants et même les fonctionnaires français ne trouvent que trop commode d'adopter la façon de faire amérindienne. Non seulement cela est vrai du coureur de bois, à la position sociale ambiguë, mais aussi de l'envoyé en mission officielle, qui trouve que le fait de prendre pour femme, à la mode du pays, la fille d'un grand chef, même s'il a déjà chez lui une femme épousée suivant le rite chrétien, peut grandement faciliter le déroulement d'une négociation.

---

29. *JR*, Thwaites, édit., 56 :215-217

30. *Ibid.*, 12 :165, (retraduction).

31. *Ibid*, 51 :235. Dans l'Europe du XVIIIe siècle, l'amour libre est appelé « l'amour à la sauvage » (Chinard, *Rêve*).

Le problème de la restitution s'avère tout aussi épineux, mais d'une autre manière. Suivant cette coutume, le converti est prié de rembourser les fautes qu'il a commises avant le baptême. On constate rapidement que l'application de cette doctrine dans le milieu social totalement différent du Nouveau Monde est beaucoup plus difficile qu'elle ne le fut en Europe. Un Amérindien, pour recevoir le baptême, doit « se dépouiller pour ainsi dire luy sa femme et ses enfants pour reparer le tort quil a fait aux autres dans un temps quil pensoit avoir la liberté de tout faire[32] ». Les convertis acceptent néanmoins de faire un tel geste qui, dans certains cas, leur occasionne de dures épreuves.

Les jésuites réalisent leurs conversions grâce à des adaptations et des ajustements judicieux aux manières des gens parmi lesquels ils œuvrent. Ils reconnaissent d'abord, peut-être aussi nettement que n'importe qui d'autre à leur époque, l'exagération que comporte la distinction entre « sauvages » et « civilisés », et ensuite le fait que les Amérindiens possèdent une culture viable qui, bien qu'elle ne corresponde pas toujours à la façon de voir des Français, est caractérisée par une logique propre et bien fonctionnelle. Cependant, une telle constatation soulève nombre de questions autant dans l'Église que chez les jésuites. Ces derniers font des efforts considérables pour adopter un type de comportement qui s'accorde avec celui des Amérindiens, sans rien concéder de leurs propres principes ; en Huronie, par exemple, ils constatent que la meilleure façon d'obtenir une grande assistance à une assemblée consiste à traverser le village en l'annonçant « selon la coustume du pays pour les assemblées generales » plutôt qu'en sonnant une cloche[33]. En 1642, à l'arrivée d'une délégation, alors que, les canots étant tirés à sec et alignés, le chef se tient debout dans son embarcation pour exposer le but de la visite, les Français placent leurs présents parmi ceux des autres nations. Ils cherchent à être autorisés à évangéliser. L'hésitation initiale des Français à une participation aux échanges de cadeaux est disparue, et leur habileté dans ce type de diplomatie ne fera que grandir. Par exemple, au cours de sa mission en Iroquoisie, le père Simon Le Moyne (1604-1665), qui s'approche d'un village onontagué, appelle par leur nom les capitaines, les familles et les personnes d'importance, s'exprime lentement et parle sur le ton d'un capitaine. Une fois les chefs rassemblés, il leur offre deux pré-

32. *JR*, Thwaites, édit., 60 :289.
33. *Ibid.*, 17 :93.

sents : le premier pour s'essuyer le visage afin « que iamaï [il] ne voye sur leur front aucune marque de tristesse » ; et le second pour détruire toute amertume qui resterait dans leur cœur[34]. On était loin de ce jour de 1636 où les Français se présentèrent les mains vides à des pourparlers et durent conséquemment essuyer les reproches d'un Vieil Homme.

L'éventail des dangers dressés sur le chemin de la création d' « une nation unique » est large. Dans les « Instructions pour les peres de nostres compagnies qui seront envoiez aux Hurons[35] », on conseille au missionnaire néophyte, entre autres choses, de ne pas se prêter à des politesses françaises quand il reçoit un présent de leurs hôtes, vu que « ces cérémonies les offencent ». Quelques années plus tard, à Tadoussac, les missionnaires seront décontenancés lorsque leurs convertis conmmenceront à s'exercer à ces politesses, se considérant déjà comme Français jusqu'au bout des ongles :

> Les Sauvages & les François en matiere de complimens tiennent les deux extremitez : ceux-là sont fades rustaux dans le peu de respect qu'ils se portent les uns aux autres, les François sont importuns dans l'excez de leurs ceremonies, & bien souvent dissimulez dans les trop grands tesmoignages de leur amitié. La candeur rustique est preferable à une feinte courtoisis, l'exces ne fut iamais bon en quoy que ce soit : si bons Neophytes le prennent, ils en seront bien-tost las[36].

En d'autres occasions, les prêtres se voient rappeler avec vigueur qu'il serait préférable que certaines coutumes françaises ne soient pas adoptées par leurs ouailles. Par exemple, lorsque, au cours des épidémies de 1630, les Hurons cherchent avec acharnement les causes de la maladie qui décime leur population, leurs soupçons se portent sur les jésuites, conformément à leur croyance qui veut que les désastres comme les épidémies ne soient pas impersonnels, mais causés par quelqu'un. Lors d'une réunion tenue pour débattre de la question, un jésuite tente de détourner la situation et d'en profiter pour prêcher. Un capitaine se plaint alors à haute voix que les missionnaires essaient toujours de parler de leur *oki* (esprit), alors que le cœur du débat est la cause de la contagion. Ne serait-il pas plus à propos de torturer un mis-

34. *JR*, Thwaites, édit., 41 :99-101.
35. *Ibid.*, 12 :121.
36. *Ibid.*, 29 :127-129.

sionnaire pour savoir la vérité ? Les missionnaires durent se sentir dans leurs petits souliers devant une suggestion aussi désagréablement proche de la pratique contemporaine française en Europe.

La France rassemble de formidables forces pour prendre d'assaut les cultures de ses alliés amérindiens en Nouvelle-France. Elle déploie des efforts particulièrement intenses durant le XVIIe siècle : les riches se partagent les dépenses, toutes les classes fournissent de la main-d'œuvre, et les bureaucrates orchestrent la campagne. Les sept ou huit années envisagées à l'origine pour la conversion des Amérindiens en Français s'étirent sur des générations et durant tout le siècle. Pourtant, en dépit de quelques authentiques efforts de collaboration de la part des Amérindiens, jamais les deux visions du monde ne s'amalgament.

Il ne faut pas en conclure que le travail des missionnaires n'aboutit à rien. Tout au contraire, ces visiteurs exotiques et difficiles à comprendre de prime abord, qui s'installent pour prendre possession de leurs terres, impressionnent profondément les Amérindiens. C'est le cas, par exemple, de l'horreur qu'ils éprouvent à la pensée de compatriotes, peut-être même des parents proches, endurant les tortures des damnés de l'enfer. D'après l'anthropologue A. G. Bailey, cela « jeta plusieurs dans un semblant de coma dans lequel la volonté de vivre se trouva submergée par un désespoir omniprésent ». Cela devait certainement inspirer la terreur. Sur une note moins dramatique, ajoutons que les mères huronnes se mettent sur-le-champ à tonsurer leurs enfants, à l'imitation des premiers missionnaires.

Fatalement, les Amérindiens identifient le Dieu des chrétiens avec la plus puissante de leurs propres créatures spirituelles : la transformation du dieu Gluskap des Micmacs, Malécites et Abénaquis, en constitue un bon exemple. Selon Mircea Eliade, « en dépit des immenses écarts historiques en cause, les antécédents des prophètes monothéistes peuvent se refléter jusque chez les tribus peu évoluées et très anciennes[37] ». Cette perception dénote une réaction saine dans une culture viable qui cherche à assimiler de nouveaux concepts dans un cadre idéologique, ce qui dans le cas des Amérindiens, autorise à une grande latitude. Comme le fait remarquer Hennepin, l'Amérique est le mauvais endroit pour des missionnaires européens qui cherchent à subir le martyre pour des raisons religieuses : « Les Sauvages ne

---

37. Éliade, *Le Chamanisme*.

mettent jamais à mort un chrétien pour des motifs religieux : ils laissent à chacun sa liberté de religion[38]. » Le retrait des convertis des offices, pratiques et rites sociaux traditionnels, parce qu'il menaçait la base même de leurs sociétés, dérangea vraiment les Amérindiens. Cela put aboutir à la persécution, l'ostracisme et parfois même la mort. On reconnaît aujourd'hui que la forme de personnalité encouragée par une société particulière est de par sa propre nature extrêmement résistante au changement. Cela est aussi vrai des Européens que des Amérindiens ou de tout autre peuple.

Très rapidement donc, le programme scolaire des Français fait face à une crise : alors que l'éducation des jeunes est jugée essentielle à long terme, l'obtention de résultats plus immédiats semble exiger une ligne de conduite différente. Même avec des efforts soutenus, il est peu probable que la France aurait réussi. Autant les missionnaires que les fonctionnaires apprirent qu'il était plus facile de provoquer la désorientation et la désintégration que de couler arbitrairement une culture dans un nouveau moule.

Enfin, en ce qui regarde la France, le bilan n'est pas vraiment tout à fait négatif. Ces tensions, qui apparaissent inévitablement dans le domaine de la traite et dans le royaume de la religion, servent de base à la création d'alliances franco-amérindiennes qui deviendront légendaires pendant les conflits coloniaux. Le premier intendant de la Nouvelle-France, Jean Talon, peut bien réprimander les jésuites pour ne pas avoir civilisé les Amérindiens, il reste que la loyauté et l'amitié de plusieurs d'entre eux ont été éveillées. La première campagne majeure à laquelle prennent part des Amérindiens en tant qu'alliés des Français est celle de Tracy et de Courcelle, contre les Iroquois, en 1666, établissant ainsi un schéma qui durera une centaine d'années, c'est-à-dire jusqu'à la chute de la Nouvelle-France.

---

38. Hennepin, *A New Discovery*.

CONCLUSION

Il est difficile de surestimer l'effet du classement, par l'Europe, des hommes du Nouveau Monde parmi les « hommes sauvages », qu'ils soient « bons » ou « cruels ». Les Français, en dépit de leur politique de douceur envers les Amérindiens, n'acceptent jamais officiellement de les voir autrement que « sans roy, sans loy, sans foy ». Tout comme l'Homme sauvage des Bois, l'Amérindien symbolise l'antistructure, l'homme avant l'acquisition de la culture qui le différencie de l'animal. Que cet homme sauvage du Nouveau Monde soit perçu comme vivant dans un âge d'or ou se vautrant dans une bestialité que rien ne vient dissiper n'a que peu d'importance. La réalité est que, dans l'imagination populaire européenne, les habitants du Nouveau Monde, tout comme les Hommes sauvages, représentent pour les forces antisociales autant d'images vivantes que seules l'évangélisation et l'assimilation peuvent permettre d'asservir, opérant ainsi une conversion au conformisme spirituel et culturel que les Européens reconnaissent comme une condition pour être civilisé.

La façon européenne d'aborder la question était vouée à l'échec puisqu'elle présumait l'existence d'une dichotomie culturelle entre « sauvage » (dénué de raison) et « civilisé » (pourvu de raison) qui n'existait pas du tout dans la réalité. Quels que soient les éléments qui différenciaient les sociétés « tribales » et les « civilisations », la présence ou l'absence de raison n'en font pas partie. La vie des gens du Nouveau Monde était toujours soumise à une structure forte, qu'ils aient pratiqué ou non l'agriculture et peu importe le degré de nomadisme dont ils aient fait preuve. Ce facteur ne saute pas aux yeux des Européens durant les premières années de contacts.

Les conditions suivant lesquelles les Français conçoivent leur association avec les populations du Nouveau Monde transparaissent facilement dans ce qui peut avoir été leur premier roman à se dérouler au Canada, *Les Amours du Pistion*, d'Antoine Du Perier. Il s'agit, en réalité, d'une fantaisie européenne dont les personnages amérindiens ne ressemblent à rien d'autre qu'à des Hommes sauvages des Bois, un récit d'aventures qui comprend des « Amérindiens » à la grâce rustique. « [...] ces pauvres gens n'ayant rien de l'homme que la forme ; vivant des bestes comme les bestes [...] je les appelleray seulement hommes, parce qu'ils parlent [...] vivans sans delices en ce monde ils demeureront encore avec douleur eternelle en l'autre, à cause des demons qu'ils adorent[1]... » Du Perier oublie aussitôt sa description et, transformant en un tournemain les Amérindiens en hommes civilisés, les fait agir comme des Européens. Jacques Du Hamel tire de ce roman une pièce intitulée *Acoubar ou la Loyauté trahie*, publiée pour la première fois en 1603[2]. Le sieur de Cõbes, dans son imaginaire *Coppie d'une lettre envoyée de la Nouvelle-France*, offre une autre vision, momentanée et révélatrice, du portrait que se fait d'elle-même la France dans le Nouveau Monde. Les Amérindiens qui y sont représentés désirent adorer les Français comme des dieux et les installer comme des empereurs, « mais les nostres leur [font] responce qu'ils n'estoient qu'hommes non plus que eux[3] ».

Dans le domaine politique de cette époque, de tels points de vue laissent supposer un ordre de colonisation de ces nouveaux territoires. Le devoir des chrétiens, des enfants de Dieu, est précis : revendiquer légalement les terres des païens afin d'y porter la foi et d'amener leurs habitants à la civilisation. Malgré la défense de la souveraineté amérindienne par Vitoria et la position du pape en faveur de leur droit à la propriété, ni les Français ni les Européens en général ne considérèrent que les Amérindiens, ces sauvages, possédaient l'une ou l'autre. Il arriva aux Français de négocier des alliances avec des Amérindiens dont ils revendiquaient le territoire, mais cela n'entraîna ni la reconnaissance de droits aborigènes ni le paiement d'une compensation.

Toutes les conséquences de ces attitudes n'entrent toutefois jamais en jeu en Nouvelle-France, puisque les Français n'y seront pas assez

---

1. Du Perier, *Les Amours de Pistion*.
2. White, *The Earliest French Play About America*.
3. Combes, *Coppie d'une lettre*.

nombreux pour éliminer leurs alliés de leurs terres. Ce n'est généralement pas ce qu'ils cherchent à faire : en 1665, Louis XIV ordonne au gouverneur Courcelle « qu'on n'usurpe point les terres sur lesquelles ils [les Amérindiens] sont habituez soubs pretexte qu'elles sont meilleures ou plus convenable aux François[4] ». Par sa conversion au christianisme, un Amérindien devenait, légalement, citoyen français de plein droit et obtenait le privilège de vivre en France sans déclaration supplémentaire de naturalisation. Pourtant, tout terrain dont il prenait possession ne lui était concédé que par la couronne française ou des particuliers français et non pas sur une simple présomption de propriété aborigène. Ainsi donc, par le processus de l'évangélisation et de l'assimilation, les Amérindiens s'humaniseront et se franciseront, et la France aura encore avancé sur la voie de l'idéal missionnaire d'un seul univers, un seul Dieu, une seule foi.

Ce concept exalté donne une énorme impulsion au mouvement missionnaire en lui offrant ce qui semble être de nouveaux horizons illimités à une époque où le travail missionnaire a déjà pris fin en Europe. La vitesse à laquelle les civilisations du Nouveau Monde sont conquises renforce le processus : d'une part, il fortifie les Français dans leur croyance qu'il s'agit de sauvages, sinon pourquoi leurs civilisations se seraient-elles effondrées si vite ? Et, d'autre part, les Européens interprètent ces conquêtes faciles comme autant de signes d'une approbation divine de leurs actions. En cette époque de théocratie, l'attrait de la création d'une nouvelle Jérusalem est aussi fort que celui de l'or et de l'argent. Le travail missionnaire est un privilège et un honneur très recherché : religieuses et prêtres rivalisent pour être envoyés dans les missions du Nouveau Monde, surtout celles de Nouvelle-France.

Les missionnaires ne tardent pas à reconnaître la fausseté de leur première croyance qui faisait de l'Amérindien une *tabula rasa* n'attendant que l'empreinte du christianisme. Cette constatation complique l'évangélisation, parce qu'elle signifie qu'il faut d'abord détruire, ou au moins transformer radicalement, des cultures existantes, afin de permettre l'acceptation du christianisme. Les limites de l'accommodement avec les croyances et les pratiques païennes sont soulignées par Grégoire XV lorsqu'il réforme la congrégation sacrée de la Propagande, en 1622. Jamais les missionnaires ou les fonctionnaires gouvernementaux

---

4. *Collection de manuscrits*, « Instructions pour le Sieur de Courcelle au sujet des indiens, 1665 ».

n'envisagent avec sérieux la possibilité de laisser aux Amérindiens la prise en main de leur propre destinée. Mais jusqu'à quel point pouvait-on s'attendre à voir les Amérindiens changer leurs mœurs resta toujours une question embarrassante. Finalement, durant les dernières décennies du XVIIe siècle, le cas est résolu, contre l'avis des syncrétistes — ceux qui croient qu'il faut travailler autant que possible à l'intérieur du cadre des cultures indigènes — et en faveur de ceux qui croient que le christianisme doit supplanter totalement ces cultures. Les jésuites furent les principaux chefs de file du syncrétisme ; en Nouvelle-France, ils se servirent de cette technique pour fonder en Huronie une Église chrétienne indigène qui dura jusqu'en 1649, année de leur destruction par les tribus des Cinq-Nations.

Pourtant, même dans ce pays qui suscita tant d'espérances, les missionnaires firent face à des difficultés inattendues, comme la fidélité que les indigènes montrèrent envers leurs propres idéaux et modes de vie. Les Hurons sont au début stupéfaits du fait que les missionnaires peuvent leur suggérer de changer leurs manières. Et leur réponse classique, au commencement est : « [...] nous avons nos façons de faire, & vous les vostres aussi bien que les autres nations[5]. » La fréquence avec laquelle les jésuites reviennent sur ces conversations dans leurs *Relations* laisse deviner le trouble qu'elles suscitent chez eux. Ils mentionnent que les Hurons croient non seulement que leur pays est différent de la France, mais qu'ils possèdent un dieu différent et un autre paradis : « [...] le dieu qui créa [...votre monde] ne créa pas le nôtre ». De plus, ajoutent-ils, leurs manières diffèrent de celles de la France, et ils ont droit à leurs propres coutumes[6]. En une occasion, les pères se servent du raisonnement amérindien à leurs propres fins. Lorsqu'ils sont enfin parvenus à faire accepter aux Hurons l'interdiction d'entrer dans les résidences des prêtres à certains moments (un refus sans précédent chez les Hurons), les pères font observer, avec une ironie apparemment inconsciente, que « ces bonnes gens, [sont] capables de raison, & ils ne s'estonnent pas que nous ayons des façons de faire differentes des leurs[7] ».

Dans d'autres domaines tels que la traite et la guerre, les Français ont tôt fait de constater qu'il est dans leurs intérêts de mettre au point

---

5. *JR*, Thwaites, édit., 7 :257.
6. *Ibid.*, 6 :213 ; 8 :119, 145-147 ; 10 :19 ; 11 :9 (original en latin).
7. *Ibid.*, 21 :89.

des moyens de collaborer et de s'adapter plutôt que d'insister pour transformer les Amérindiens en Français. Dans le cas de la traite, ils cherchent à susciter l'intérêt personnel des Amérindiens. Dans le domaine militaire, leur réseau d'alliances tribales témoigne de leur talentueuse manipulation de la passion des Amérindiens pour les honneurs et le prestige[8]. Autrement dit, pendant que les missionnaires s'acharnent à convertir les Amérindiens en chrétiens et en Français, l'action politique, elle, exige des Français qu'ils s'adaptent aux façons de faire amérindiennes. Dans le mouvement désordonné de progrès et de reculs qui caractérise ces transformations, quelques rares Français commencent à se rendre compte que les Amérindiens possèdent leur propre culture ; mais cette appréciation, lorsqu'elle se produit, reste affaire individuelle. Il arrive que des fonctionnaires relativement haut placés en viennent à cette conclusion, comme quand, au XVIIe siècle, ce membre d'une commission envoyée pour préparer un compte rendu sur la colonie à Cayenne écrit que « cette vie sauvage qui nous paraît si miserable [...représente] peut-être le degré de civilisation qui convient aux Indiens et qui suffit à leur bonheur[9] ». Il explique plus en détail :

> Premièrement, ils sont en réalité dans un état de société ; ils vivent en famille ; ils ont une association nationale, car leur village est pour eux la cité ; ils ont un magistrat ou chef, qui les représente dans leurs relations de voisinage, qui les commande à la guerre ; ils n'ont pas besoin du Code civil, n'ayant ni terres ni procès ; mais leurs usages, les coutumes de leurs pères sont religieusement observés [...] Ils ont donc, tout considéré, la somme de connaissance et l'industrie nécessaires à leur existence individuelle et à leur existence sociale ; leurs mœurs sont douces, hospitalières, inoffensives[10].

Il s'imagine que la différence entre les formes de société amérindienne et européenne peut tenir au fait que la première est naturelle tandis que la seconde est politique. Les deux formes empiètent sur le bonheur de l'humanité, la première en se soumettant à la nature, la seconde en lui faisant outrage.

Une telle tolérance intellectuelle à l'égard des civilisations amérindiennes trouve peu de reflets dans la politique de colonisation. Les Français, en gens pratiques, décident de faire fonctionner leur colonie

---

8. Dickason, « Louisbourg and the Indians ». Aussi, *NYCD*, O'Callaghan and Broadhead, édit.

9. Malouet, *Memoires*.

10. *Ibid.*

et font les adaptations et les arrangements jugés nécessaires en matière de traite des fourrures, d'évangélisation et de situations militaires critiques. Ils ne perdent pourtant jamais de vue la perspective qu'ils ont d'eux-mêmes en tant que nation chrétienne civilisée dont la mission consiste à mener vers une vie meilleure des populations indigènes arriérées. À mesure que la sécurité s'accroît dans leurs établissements, ils modifient les adaptations considérées nécessaires au préalable, lors de la fondation de leurs colonies. L'illustration la plus connue de ces modifications est peut-être le mariage interracial ; d'abord proposée à des alliés amérindiens qui n'y trouvent pas particulièrement d'intérêt, cette institution se mue ensuite en politique officielle, avant d'être finalement abandonnée en faveur d'une position désapprouvant ces mariages. À la fin du régime français en Amérique, les autorités françaises sont en train de prendre des mesures effectives pour décourager ces alliances. En d'autres termes, les succès des Français dans leurs recherches de *modus vivendi* avec les Amérindiens font ressortir les exigences pratiques de la politique coloniale, plutôt que des accommodements avec la mission civilisatrice. Pendant les années où elle se maintient dans le Nouveau Monde comme puissance coloniale, la France prend très au sérieux la tâche qu'elle s'est imposée d'amener à la raison les forces antisociales représentées par l'Homme sauvage.

Ironie suprême, la « douceur » ne pouvait prouver la justesse d'une fausse opinion fondamentale suivant laquelle les Amérindiens étaient des Hommes sauvages. En dépit de toutes ses bonnes intentions, la mission civilisatrice signifiait la catastrophe pour les Amérindiens avec autant de certitude que les politiques ostensiblement moins conciliantes d'autres pays colonisateurs telles l'Angleterre ou l'Espagne. C'était un exemple d'un phénomène généralisé. L'essor des États mena inexorablement à la subordination des sociétés préétatiques, aboutissant habituellement à leur disparition ou à leur incorporation plus ou moins complète à l'intérieur du groupe dominant. Leur capacité de fragmentation avait déjà placé les sociétés préétatiques dans une position qui leur permettait de se montrer tolérantes, mais cet atout s'avéra un handicap fatal devant les tendances à l'agglomération des États politico-administratifs et territoriaux. Intentionnellement ou non, lorsque des hommes aux cultures antithétiques se rencontrèrent, ils ne s'abstinrent nullement de déshériter leurs frères, ce que fit par exemple le pasteur Jacob à l'égard de son frère chasseur Ésaü, ou même de les tuer, comme Caïn, le bâtisseur de cités, assassina Abel le berger.

BIBLIOGRAPHIE

La bibliographie contient une sélection d'ouvrages consultés lors de la préparation de ce livre. Bien que la plupart des titres soient cités dans le texte ou les notes, certains, surtout des ouvrages de référence, ne le sont pas. À l'inverse, d'autres, de moindre importance, ne font pas partie de la liste ; la référence bibliographique complète apparaît dans la note correspondante. Le classement en sources primaires et secondaires a été établi en fonction de la période de rédaction ou de préparation du document. Les récits de première main, ainsi que ceux qui sont raisonnablement de la même époque que les sujets traités, font partie des sources primaires ; tous les autres se trouvent parmi les sources secondaires. Évidemment, ce critère n'a que peu ou pas de lien avec les dates de publication et signifie aussi que des travaux de géographes ou de cartographes sont souvent classés parmi les sources primaires, même s'ils traitent rarement de leurs sujets de prime abord. Cela s'applique aussi aux ouvrages de certains chroniqueurs, tels Pierre Martyr d'Anghiera et Francisco López de Gómara, qui ne visitèrent jamais le Nouveau Monde, mais connurent des gens comme Colomb et Cortés qui, eux, s'y rendirent.

En ce qui a trait à l'orthographe des noms d'auteurs, nous avons de préférence suivi l'usage du *Petit Robert 2*. Sinon, le *Dictionnaire biographique du Canada*, pour les personnages ayant vécu au Canada, et le *Larousse du XXe siècle*, pour les autres, servirent de référence. Dans les cas de noms complexes, nous avons utilisé des renvois croisés. Les ouvrages anonymes sont classés par titre, dans l'ordre alphabétique.

Sources manuscrites

Archives nationales du Canada; Ottawa.
AC : Archives des Colonies.
Série C11A. Correspondance générale, Canada, vol. 1, 2, 3, 4, 6, 7, 10, 122.
Série F3. Collection Moreau de Saint-Méry, vol. 6 et 7.

Sources primaires

Acosta, José de. *Histoire naturelle et moralle des Indes, tant Orientalles qu'Occidentalles*. Trad. par Robert Regnault. Paris, Marc Orry, 1598.

Agrippa von Nettesheim, Heinrich Cornelius. *Of the vanitie and uncertaintie of artes and sciences*. Traduit en anglais par James Sandford. Londres : Henry Wykes, 1569.

Alexander, Sir William. *Sir William Alexander and American Colonization*. Boston, Prince Society, 1873.

Aleyrac, Jean-Baptiste d'. *Avantures militaires au XVIIIe siècle, d'après les mémoires de Jean-Baptiste d'Aleyrac (1737-1796)*. Édité par Charles Coste. Paris, Éditions Berger-Levrault, 1935.

Anghiera, Pierre Martyr d'. Voir Martyr d'Anghiera, Pierre.

Apianus (Benewitz), Petrus. *Cosmographie ou description des quatre parties du Monde, contenant la situation, division et estendue de chacune Région & Province d'icelles, escrite en Latin par Pierre Apian. Corrigée & augmentée par Gemme Frison, excellent Géographe et Mathématicien, avec plusieurs autres Traitez concernans la mesme matière, composez par le susdit Gemme Frison & autres autheurs nouvellement traduits en langue françoise*. Anvers, Jean Bellere, 1581.

Aristote. *Éthique à Nicomaque*. Paris, Vrin, 1990.

Augustin, saint. *La Cité de Dieu*. Paris, Seuil, 1994.

Avity, Pierre d', seigneur de Montmartin. *Description générale de l'Amérique, troisième partie du monde [...]* Paris, Claude Sonnius, 1660.

— *Les Estats, Empires et Principautez du monde [...]* Paris, P. Chevalier, 1619.

Barcia Carballido y Zúñiga, Andrés González de. *Barcia's Chronological History of the Continent of Florida Containing the Discoveries and Principal Events which Came to Pass in this Vast Kingdom*. Trad. par Anthony Kerrigan. Gainesville, University of Florida Press, 1951 (D'abord publié à Madrid en 1723).

Barré, Nicolas. *Copie de quelques lettres sur la navigation du Chevallier de Villegaignon es terres de l'Amerique oultre l'Aequinoctial, jusques soudz le tropique de Capricorne : cõtenant sommairement les fortunes encourues en ce voyage [...]* Paris, Martin le Jeune, 1557.

Belleforest, François de, et Sébastian Münster. *La Cosmographie universelle de tout le monde*. Paris, M. Sonnius, 1575, 2 vol.

Bembo, Pietro [pseudon. ?]. *L'Histoire du Nouveau Monde descouvert par les Portugaloys*. Lyon, Ian d'Ogerolles, 1556.

Benzoni, Girolamo. *Histoire nouvelle du Nouveau Monde [...] extraite de l'Italien de M. Hierosme Benzoni, Milanois, qui ha voyagé XIIII ans en ces pays-la [...] enri-

chie de plusieurs discours & choses dignes de memoire, par M. Urbain Chauveton. Genève, Eustace Vignon, 1579 (Publié d'abord à Venise en 1565).

Berquen, Robert de. *Les Merveilles des Indes Orientales et Occidentales, ou nouveau traitté des Pierres précieuses & des Perles [...]* Paris, C. Lambin, 1669.

Bertrand, sieur. *Lettre missive touchant la conversion et baptesme du grand Sagamos de la Nouvelle Frãce, qui en estoit auparavant l'arrivée de François le chef & souverain [...] Envoyée du Port Royal de la nouvelle France au Sr de la Tronchaie, dattée du 28 juin 1610.* Paris, J. Regnoul, 1610.

Bodin, Jean. *Les Paradoxes du Seigneur de Malestroit [...] avec la responce de Jean Bodin [...]* Paris, Jacques du Puys, 1578.

— *Les Six Livres de la Republique.* Paris, Jacques Du Puys, 1577.

Boem, Johann. *Recueil de diverses histoires touchant les situations de toutes régions & pays contenuz es trois parties du monde, avec les particulieres mœurs, loix & ceremonies de toutes nations & peuples y habitans. Nouvellement traduict de Latin en François.* Anvers, Antoine de Goys, 1540.

Boyer, Paul, sieur de Petit-Puy. *Veritable Relation de tout ce qui s'est fait et passé au voyage que Monsieur de Brétigny fit à l'Amerique Occidentale.* Paris, Pierre Rocolet, 1654.

Bref Recueil de l'affliction et dispersion de l'Église des fidèles au pays du Brésil, partie de l'Amérique Australe. S. l., 1565.

Brosse, Charles de. *Histoire des Navigations aux terres australes.* Paris, Durand. 1756, 2 vol.

Burke, Edmund. *An Account of the European Settlements in America.* Londres, J. Dodsley, 1777, 2 vol. (Réimpression : New York, Arno Press, 1972).

Cartier, Jacques. *Bref Récit et succincte narration de la navigation faicte es ysles de Canada, Hochelaga & Saguenay.* Paris, Ponce Roffet, dit Faucher, & Antoine le Clerc frères, 1545.

— *A Collection of Documents Relating to Jacques Cartier and the Sieur de Roberval.* Édité par Henry Percival Biggar. Ottawa, Archives publiques du Canada, 1930.

— *Voyage de Jacques Cartier au Canada en 1534 [...]* Édité par H. H. Michelant et Alfred Ramé. Paris, Librairie Tross. 1865.

Champlain, Samuel de. *The Works of Samuel de Champlain.* Édité par Henry P. Biggar. Toronto, The Champlain Society, 1922-1936, 6 vol. (Réimpression : Toronto : University of Toronto Press, 1971).

Chapelain, Jean. *Lettres de Jean Chapelain de l'Académie française.* Édité par Ph. Tamizey de Larroque (*Documents sur l'histoire de la France*, série 2), 2 vol. Paris, Imprimerie nationale, 1880-1883.

Charron, Pierre. *De la Sagesse ; 1601-1604*. Fayard, Paris 1986. *Ibid.*, Didot, Paris, 1789.

— *Les Trois Vérités*. Bordeaux, S. Millanges, 1595.

Chatelain, Henri Abraham. *Atlas historique, ou Nouvelle introduction à l'histoire, à la chronologie & à la géographie ancienne et moderne [...] Avec des dissertations sur l'histoire de chaque état par M. [Nicholas] Gueudeville [...]* Amsterdam, L'Honoré & Chatelain, 1718-1732, 7 vol.

Chaulmer, Charles. *Le Nouveau Monde ou l'Amérique chrétienne [...]* Paris, Charles Chaulmer et S. Piget, 1659.

Cicéron, Marcus Tullius. *De natura deorum*. Éd. Martin Van Den Bruwaene, 1970.

Claude (d'Abbeville). *Histoire de la mission des Pères Capucins en l'Isle de Maragnan et terres circonvoisines*. Paris, François Huby, 1614 (Fac-similé publié à Graz par Akademische Druck-u. Verlagsanstalt, 1963).

Cluvier, Philippe de (Philipp Cluwer). *Introduction à la géographie universelle [...]* Paris, Henault, 1642.

Collection de manuscrits contenant lettres, mémoires et autres documents historiques relatifs à la Nouvelle-France. Québec, 1883-1885, 4 vol.

Colomb, Christophe. *Four Voyages to the New World : Letters and Selected Documents*. Trad. et édité par R. H. Major. New York, Corinth Books, 1961.

— *Select Documents Illustrating the Four Voyages of Colombus*. Édité par Cecil Jane. Londres, Hakluyt Society, 1930.

— *The Spanish Letter of Columbus to Luis de Sant'Angel, escribano de ración of the Kingdom of Aragon, dated 15 February 1493*. Fac-similé réduit de l'édition originale publiée par Johann Rosenbach à Barcelone, en avril 1493. Londres : Bernard Quaritch, 1893.

Combes, sieur de. *Coppie d'une Lettre envoyée de la Nouvelle-France ou Canada, par le Sieur de Cõmbes, Gentilhomme poictevin à un sien amy*. Lyon, Jean Savine, 1609.

Collection de journaux Burney, British Museum.

Cortés, Hernán. *La Conquête du Mexique : la relation originale*. Découverte, 1991.

Denys, Nicolas. *Description geographique et historique des costes de l'Amerique Septentrionale, avec l'histoire naturelle du pais*. Paris, Louis Billaine, 1672, 2 vol.

— *Description de l'Amerique et des parties d'icelle comme de la Nouvelle France, Floride, des Antilles, Lucaya, Cuba, Jamaica [...]* Amsterdam : Jean Evertsz Cloppenburch, 1619.

Diéreville, sieur de. *Relation of the Voyage to Port Royal in Acadia or New France by the Sieur de Diéreville*. Trad. par Mme Clarence Webster et édité par John C. Webster. Toronto, Champlain Society, 1933.

Du Périer, Antoine, seigneur de Sarlagues. *Les Amours de Pistion*. Paris, Thomas de la Ruelle, 1601.

Du Redouer, Mathurin. Voir Fracanzano da Montalboddo.

Du Tertre, Jean-Baptiste. *Histoire générale des Antilles habitées par les François [...]* Paris : Thomas Jolly, 1667-1671, 4 vol.

— *Histoire générale des isles de S. Christophe [...] et autres dans l'Amérique [...]* Paris, Jacques Langlois, 1654.

Duret, Claude. *Thresor de l'histoire des langues de cest univers*. Cologne, Matth. Berjon, 1613. *Ibid.*, Slatkine, 1972.

Édits, Ordonnances royaux, declarations et arrêts du Conseil d'État du roi concernant le Canada. Québec, E. R. Fréchette, 1854-1856, 3 vol.

Estienne, Henri. *Apologie pour Hérodote*. Édité par P. Ristelhuber. Paris, I. Lisieux, 1879, 2 vol. (Établi d'après la première édition française de Genève, 1566). *Ibid.*, Slatkine, 1969.

Fernández de Oviedo y Valdes, Gonzalo. *L'Histoire naturelle et généralle des Indes, isles et terre ferme de la grand mer océane [...]* Trad. par J. Poleur. Paris, M. De Vascosan, 1555.

Un festin de guerre chez les sauvages. Par un missionnaire. Limoges, Barbon Frères, 1861.

Fontaine, Ch. *La Description des terres trouvees de nostre temps, avec le sommaire de plusieurs belles antiquitez, contenant une partie de l'excellence & magnificence des richesses, triomphes & largesses des anciens*. Lyon, Benoit Rigaud, 1559.

Fonteneau, Jean (Jean Alfonse). « La Cosmographie avec l'espère et régime du soleil et du nord ». *Recueil de voyages et de documents pour servir à l'histoire de la géographie depuis le XIIIe jusqu'à la fin du XVIe siècle*. Publié sous la direction de Ch. Schefer, membre de l'Institut, et Henri Cordier. Paris, Ernest Leroux, 1904.

— *Les Voyages avantureux du Capitaine Ian Alfonce, Sainctongeois*. Poitiers, Ian de Marnef, 1559.

Fontenelle, Bernard Le Bouver de. *Œuvres diverses*. Paris, M. Brunet, 1715, 8 vol.

— *Œuvres complètes*, Fayard, Paris, 1980.

Fracanzano da Montalboddo. *Sensuyt le nouveau monde & navigations faictes par Emeric Vespucce Florentin : Des pays & isles nouvellement trouvez auparavant a nous inconnuz tant en l'Ethiope que Arrabie, Calichut et aultres regions etranges*. Trad. par Mathurin Du Redouer. Paris, 1515. (Fac-similé publié à Princeton, par Princeton University Press, 1916)

Gage, Thomas. *Nouvelle Relation contenant les voyages de Thomas Gage dans la Nouvelle Espagne, ses divers aventures et son retour par la Province de Nicaragua jusqu'à la Havane, etc. [...] Et un traité de la langue Poconchi ou Pacomane [...]* Trad. par le sieur de Beaulieu Huës O'Neil. Paris : G. Clouzier, 1676, 2 vol. *Ibid.*, Slatkine, 1979.

Hakluyt, Richard. *Divers Voyages touching the discoveries of America [...]* Londres, Thomas Woodcocke, 1582.

— *The Original Writings & Correspondence of the Two Richard Hakluyts*. Édité par E. G. R. Taylor. Londres, Hakluyt Society, 1935.

— *The Principal Navigations, Voyages, Traffiques and Discoveries of the English Nation*. Glasgow, James MacLehose, 1903-1905, 12 vol.

— *The Principall Navigations, Voiages and Discoveries of the English Nation*. Édité par D. B. Quinn et R. A. Skelton. Cambridge, Cambridge University Press, 1965, 2 vol.

— *The Third and Last Volume of the Voyages, Navigations, Traffiques, and Discoveries of the English Nation, and in some few places, where they have not been, of strangers, performed within and before the time of these hundred yeeres, to all parts of the Newfound world of America, or the West Indies [...]* Londres, George Bishop, 1600.

Hariot, Thomas. *Merveilleux et estrange rapport toutesfois fidele, des commoditez qui se trouvent en Virginie [...] traduit nouvellement d'anglois en françois*. Francfort-sur-le-Main, Théodore de Bry, 1590.

Hennepin, Louis. *A New Discovery of a Vast Country in America*. Édité par R. G. Thwaites. Chicago, A. C. McClung, 1903, 2 vol.

Herrera y Tordesillas, Antonio de. *Histoire générale des voyages et conquestes des Castillans dans les isles et terre ferme des Indes Occidentales*. Trad. par N. de La Coste. Paris, N. et J. de La Coste, 1659-1671, 3 vol.

L'Histoire de la Terre-Neuve du Pérou en l'Inde Occidentale, qui est la principale mine d'or du monde, naguere descouverte et conquise et nommée la Nouvelle-Castille. [Trad. par Jacques Gohory]. Paris, Vincent Sertenas, 1545.

Histoire des choses memorables advenues en la Terre du Bresil partie de l'Amerique Australe, sous le gouvernement de N. de Villegaignon depuis l'an 1555 jusques à l'an 1558. Genève, 1561.

Hobbes, Thomas. *Léviathan*. Paris, Sirey, 1983.

Jameson, J. Franklin, éditeur. *Narratives of New Netherland 1609-1664*. New York, Scribner's, 1909.

Justel, Henri, compilateur. *Recueil de divers voyages faits en Afrique et en l'Amerique, qui n'ont point esté encore publiez [...] Le tout enrichi de figures & de cartes geographiques, qui servent à l'intelligence des choses contenuës en ce volume*. Paris, Louis Billaine, 1674.

La Croix, Émeric de (Émeric de Crucé). *Le Nouveau Cynée, ou Discours d'Estat representant les occasions & moyens d'establir une paix generalle, & la liberté du commerce par tout le monde*. Paris, Edhis, 1976.

La Salle, Antoine. *La Salade, nouvellement imprimée, laquelle fait mension de tous les pays du monde [...]* Paris, Philippe le Noir, 1527.

Langenes, Barent. *Thrésor de chartes, contenant les tableaux de tous les pays du monde [...]* Traduit par J. de La Haye. La Haye, Albert Henry, pour Corneille Nicolas [1602].

Laon, Jean de, sieur d'Aigremont. *Relation du voyage des François fait au Cap de Nord en Amérique par les soings de la Compagnie établie à Paris et sous la conduite de Royville leur Général, avec une ample description du Pays, des mœurs et façons de vivre des Sauvages et l'observation des hauteurs*. Paris, E. Pepingué, 1654.

La Popelinière, sieur de. *Les Trois Mondes*. Paris, L'Huillier, 1582.

Le Challeux, Nicolas. *Brief Discours et histoire d'un voyage de quelques François en la Floride ; & du massacre autant iniustement que barbarem~et executé sur eux, par les Hespagnoles [...] revue & augmentee de nouveau par M. Urbain de Chauveton*. [Genève], 1579.

— *Discours et Histoire de ce qui est advenu en la Floride [...]* S. l., 1566.

Le Clercq, Chrestien. *First Establishment of the Faith in New France*. Trad. et édité par John Gilmary Shea. New York, J. G. Shea, 1887, 2 vol. (Tiré de l'édition de 1691).

— *Nouvelle Relation de la Gaspésie, qui contient les Mœurs & la Religion des Sauvages gaspésiens*. Paris, A. Auroy, 1691.

Le Febvre de La Barre, Joseph-Antoine. *Description de la France équinoctiale, cy-devant appellée Guyanne [...] avec [...] un discours très-utile et nécessaire pour ceuz qui voudront établir des colonies en ces contrées*. Paris, J. Ribou, 1666.

Le Moyne, Pierre. *Les Peintures morales [...]* Paris, S. Cramoisy, 1640-1643, 2 vol.

Léry, Jean de. *Histoire d'un voyage fait en la terre du Brésil*. Lausanne : Bibliothèque Romande, 1972 (D'après l'édition genevoise de 1580). *Ibid.*, Oroz, 1980.

Lescarbot, Marc. *Adieu à la France sur l'embarquement du sieur de Poutrincourt et de son equipage faisant voile en la terre de Canadas, dicte la France occidentale, le 26ᵉ de may 1606 [...]* Rouen, J. Petit, 1606, jouxte la copie imprimée à La Rochelle.

— *The History of New France by Marc Lescarbot*. Édité par W. L. Grant. Toronto, The Champlain Society, 1907-1914, 3 vol. (D'après la troisième édition, Paris, 1618).

— *Nova Francia : or the Description of that part of New France, which is one continent with Virginia.* Trad. par Pierre Erondelle. Londres, George Bishop, 1609.

Lom d'Arce, Louis-Armand de, baron de Lahontan. *Dialogues curieux entre l'auteur et un sauvage de bons sens qui a voyagé et Memoires de l'Amérique Septentrionale.* Édité par Gilbert Chinard. Baltimore, Johns Hopkins Press, 1931.

— *Voyages [...] dans l'Amerique septentrionale [...]* Amsterdam : François l'Honoré, 1705, 2 vol. (Fac-similé reproduit dans la série intitulée *Mémoirs pittoresques de la Nouvelle-France.* Montréal, Éditions Élysées, 1974).

López de Gómara, Francisco. *Histoire generalle des Indes Occidentales & Terres Neuves qui jusques à present ont esté descouvertes.* Trad. par M. Fumée, sieur de Marly le Chastel. Paris, Michel Sonnius, 1569. (Publié à l'origine en espagnol, à Saragosse, en 1552).

Maffei, Giovanni Pietro. *Histoire des Indes.* Trad. par F.A.D.L.B. Lyon, Jean Pillehotte, 1603.

[Maillard, Pierre-Antoine-Simon]. *An Account of the Customs and Manners of the Micmakis and Maricheets Savage Nations, Now dependent on the Government of Cape-Breton [...]* Londres, S. Hooper and A. Morley, 1578.

Malherbe, François de. *Lettres de Malherbe* [à Peiresc], *dédiées à la ville de Caen.* Paris, J. J. Blaise, 1822.

Malouet, Pierre-Victor. *Memoires de Malouet.* Publiées par son petit-fils le baron Malouet. Paris, Didier, 1868, 2 vol.

Manesson-Mallet, Allain. *Description de l'univers, contenant les différents systèmes du monde [...]* Paris, Denys Thierry, 1683, 5 vol.

Marconville, Jean de. *Traicte enseignant d'ou procede la diversite des opinions des hommes.* Paris, Dallier, 1568.

Marie de l'Incarnation. *Marie de l'Incarnation, Ursuline (1599-1672) : Correspondance.* Édité par Guy Oury. Solesmes, Abbaye Saint-Pierre, 1971.

Marie de Saint-Ignace. *Les Annales de l'Hôtel-Dieu de Québec, 1636-1716.* Édité par Albert Jamet. Québec, L'Hôtel-Dieu de Québec, 1939.

Martyr d'Anghiera, Pierre. *De Orbe novo de Pierre Martyr d'Anghiera.* Traduit et commenté par Paul Gaffarel. Paris, E. Leroux, 1907.

— *Extraict ou Recueil des Isles nouvellement trouvées en la grande mer Océane au temps du roy d'Espagne Fernand [...]* Paris, Simon de Colines, 1532.

Le Mercure françois ou Suitte de l'histoire de la paix, sous le regne de Henry IV. Paris : Jean Richer, 1611. *La Continuation du Mercure françois ou suite de l'histoire de l'Auguste Regence de la Royne Marie de Medicis.* Paris, Estienne Richer, 1615. *Troisième Tome du Mercure françois [...]*, 1617. *Cinquième*

Tome [...], 1619. *Onziesme Tome [...]*, 1626. *Treizième Tome [...]*, 1629. *Dix-huitième Tome [...]*, 1633. *Dix-neufviesme Tome [...]*, 1636.

Le Mercure Galant. Paris, avril 1681 ; avril 1683.

Mocquet, Jean. *Voyages en Afrique, Asie, Indes orientales et occidentales [...]* Paris, J. Heuqueville, 1617.

Montaigne, Michel de. *Œuvres complètes*. Paris, La Pléiade, Gallimard, 1962.

— *Les Essais de Michel de Montaigne*. Édité par Pierre-Louis-Joseph Villey. Paris : Presses universitaires de France, 1965.

Montchrestien, Antoine de. *Traicté de l'œconomie politique [...]* s.l.n.d.

Montesquieu, Charles de . *Œuvres complètes*. Paris, Seuil, 1964.

Morse, William Inglis, éditeur. *Pierre Du Gua, Sieur de Monts. Records : Colonial and « Saintongeois »*. Londres, Bernard Quaritch, 1939.

Münster, Sebastian. *La Cosmographie universelle [...]* Bâle, 1556.

O'Callaghan, Edmund Bailey, et Brodhead, John Romeyn, éditeurs. *Documents Relative to the Colonial History of the State of New York*. Albany, Weed Parson, 1853-1887, 15 vol.

Ogilby, John. *America : being the latest and most accurate description of the New World ; containing the Original of the Inhabitants and the Remarkable Voyages thither. The Conquest of the Vast Empires of Mexico and Peru, and other large provinces and territories, with the several European plantations in those parts [...]* Londres, John Ogilby, 1671.

Oviedo y Valdés, Gonzalo Fernández de. V. Fernández de Oviedo y Valdés, Gonzalo.

Pasquier, Estienne. *Les Lettres [...]* Paris, A. L'Angelier, 1586.

Paulmier de Courtonne, Jean. *Mémoire touchant l'établissement d'une mission chrestienne dans le troisième monde, autrement appellé la Terre australe, méridionale, antarctique et inconnue [...] par un ecclesiastique originaire de cette mesme terre*. Paris, C. Cramoisy, 1663.

Pausanias. *Pausanias' Description of Greece*. Trad. par Arthur Richard Shilleto. Londres, George Bell, 1886.

Pigafetta, Antonio. *Le Voyage et navigation faict par les Espagnolz es Isles des Mollucques [...]* Trad. par Jacques-Antoine Fabre. Paris, Simon de Colines, 1522.

Pline l'Ancien. *Histoire naturelle*. Paris, Belles Lettres, 1950-1972.

Postel, Guillaume. *Des Merveilles du Monde, et principalement des admirables choses des Indes, & du nouveau Monde : Histoire extraicte des escriptz tresdignes de foy, tant de ceulx qui encores sont a present audict pays, comme de ceulx qui encores vivantz peu paravant en sont retournez*. Paris, Jean Ruelle, 1553.

Purchas, Samuel. *Hakluytus Posthumus or Purchas His Pilgrimes*. Glasgow, MacLehose, 1905-1907, 20 vol.

Ramusio, Giovanni Battista. *Navigations et Voyages (XVIe siècle). A la découverte de l'Amérique du Nord*. Trad. par le général Langlois et M. J. Simon. Paris, Centre de documentation « André Thevet », 1933 (D'après l'édition vénitienne de 1556).

Relation de l'Etablissement de la Compagnie françoise pour le commerce des Indes Orientales. Paris, Sebastian Cramoisy, 1565.

Sagard, Gabriel. *The Long Journey to the Country of the Hurons*. Édité par George Wrong. Toronto, Champlain Society, 1939.

Saint-Michel, Maurile de. *Voyages des isles Camercanes, en l'Amerique qui font partie des Indes occidentales [...]* Mans, Hierosme Olivier, 1652.

Saulx, Gaspard de, seigneur de Tavannes. *Memoires*. In Claude Bernard Petitot, éditeur, *Collection complète des mémoires relatifs à l'histoire de France*. Paris, Foucault, 1822, vol. 23.

Spenser, Edmund. *La Reine des fées*. Aubier, 1957.

Staden, Johann von. *Histoire d'un pays situé dans le nouveau monde, nommé Amérique [...]* Marbourg, 1577 (Réimprimé dans Charles-Henri Ternaux-Compans, éditeur, *Voyages, relations et mémoires originaux pour servire à l'histoire de la découverte d'Amérique*. Paris, A. Bertrand, 1837, vol. 3).

Stow, John. *Annales, or a Generall Chronicle of England. Begun by John Stow : and augmented with matters Foraigne and Domestique, Ancient and Moderne, unto the end of this present yeere, 1631*. Poursuivi par Edmund Howes. Londres, Richard Meighen, 1631.

Thévenot, Melchisédech. *Relations de divers voyages curieux qui n'ont point esté publiés [...]* Paris, A. Cramoisy (T. Moette), 1672-1696, 4 vol.

Thevet, André. *La Cosmographie Universelle*. Paris, Guillaume Chaudière, 1575, 2 vol.

— *Ibid*. Paris, Pierre L'Huillier, 1575, 2 vol.

— *Ibid*. Paris, Presses universitaires de France, 1953.

— « Le Grand Insulaire et Pilotage. » Voir Sources manuscrites, bibliothèque de Paris.

— *Les Singularitez de la France Antarctique : le Brésil des cannibales au XVIe siècle*. Découverte, 1983, Paris, Chez les héritiers de Maurice de la Porte, 1558.

Thou, Jacques-Anguste de. *Histoire universelle*. Londres, 1734, 16 vol. (Paru d'abord en latin, à Paris, entre 1604 et 1620).

Thwaites, Reuben Gold, éditeur. *Jesuit Relations and Allied Documents*. Cleveland, Burrows Bros. : 1896-1901, 73 vol.

Topsell, Edward. *The History of Foure-Footed Beastes*. Londres, Iaggard, 1607.

Vadianus, (Joachim de Watt, dit). *Epitometrium terrae partium [...]* Zurich, C. Froschauer, 1534.

Vespucci, Amerigo. *The First Four Voyages of Amerigo Vespucci*. Londres, Bernard Quaritch, 1893 (Fac-similé de l'édition florentine de 1505-1506).

— *The Letters of Amerigo Vespucci*. Édité par Sir Clements Robert Markham. Londres : Hakluyt Society, 1894.

Vitoria, Francisco de. *De Indis et de Jure Belli Relectiones*. Édité par Ernest Nys. In James Brown Scott, éditeur, *The Classics of International Law*. Washington, Carnegie Institution, 1917.

Waldseemüller, Martin. *Cosmographiae Introductio*. Trad. par Joseph Fischer et Franz von Weiser. March of America Facsimile Series, no 2. Ann Arbor, University Microfilms, 1966 (Fac-similé de l'édition de 1507).

Whitbourne, sir Richard. *A Discourse and Discovery of New-found-land, with many reasons to prove how worthy and beneficiall a Plantation may there be made, after a far better manner than now is*. Londres, Felix Kyngston, 1620.

White, Margaret Adams. *The Earliest French Play About America. Acoubar, ou La Loyauté Trahie*. New York, Publishers of the Institute of French Studies, 1931.

Wood, William. *Wood's New England Prospect*. Boston, Prince Society, 1865 (Réimpression de l'édition londonnienne de 1634).

Wytfliet, Cornelius. *Histoire universelle des Indes Orientales et Occidentales [...]* Douay, F. Fabri, 1605.

Yves (d'Evreux). *Suitte de l'histoire des choses plus memorables advenues en Maragnan, ès annees 1613 & 1614. Second Traite. Des fruits de l'evangile qui tost parurent par le baptesme de plusieurs enfans*. Paris : François Huby, 1615.

— *Voyage dans le Nord du Brésil fait durant les années 1613 et 1614*. Édité par Ferdinand-Jean Denis. Leipzig et Paris, 1864 (Titre original : *Suitte de l'histoire des choses plus memorables advenues en Maragnan ès annees 1613 & 1614*).

Sources secondaires

Bernheimer, Richard. *Wild Men in the Middle Ages : a Study in Art, Sentiment, and Demonology*. Cambridge (Mass.), Harvard University Press, 1952.

Biggar, Henry Percival. *The Precursors of Jacques Cartier 1497-1534*. Ottawa, Bureau des Publications, 1911.

Boas, George ; Lovejoy, Arthur O. ; et Chinard, Gilbert, éditeurs. *A Documentary History of Primitivism and Related Ideas*. Baltimore, Johns Hopkins University Press, 1935.

Bruzen de La Martinière, Antoine-Augustin. *Le Grand Dictionnaire géographique, historique et critique*. Paris, P. G. Le Mercier, 1739-1741, 6 vol.

« The Cabot Legends ». *Proceedings and Transactions*, Royal Society of Canada, 2e série, vol. 3 (1897), section 3 : app. de la section 2 : 429-450.

Chevalier, Jean. *Dictionnaire des Symboles*. Paris, Robert Laffont, 1982.

Corneille, Thomas. *Dictionnaire universel, géographique et historique [...]* Paris, Jean-Baptiste Coignard, 1708, 3 vol.

Crone, Gerald Roe. *The Discovery of America*. Londres, Hamilton, 1969.

Delanglez, Jean. *Frontenac and the Jesuits*. Chicago, Institute of Jesuit History, 1939.

Dickason, Olive Patricia. « The Concept of *l'homme sauvage* and Early French Colonialism in the Americas ». *Revue française d'histoire d'outre-mer*, 64, nº 234 (1977), 5-32.

— « European and Amerindian : Some Comparative Aspects of Early Contact ». Canadian Historical Association, *Historical Papers*, (1979), 182-202.

— « Louisbourg and the Indians : A Study in Imperial Race Relations ». *History and Archaeology*, 6 (1976), 1-206.

« Renaissance Europe's View of Amerindian Sovereignty and Territoriality ». *Plural Societies*, 8, nos 3-4 (automne-hiver 1977), 97-107.

Dictionnaire biographique du Canada. Toronto, University of Toronto Press, 1966.

Eliade, Mircea. *Le Chamanisme et les Techniques archaïques de l'extase*, Payot, 1992.

Elliott, John Huxtable. *The Old World and the New*, 1492-1650. Cambridge, Cambridge University Press, 1970.

Furetière, Antoine. *Dictionnaire universel* contenant généralement tous les mots français, Olms G., 1972.

Gaffarel, Paul Louis Jacques. *Histoire du Brésil français au seizième siècle*. Paris, Maisonneuve, 1878.

Ganong, William Francis. *Crucial Maps in the Early Cartography and Place-Nomenclature of the Atlantic Coast of Canada*. Toronto, University of Toronto Press, 1964.

Gerbi, Antonello. *The Dispute of the New World : The History of a Polemic, 1750-1900*. Trad. et édité par Jeremy Moyle. Pittsburgh, University of Pittsburgh, 1973.

Halpin, Marjorie, et Ames, James, éditeurs. *Manlike Monsters on Trial*. Vancouver, University of British Columbia Press, 1980.

Hamilton, Earl Jefferson. *American Treasure and the Price Revolution in Spain*. Cambridge (Mass.), Harvard University Press, 1934 (Réimpression : New York : Octagon, 1970).

— « American Treasure and the Rise of Capitalism ». *Economica*, 9 (1929), 338-357.

Handbook of North American Indians. Washington : Smithsonian Institution, 1978 —.

Handbook of South American Indians, vol. 3. Julian H. Steward, éditeur. Washington, Government Printing Office, 1946-1963.

Hanke, Lewis. « The Cultural Contribution of Bishop Juan de Zumárraga to Mexican Culture ». *The Americas*, 5 (1948), 276-277.

— « Pope Paul III and the American Indians ». *The Harvard Theological Review*, 30 (1937), 65-102.

Hauser, Henri. « Les Huguenots français au Brésil (1560-1584) d'après des documents portugais ». *Bulletin de la Société de l'histoire du protestantisme français* (1937), 93-115.

Jordan, Winthrop. *White over Black : American Attitudes toward the Negro, 1550-1812*. Chapel Hill, University of North Carolina Press, 1968.

Le Moine, Roger. *L'Amérique et les poètes français de la Renaissance*. Ottawa, Université d'Ottawa, 1972.

Lévi-Strauss, Claude. *La Pensée sauvage*. Paris, Plon, 1962.

— *Les Structures élémentaires de la parenté*. Paris, Presses universitaires de France, 1949.

— *Tristes Tropiques*. Paris, Plon, 1955.

Lovejoy, Arthur Oncken. *The Great Chain of Being : a study of the history of an idea*. Cambridge (Mass.). Harvard University Press, 1936.

Mary Anna Joseph (Mary Genevieve Hennesey). « French and English Pressures on the Indians of Acadia and Eastern New England (1667-1727). Thèse de licence ès lettres, University of New Brunswick, 1962.

Mauss, Marcel. *Sociologie et anthropologie*. Paris, Presses universitaires de France, 1993.

Myres, Sir John Linton. *The Influence of Anthropology on the Course of Political Science*. University of California Publications in History, vol. 4, n° 1. Berkeley et Los Angeles, University of California Press, 1916.

Neill, Edward D. *The Founders of Maryland [...]* Albany, Munsell, 1876.

Parry, John Horace. *The Spanish Theory of Empire in the Sixteenth Century*. Cambridge, Cambridge University Press, 1940.

Quinn, David Beers. « The Voyage of Étienne Bellenger to the Maritimes in 1583 : A New Document ». *Canadian Historical Review,* 43 (1962), 328-343.

Saint-Martin, Antoine-Jean. *Mémoires historiques et géographiques sur l'Arménie suivis du texte arménien de l'Histoire des princes Orpilians*. Paris, Imprimerie Royale, 1818-1819, 2 vol.

Stevenson, Robert. *Protestant Church Music in America*. New York, Norton, 1966.

Thorndike, Lynn. *A History of Magic and Experimental Science*. New York, Columbia University Press, vers 1923-1958, 8 vol.

Van Gennep. Arnold. *Manuel de folklore français contemporain*. Paris, Maisonneuve et Larose, 1992.

Verreau, Hospice. « Jacques Cartier : Questions de droit public, de législation et d'usages maritimes. » *Mémoires*, Société royale du Canada, vol. 9 (1891), sect. 1, 77-83.

Wroth, Lawrence C. *The Voyages of Giovanni da Verrazzano, 1524-1528*. New Haven, Yale University Press, 1970.

INDEX

TABLE DES MATIÈRES

Cet ouvrage, publié sous l'égide de Kiron,
centre d'art, de culture et de communication
du groupe Palladium,
a été réalisé par la Société Traitext
et imprimé par l'Imprimerie Darantiere à Quetigny
pour le compte des Éditions du Félin
en février 1995

KIRON

Imprimé en France
Dépôt légal : février 1995
N° d'impression : 950-038